7人7色의

# 아프리카

이 저서는 2010년도 대한민국 교육부와 한국연구재단의 인문한국지원 사업의 지원을 받아 수행된 연구임(NRF-362-2010-1-B00003).

한국외국어대학교
아프리카연구소 교양총서 2
7人7色의
아프리카
세네갈 이한규 · 에티오피아 설병수 · 가나 윤서영 · 남아프리카공화국 장용규 ·
알제리 임기대 · 콩고민주공화국 김광수 · 케냐 양철준
HU:iNE

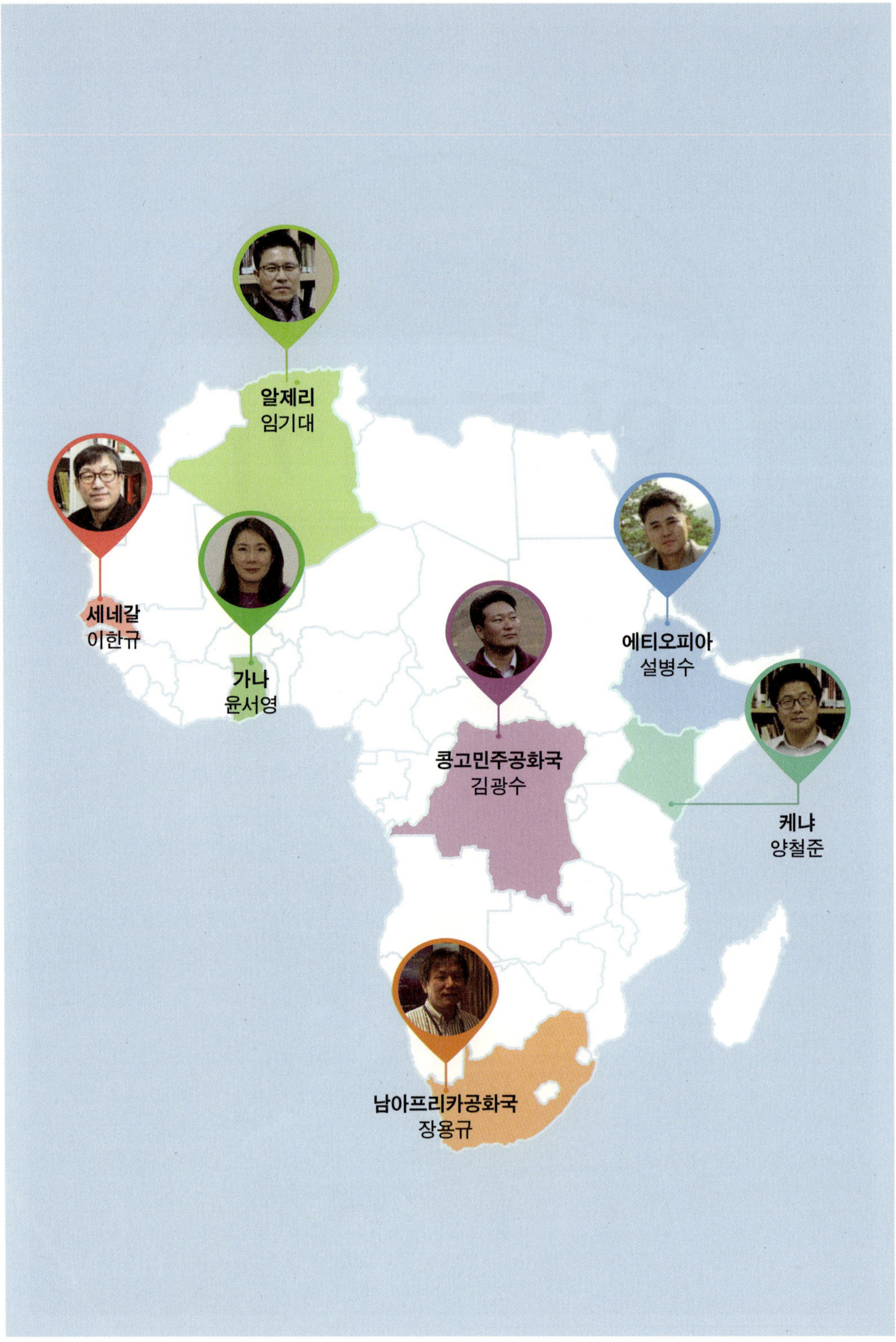
알제리
임기대
세네갈
이한규
가나
윤서영
콩고민주공화국
김광수
에티오피아
설병수
케냐
양철준
남아프리카공화국
장용규

# 머리말

아프리카를 하나의 대륙이 아니라 하나의 국가처럼 여기는 사람들이 여전히 많지만, 아프리카는 54개국으로 이루어져 있다. 우리에게 잘 알려지지 않은 이 거대한 대륙에는 무궁무진한 이야깃거리가 있다. 이 책에는 한국인 아프리카 지역 전공 교수 7명이 다년간 본인의 현지조사지에서 겪고 체험한 이야기들이 담겨 있다.

이한규는 아프리카 대륙 최서단에 있는 세네갈에서 진행했던 현지조사 경험들을 소개하고 있다. 도시 안의 어촌, 세계문화유산 생루이 방문 등을 통해, 일반 여행안내 책자에서 쉽게 접할 수 없는 세네갈의 또 다른 모습을 보여주고 있다.

설병수는 13월의 달이 뜨는 에티오피아에서 현지조사를 했다. 에티오피아는 유럽의 식민지배를 받지 않고 오랫동안 독특한 문화를 유지해 왔다. 이 글은 복잡하게 얽혀 있는 종족 집단 간의 관계를 그들의 일상과 함께 알기 쉽고 재미있게 소개하고 있다.

윤서영은 사하라 사막 이남의 국가 중 제일 먼저 독립한 가나에 머무는 동안 이방인으로서 겪은 일들을 소개하고 있다. 그녀는 서민의 발이라고 하는 '트로트로(tro-tro)' 버스를 타기도 하고, '힙 라이프' 음악을 들으며 싸이의 '강남스타일'을 떠올리기도 한다. 제임스 타운의 등대를 방문했을 때는 노예무역의 아픔과 마주한다.

장용규는 아프리카와 유럽이 교차하는 공간인 남아프리카공화국에서의 현지조사 경험을 소개하고 있다. '전통'과 현대의 경계에 서 있는 오툴리니 주민의 삶, 위계질서를 결정하는 관습인 '흘로니파' 등 다채로운 주제들을 인류학자의 면밀한 시각으로 잘 보여주고 있다.

임기대는 베르베르 문화의 중심인 알제리에서 현지조사를 수행했다. 수도 알제시에 있는 '카스바', 베르베르인의 거주지 '티지우주', 사하라의 관문 '비스크라' 등에서의 조사 경험을 현장감 있게 잘 그려내고 있다.

김광수는 '아프리카의 심장'이라 불리는 콩고민주공화국에서의 현지조사 경험을 소개한다. 아프리카 독립교회인 킴방구 교회, 현지의 열악한 교통상황, 경찰과의 예기치 못한 사고 등은 콩고민주공화국을 더 잘 이해할 수 있도록 돕는다.

양철준은 동아프리카의 관문인 케냐에서 경험했던 소소한 일상을 소개한다. 그는 문학과 예술, 수입된 헌 옷, 커피 등 다양한 소재로 케냐의 과거와 현재를 잘 보여주고 있다.

한국인 아프리카 지역 전공 교수 7명이 아프리카에서 경험한 일들을 쉬운 이야기로 풀어내려 노력했지만, 이 책 한 권에 거대한 대륙의 다양성을 모두 담아내지는 못했다. 그러나 이 책을 읽고 아프리카에 대해 새롭게 관심 가지고 애정을 느끼는 독자가 늘어난다면, 그것만으로도 소기의 목적은 달성했다고 생각한다.

이 책이 출간되기까지 많은 사람의 도움이 있었다. 먼저, 총서 기획을 총괄한 아프리카연구소 황규득 소장에게 감사드린다. 다양한 의견을 제시해준 아프리카연구소 조교들의 노고도 빼놓을 수 없다. 마지막으로, 이 책을 예쁘게 만들어준 한국외국어대학교 지식출판원에 감사드린다.

2016년 5월 1일

대표 저자 **이 한 규**

# Contents

STORY
01

# 아프리카의 프랑스, 세네갈에서 만난 사람들

이 · 한 · 규

대중교통에서 만난 사람들

다카르의 전통 어시장은 천덕꾸러기?

도시 근교의 골목 문화

세계문화유산, 생루이(Saint-Louis)를 가다

# 세네갈
(Sénégal)

Keur-Macene
Dagana
Richard Toll
Podor
세인트루이스
Saint-Louis
루가
Louga
Kébémer
Linguere
다카르
Dakar
티에스 주
Thiès
투바
Touba
디우르벨
Diourbel
Mbacke
Ndiaganiao
Mbour
까올락끄
Kaolack
세네갈
감비아
Banjul
세레쿤다
Serrekunda
콜다
Kolda
Bignona
지긴쇼르
Ziguinchor
Velingara

Malika
Keur Massa
다카르
Dakar
Pikine
Plage de Yoff Tongor
요프
Plage du Virage
Plage Privee du Club Med
YOFF
Plage de la Voile d' or
Plage de Fann
Plage du Terrou Bi
Plage de l'Anse Bernard

## 대중교통에서 만난 사람들

여행 혹은 비즈니스로 외국을 방문할 때, 목적도 중요하지만 잠자리와 교통수단에 대한 정보도 소홀히 할 수 없다. 이는 아프리카의 세네갈은 물론 세계 다른 도시를 가도 마찬가지이다. 나는 아프리카의 여러 지역에 현지조사를 다니고 있지만, 가장 많은 시행착오를 겪은 부분이 교통수단이다. 아프리카의 주요 도시에는 호텔들이 많아 예산에 맞춰 숙소를 찾는 일이 그리 어렵지 않다. 조금만 노력하면 인터넷을 통해서도 얼마든지 숙소 정보를 구할 수 있다. 그런데 세네갈뿐만 아니라 아프리카의 대부분 국가에서 돈으로도 해결 안 되는 것이 있으니, 아마도 대중교통의 실제 요금 정보와 시간표일 것이다.

1989년 9월 박사학위 논문을 준비하기 위해 카메룬★(Cameroon)의 수도 야운데(Yaoundé)를 방문한 적이 있는데, 당시 시외고속버스와 기차를 제외하고 도시에서 운행되는 대중버스는 없었다. 노란 택시가 버스를 대신했다. 그로부터 15년이 지난 2004년에 야운데를 다시 방문할 기회가 있었는데, 여전히 노란 택시가 도심의 유일한 대중교통 수단이었다. 2015년 현재는 다행히 대중버스가 운행되고 있다.

★ 카메룬은 아프리카 중부에 있는 국가로 제1차 세계대전 이후 영국과 프랑스의 식민지배를 받았다.

2011년 7월 처음으로 세네갈을 방문하였다. '아프리카의 프랑스'라는 세네갈은 프랑스 지방의 작은 도시를 그대로 옮겨놓은 것 같았다. 세네갈은 카메룬과 다르게 다양한 종류의 대중교통 수단이 있다. 하지만 버스 운행 시간표는 잘 찾을 수 없었고, 버스 번호로만 행선지를 겨우 알 수 있게 되어 있다. 해당 번호만으로 버스가 어디를 거쳐 어떻게 이동하는지 정확히 알 수 없기 때문에 발품을 팔 수밖에 없다. 몸은 고되지만, 이러한 경험도 현지조사의 일부라고 생각하면 그럭저럭 견딜 만하다.

세네갈에는 기차를 제외하고 카라피드(car rapide), 르은디아가 은디아예★(Le Ndiaga N'Diaye), 끌로도스(Claudos), 택시 등이 도심의 주요 대중교통수단이다. 내가 주로 이용하는 대중교통은 '카라피드(고속차)'와 택시다. 르은디아가 은디아예는 30명이 탑승할 수 있는 버스인데, 주로 장거리 시외를 중심으로 다니기 때문에 이용해 볼 기회는 없었다. '끌로도스'는 요금은 싸지만 엄연한 불법 택시라 이용하지 않았다. 교통비를 아끼려고 법을 위반한다는 것은 어리석은 짓이다.

처음 각오와는 달리 버스는 딱 한 번 이용했고, 조사를 하러 다닐 때는 주로 택시를 이용했다. 현지보조원과 함께 있을 때는 가능하면 대중교통을 이용하려고 노력했지만, 이동시간이 너무 많이 걸려 일찌감치 포기했다. 택시로는 30분 걸리는 거리를 버스로 가면 거의 한 시간 반이 소요되었다. 버스를 타기 위해 정류장까지 걸어가서, 버스를 기다리고, 또 다른 버스를 갈아타야

★
은디아가 은디아예(Ndiaga N'Diaye)는 가난한 시골출신이지만, 운송업으로 자수성가한 세네갈의 대표적인 사업가다. 도로를 달리는 버스에서도 그의 이름을 발견할 수 있으며, 세네갈 대중교통의 대명사가 되었다.

했기 때문이다.

저녁 무렵 시내로 들어오려면 교통지옥이 따로 없다. 대부분의 시내 도로는 식민지배 동안 혹은 독립 이후에 건설되었기 때문에 반세기 동안 늘어난 자동차 수보다 도로가 좁은 편이다. 버스를 이용할 때, 어린 시절 어른들이 '시간은 금이다.'라고 했던 말씀이 실감 난다.

다카르 택시. 사람들은 시내 도로가 좁고 차가 많아서 버스보다는 택시를 주로 이용한다.

아프리카의 일부 도시에서 오토바이가 대중교통으로 많이 이용되고 있지만, 다른 대도시들처럼 세네갈에서도 택시는 중요한 대중교통 수단이다. 특히 길을 잘 모르는 외국인에게 택시는 가장 안심할 수 있고, 빠르게 이동할 수 있는 교통수단이기도 하다.

다카르에서는 모든 택시가 노란색이고—국가마다 차이가 있는데 코트디부아르★(Côte d'Ivoire)에서는 색깔로 지역 택시를 구별하고 있음—아무 데서나 타고 내릴 수 있어 편하다. 특히 지도로 길을 찾는 일이 쉽지 않기 때문에 택시는 이방인에게 매우 중요한 교통수단이다. 그러나 택시는 외국인이 바가지 쓰기에도 제일 좋은 교통수단이다. 나는 다행히 그런 경험이 없지만, 사업차 처음으로 다카르를 방문한 한국 사람들이 택시요금 바가지에 엄청 시달린 사연을 들은 적이 있다. 택시의 바가지요금과 횡포는 선진국이나 후진국이나 도긴개긴!

★ 서아프리카 남부에 있는 코트디부아르는 세네갈과 함께 영향력이 있는 불어권 국가다. 수도 아비장(Abidjan)은 '아프리카의 파리'라 한다.

다카르 택시 안의 모습. 이곳 택시의 운행 요건은 핸들과 네 바퀴만 있으면 되는 것 같다. 왼쪽 창 위로 보이는 작은 타원형의 딱지들은 자동차 납세필증으로 프랑스 문화의 영향을 받았다.

다카르의 택시는 노후해서 그런지 여러모로 매우 불편하다. 택시를 타려고 문 손잡이를 당겼지만, 문이 열리지 않아 운전기사가 직접 문을 열어 준 적도 많다. 이런 택시는 내릴 때도 운전기사가 밖에서 열어 주어야 겨우 내릴 수 있다. 창문을 여닫는 게 제대로 되지 않는 택시들도 부지기수였다. 자동차를 현지에서 직접 생산하지 않아 부품과 수리비가 비싸기 때문에 영세한 택시회사는 수리할 엄두조차 못 낸다고 한다. 물론 번듯한 택시를 탈 수 있지만, 약간의 운도 따라줘야 한다.

택시는 내가 현지인과 아무런 거리낌 없이 대화할 수 있는 소중한 공간이기도 하다. 이럴 때 택시 밖의 풍경은 그리 중요하지 않다.

월로프(Wolof) 민족이 전체 인구의 43%밖에 안 되는데, 세네갈 사람들 중 90%가 공용어처럼 월로프어를 구사한다. 그래서인지 현지 TV에서는 불어와 월로프어가 섞여 방송되는 것을 들을 때가 많다.

택시를 타면 운전기사와 불어로 잠깐 이야기를 나누다가 일상에서 필요한 월로프어 단어를 열심히 물어본다. 부지런히 월로프어 단어를 한글 발음으로 빼곡히 메모하다 보니 200개가 훌쩍 넘어버렸다.

"낭가데프(Na nga def, 안녕하세요)"

"낭가데프! 월로프 말을 할 줄 아시네요!"

"조금요~"

알고 있는 월로프어 단어가 많지 않아서 어떤 때는 침묵하거나 불어로 대화하면서 무안함을 대신하기도 한다. 하지만 잘하지도 못하면서 월로프어로 자주 인사한다는 것이 왜 그리 좋은지 모르겠다. 가끔은 운전기사가 못 알아들어 자존심이 상하거나 당황스러울 때도 있지만, 그럴 때는 모른척하고 다른 이야기를 하기도 한다. 간단한 인사말도 운전기사들마다 발음이 달라 헷갈릴 때가 있다. 그러나 운전기사가 내 인사말을 알아들으면 그렇게 기쁠 수가 없다. 운전기사들에게 배운 '생존' 월로프어★를 다른 현지인들을 만날 때마다 연습해보고는 하는데 다들 정말 반갑게 답해 준다.

세네갈에서 현지인과 안부 인사를 나누는 일은 단순해 보이지만 매우 중요하다. 그러나 더 중요한 것은 처음 보는 사람이라도 가족에 대한 안부를 묻는 것이다.

"나카 아나와 케르 기가?"

(Naka Ana waa kër gi ga, 가족들은 모두 안녕하시죠?)

다카르뿐만 아니라 아프리카 대도시에서 운행되는 택시와 대중버스 중에는 30년 이상 노후 된 차량들이 많다. 이 때문에 도시는 자동차의 배기관에서 나오는 시커먼 연기로 몸살을 앓는다. 아직은 정부나 국민이 공해

★
세네갈은 30여 개의 민족으로 구성되어 있고, 대표적인 민족이 월로프, 세레르, 플라니, 졸라, 만딩그가 이다. 세네갈의 공용어는 프랑스어지만, 일상생활에서는 다수가 월로프어를 사용한다.

에 대한 경각심이 없어 보인다. 꼬르니쉬★(Corniche)의 길을 걸을 때면 매연가스를 맡지 않으려고 손수건으로 입을 막는다. 그러나 사방을 둘러봐도 손수건으로 입을 막고 있는 사람은 나 혼자일 때가 많다.

요금을 생각하면 택시가 마냥 좋기만 한 것은 아니다. 경비를 아끼기 위해서는 버스보다 10배 이상 비싼 택시를 최대한 싸게 타야 했다. 일단은 호텔 앞에서는 택시를 타지 않는 게 철칙! 날씨가 더워 조금 힘들지만 호텔에서 30여 미터 떨어진 곳으로 이동해 택시를 잡는다. 호텔에서 좀 떨어진 곳에서는 운전기사가 부르는 요금도 낮고 요금 흥정도 유리(?)하기 때문이다. 택시를 타기 전 최소한 다섯 번은 요금 흥정을 해야 비용을 절약할 수 있었다. 시내에 빈 택시가 많아 흥정이 안 될 경우 다음에 오는 택시를 타기도 한다. 어떤 날은 요금 흥정이 잘 안 되어 택시를 10대 이상 보내기도 한다.

다카르에서 운행되는 택시의 대부분은 미터기가 없다. 일부러 달지 않은 것이 아니라 잦은 고장과 부품 공급 문제, 비싼 수리비로 아예 포기했다고 한다. 설사 미터기가 있었다고 하더라도 교통체증이 심각해서 요금이 터무니없이 많이 나올 것이다. 서울 광화문에서 반포 고속버스터미널까지의 거리 정도라고 했을 때, 다카르의 택시기사들은 아프리카 현지인에게 보통 500~700 프랑 세파★★를 받는다. 그런데 외국인에게는 두세 배를 받는다. 나도 현지인처럼 700세파를 지불하고 택시를 탄 것은 딱 한 번뿐이고, 대개 1,500~2,000세파를 지불했다. 비교적 성공한 흥정이라고 세네갈 친구는 말하는

★ 꼬르니쉬는 수도 다카르 동쪽에 있는 해안 도로로 세네갈 국제공항을 가는 지름길이다.

★★ 프랑 세파(CFA: franc des colonies françaises d'Afrique)는 과거 프랑스 식민지였던 서아프리카 9개 국가가 현재까지 사용하는 공용화폐로 보통 '세파'라고 줄여 말한다. 1세파=2.2원.

데, 이 친구가 내게 준 별명이 '세네갈 리(LEE)'다.

"헤이, 세네갈 리! 오늘도 성공?"
"암, 성공했지! 내가 누군가? 세네갈 리 아닌가!"
"정말? 대단한 걸? 이제 세네갈 사람 다 됐네."

시간이 없고 급할 때는 2,500~3,000세파를 주기도 한다. 그러나 가끔 요금 흥정을 지나치게 할 때에는 '내가 왜 이러지?' 하고 놀랄 때도 있다. 아마도 '현지인에게 내가 우습게 보여서는 안 되겠다.'는 쓸데없는 오기였을 것이다.

어느 날도 힘겹게 요금 흥정을 하고 택시를 탄 후에 운전기사에게 따지듯이 "왜 택시 요금을 이렇게 비싸게 받느냐?"고 했더니 외국인이라서 그렇단다. 외국인은 돈이 많기 때문에 더 받는 것이 당연하다고 태연하게 말하는 게 아닌가. 매일 요금을 흥정하는 게 너무 힘들어, 숙소까지 태워준 젊은 기사에게, "다카르 대학에 자주 가니 미리 전화하면 호텔로 올 수 있느냐?"고 물었다. 요금으로 2,000세파를 제시했더니, 흔쾌히 응했다. 대박! 이제 이동 수단은 걱정 안 해도 되겠다고 마음을 놓았는데 약속시간이 지켜지지 않는 것도 부지기수다. 연락이 제대로 되지 않아 결국 포기하고 말았다. 제 시간에 오지 않는 이유는 너무 많았다. 현지조사 지역에 여유 있게 도착하려면 1시간 전에 출발을 해야 하는데 기다려도 오지 않아 연락을 했더니, 라마단★(Ramadan) 기도 때문에 어렵다고 했다. '미리 연락을 해 줄 것이지' 하고 원망하다가

★ 이슬람력으로 9월 한 달 동안 치러지는 이슬람 종교 의식이다. 해 뜰 무렵부터 해 질 녘까지 금식하며 물조차도 마시지 않는다. 하지만 해가 진 이후 새벽까지 음식을 먹는다.

'하기야 돈 버는 것 보다는 자신의 종교 생활이 아프리카인에게는 더 중요하니깐 어쩔 수 없는 일'이라고 혼자 마음을 정리해 버렸다. 아프리카 대도시를 방문할 때 경제적으로 여유가 있다면 가능한 택시를 타라고 권하고 싶다. 택시는 좁은 공간에서 현지인 운전기사와 함께 남의 눈치를 보지 않고 자유롭게 대화를 할 수도 있고, 모르는 것을 마음껏 물어볼 수도 있다. 이방인이 모르는 아프리카 사람들의 일상도 쉽게 들을 수 있다. 또한, 방문 지역의 언어를 익힐 수도 있다. 택시에서 내릴 때 미안한 마음이 들면 200세파를 팁으로 주면 운전기사가 아주 고마워한다. 택시를 탔다고 운전기사가 목적지에 확실히 데려다 줄 거라는 확신은 금물이다. 가끔은 운전기사가 지리를 잘 몰라 엉뚱한 곳으로 가기도 한다.

다카르에 도착해서 처음이자 마지막으로 탄 버스는 보기에도 신기하고 뭔가 재미있을 것 같은 카라피드 미니버스였다. 카라피드는 노란색 바탕에 여러 가지 색과 문양으로 꾸며져 있다. 그런데 이곳 사람들은 이 버스를 '바카(bacar)'라고 한다. 차가 너무 낡아서 출발할 때 '바바빠빵'하고 요란한 엔진 소리가 난다고 하여 붙여진 이름이란다.

카라피드는 버스라는 서구식 이동 수단에 아프리카의 정신과 문화가 합쳐진 귀중한 자산이다.

카라피드 외관에 다양하게 장식된 그림들은 안전을 기원한다. 평화를 의미하는 어린아이의 모습이나 조상의 은혜를 바라며 선조의 이름을 넣기도 한다. 카라피드에는 대개 아프리카인이 소중히 여기는 조상, 가족, 신

다카르의 카라피드. 세네갈의 상징이기도 하다. 이 미니버스는 다양한 단어들로 장식되어 있다. 버스 뒷바퀴 위에는 알무리디야(Al mouridiyya)의 두 번째 칼리파 이름인 베그 팔루((Beugue Fallou)가 눈에 띈다. 창문은 완전히 개방되어 있다.

등을 나타내는 문구와 그림들로 장식되어 있다. 물론 자동차 공장에서는 카라피드에 다양한 색칠을 해서 출고하지 않는다. 출고 시에는 노랑과 검정색뿐이다. 차주와 운전기사가 임의로 혹은 전문 아티스트가 문구와 그림을 넣어 완성된 것이 오늘의 카라피드다. 그런 이유로 똑같이 장식된 카라피드는 구경할 수가 없다. 카라피드는 '움직이는 아프리카 문화'로, 각 카라피드는 나름대로 독창성과 신비함을 가지고 있는 것처럼 보인다.

운전기사들에게 직접들은 이야기로는 차가 너무 낡아 벗겨진 부분을 일반 페인트로 칠해 감추다 보니 자연스럽게 오늘날과 같은 카라피드가 탄생했다고 한다. 20~30년을 운행하면서 수십 차례 온갖 문양을 그려 넣었으니, 카라피드는 그 자체로 그들의 역사와 문화가 아닐까!

이처럼 세네갈 사람들은 사소한 것에도 자신들의 문화와 정신을 잘 드러내 보이고 있다. 문화는 사람들이 일상적인 삶에서 재현하고 만들어 가는 게 아닌가? 도시 성장과 함께한 카라피드는 다카르 도시 문화의 일부분이 되었다. 그러나 최근 세네갈 정부는 30년 이상 된 낡은 버스들을 2018년까지 전면 교체할 것이라고 발표했다. 매우 인상 깊었던 카라피드를 다카르 도심에서 볼 수 있는 날이 이제 많이 남아 있지 않아 보인다.

카라피드의 정원은 약 20명이지만, 여타 다른 버스처럼 정원은 운전기사 마음이다. 좌석이 꽉 차야 출발하기 때문에 시간에 쫓기는 사람은 절대 이용할 수가 없다.

요프(Yoff) 마을을 가기 위해 오전 9시에 다카르 종점(다카르 대학 정문 쪽)에서 버스를 탔다. 하지만 버스는 한 시간이 지나도 출발할 기미를 보이지 않았다. 예상하지 못한 것은 아니지만 차가 하도 출발하지 않아 내려서 택시를 타고 갈까 여러 번 망설였다. '아프리카 시계는 손으로 돌려도 안 간다.'는 속담이 있는데 이런 기다림에 지쳐 나온 표현이 아닐까 싶다. 하지만 이날은 어떤 일이 있더라도 버스로 목적지까지 가야겠다는 오기가 발동했고, 그래서 꾹 참고 버스에서 기다렸다.

속으로 **인샬라**★(Inshallah)를 외치며 버스를 기다린 지 한 시간이 넘자 비좁은 버스 안은 짐 반 사람 반이 되었다. 통로가 막혀 목적지에 제대로 내릴 수나 있을까 걱정이 될 정도였다. 목적지는 자주 방문했던 마을 입구

★ 인샬라는 '알라신의 뜻대로 하옵소서'라는 의미로 아랍어의 일상용어로 사용된다. 모든 문제를 인간의 의지가 아닌 알라신에게 의탁한다는 뜻이다. 하지만 일상에서는 종종 자기 합리화로 변용되어, 외국인이 곤란을 당하는 경우도 많다.

이지만 전경이 아직 눈에 익지 않은 곳이다. 만일을 위해 내릴 장소 근처를 핸드폰으로 촬영해 둔 정도였다.

버스 안에서 출발을 기다리며 옆자리에 마음씨 좋은 중년 아주머니가 앉기를 학수고대했다. 여러 차례 마을을 방문해 인터뷰를 하면서 나이가 지긋한 여성들이 제일 친절하게 협조해 주었던 기억이 있었기 때문이다. 다행히 아주머니 한 분이 옆자리에 앉았고, 그분이 앉자마자 '낭가데프'를 건넸다. 아주머니는 내 발음을 알아들으셨는지 바로 반갑게 인사를 해주었다.

일이 잘 풀릴 것 같은 예감이 들었다. 월로프어를 몇 마디 배워 현지인들에게 시도했는데 반응이 시원찮거나 이상한 표정이 나오면 자신감이 급격하게 떨어진다. 그래서 그다음에는 말 걸기가 망설여진 적이 한두 번이 아니다.

아주머니에게 목적지를 메모한 쪽지와 사진을 보여주면서 내려야 할 곳에 다다르면 알려 달라고 부탁했다. 긴장이 풀리면서 비로소 창밖을 내다볼 여유가 생겼다. 하지만 약 10분이 지났을까? 버스 맨 앞좌석 근처에서 할머니 한 분과 젊은 청년 사이에 고성이 오가며 다툼이 일어났다. 버스 승객들은 두 편으로 나뉘어 저마다 한두 마디씩 하는 데 정신이 없었다. 말다툼은 거의 20여 분 동안 계속되었고 청년이 내리고 나서야 끝났다. 옆에서 월로프어로 뭔가 중얼거리는 아주머니께 자초지종을 물었다.

"무슨 일인데요? 왜 저렇게 소리를 지르고 싸우죠?"

"할머니가 몸이 불편하다고 청년에게 막무가내로 일어나라고 했는데 청년이 일어나지 않아서 그래요. 청년보다는 할머니가 문제예요."

내 좁은 상식으로는 청년이 더 문제인 것 같았다. 그런데 주위 사람이 왜 이 문제를 가지고 마치 자기 일인 양 죽기 살기로 편을 들며 싸울까? 덕분에 도착지까지 심심하지는 않았다.

아프리카와 인연을 맺은 지 20년이 넘는 동안 현지에서 다양한 경험을 많이 했다. 하지만 다른 사람의 문제를 마치 자기 일인 양 참견하고 대변인처럼 행동하는 것에 대해서는 아직도 완전히 이해하지 못한다. 버스에서 겪었던 던 일은 아프리카, 특히 세네갈의 고유한 공동체 문화의 일부분일 것이다. 현지조사 지역의 마을 유지와 다카르대학 교수 친구에게도 이러한 상황에 대해서 물어봤지만, 돌아오는 답이 신통치 않다.

"그게 아프리카야!"
"더 이상의 대답을 원한다면 그건 어리석은 일이지."

내가 어리석다고…. 그들에게 더는 논리적이고 설득력 있는 설명을 들을 수 없었지만 그들의 이런 대답이 어디에서 유래했는지, 그리고 그 근본에 대해서는 여전히 의문이다. 20년이 넘는 시간동안 내가 가진 의문이 이렇게 쉽게 정리가 되는 아프리카는 참으로 편리한 곳이 아닌가?

## 다카르의 전통 어시장은 천덕꾸러기?

세네갈을 잘 모르는 사람도 다카르라는 도시 이름은 어느 정도 알고 있을 것이다. 세네갈의 수도 다카르는 사하라 사막으로 가는 출발 지점으로, 이곳에서는 1978년부터 '다카르 랠리(Dakar Rally)'라는 세계적으로 유명한 자동차 경주가 매년 열린다. 다카르에는 각종 관공서, 은행, 다국적 기업 및 문화시설이 집중해 있고, 전체 인구의 25%가 거주하고 있다. 세네갈에는 700㎞의 긴 해안이 있는데, 이 해안은 세네갈 북쪽에 있는 세네갈 강과 대서양이 만나는 곳에서 시작된다. 그리고 남쪽으로 내려와 다카르 서쪽과 남쪽으로 이어지고, 기니비사우(Guinea-Bissau) 국경까지 다다른다. 다카르는 내륙을 제외하고 3분의 1이 대서양 연안과 인접해 있어 그 자체로 어시장이고 관광지다.

꼬르니쉬 해변. 도심 공원으로 해가 지는 오후 7시 이후에는 주민이 몰려와 휴식 및 스포츠를 즐긴다.

도심에서 10분 정도만 산책하듯이 걸어가면 대서양 연안을 쉽게 접할 수 있다. 대서양 수평선 멀리에는 대규모 원양 어선과 여기저기 작은 고기잡이 어선들이 이국적인 풍경을 만들어낸다. 그뿐만 아니라 도시 중심에서 멀지 않은 대서양 해변에서는 주민들이 공을 차거나 한가롭게 해수욕을 즐기는 모습도 쉽게 볼 수 있다. 특히 대서양에서 불어오는 바람은 섭씨 35도가 넘는 7~8월의 무더위를 씻어 주어, 내륙 국가들보다 기후 환경이 좋다. 2004년 여름 카메룬을 방문했을 때 70% 이상이나 올라가던 습도를 생각하면 다카르는 그야말로 천국이다.

나는 2011년, 2012년, 2013년 총 세 차례에 걸쳐 요프 마을에서 현지조사를 수행했다. 이 마을은 자동차로 다카르 숙소에서 20㎞ 떨어져 있다. 당시 숙소는 다카르 중심에 있는 한 호텔이었다. 요프 마을을 방문하지 않는 평일에는 국립 고서 자료실에 주로 가고, 일요일이나 휴일 낮에는 다카르 시내 골목 여기저기를 혼자 돌아다닐 때가 많았다. 가끔 길을 잘못 들어 인적이 드문 곳에 혼자 있게 된 경우도 여러 번 있었지만, 다카르 사람들의 다양한 일상을 접하는 재미가 쏠쏠해 자주 골목을 돌아다녔다. 도시는 인류가 만들어 낸 가장 훌륭한 창조물이라고도 하는데, 이질적인 요소들이 섞여 있어 언제나 흥미롭고 늘 다채로운 모습을 보여준다.

어느 날 다카르 중심에서 멀지 않은 해안에 여러 색으로 화려하게 장식한 수십 척의 작은 배—카누(pirogue)라고 함—가 질서 정연하게 정박해 있는 모습을 발견하였다. 이전에 다른 아프리카 국가에서 보지 못했던 배들이었다. 묘한 호기심이 발동해 원래의 목적지를 포기하고 중간에 택시에서 내렸다. 하지만 가까이 갈

출항을 기다리는 카누들. 일부 어부들이 카누를 손질하기 위해 둘러보고 있다. 번듯한 선착장이 없어 해변에 정박하고 있다가 출항한다.

수록 생선의 비린내가 심했고, 사방에 널려 있는 물건들이 무엇인지 분간하기 어려웠다. 어촌이라 부르기에는 집들이 별로 없었고, 생선을 훈제하여 파는 어시장에 더 가까워 보였다. 그러나 다양한 색으로 채색된 알 수 없는 글들과 문양으로 장식된 수십 척의 목선은 이방인에게 색다른 느낌을 주었다.

나중에 안 사실이지만, 알 수 없는 글들과 문양은 조상 혹은 이슬람 지도자(술탄)의 이름들이며, 풍어와 무사귀환을 기원한다고 한다. 또한 그 지역 사람들은 카누를 단순히 고기잡이배로 여기지 않는다. 자신들의 자랑스러운 전통문화로 여기기 때문에 카누에 온갖 정성을 들여 장식한다고 한다. '부정 탄다.'는 생각을 가지고 있기

훈제에 사용하는 드럼통. 훈제할 때 나온 생선의 부유물이 수북하게 쌓여 있으며, 이 드럼통에서 풍기는 냄새는 아주 고약한데, 비위생적으로 방치되어 있다.

때문에 외지인이 접근하는 것도 꺼린다고 한다.

카누 한 대에는 6~8명이 한 팀을 이루어 바다로 떠나며, 배 뒤에 탈부착이 가능한 작은 모터로 움직인다. 많은 어부가 낡은 모터를 이용하여 고기잡이를 떠나는데, 모터가 망가져 사망 사고가 빈번하게 발생한다고 한다. 정부는 GPS 정착을 권장하고 있지만, 고비용으로 실용화가 힘들어 사망자는 계속 늘어나고 있다고 한다. 특히 외국 원양 어선들의 불법 조업★으로 근해에서의 고기잡이가 거의 불가능해져, 위험을 감수하고 먼 바다로 나가야 하는 실정이다.

배가 정박해 있는 곳 근처에는 어부로 보이는 건장한 남자들과 생선을 파는 여성들까지 모두 합쳐 30~40명이 모여 즐겁게 이야기를 나누고 있었다. 간혹 생선을 사러 온 사람들도 보였지만, 그 수가 많지는 않았고, 그 무리 가운데 아시아인은 나 혼자였다. 남루한 옷차림의 상인들 속에서 한 여성이 반갑게 인사를 했다.

"낭가데프! 생선 사러 왔어요? 어떤 생선으로, 얼마나 드릴까?"(까만 봉지를 꺼낸다)

"어……그냥 구경 왔는데요."

★ 세네갈 어장에서는 외국 선박의 불법 조업으로 매년 약 5억 달러의 경제적 손실을 보고 있다. 연간 손실이 약 2억 9천만 달러로 추산되고 있다.

그녀는 표정을 바꾸고는 곧 자기가 하던 일을 계속했다. 이곳 어시장—말이 좋아 어시장이지 번듯한 건물도 없음—은 무척이나 어수선하고 사방에 퀴퀴한 냄새가 진동했다. 오래되어 낡은 탁자 여러 개가 여기저기 무질서하게 놓여 있었고, 바닥에는 방금 잡아 온 생선들이 널브러져 있었다. 잔뜩 기대를 하고 방문했는데, 비린내가 심해 빨리 나가야겠다는 생각밖에 들지 않았다. 서울 노량진 수산시장에서 나는 비린내와는 비교도 할 수 없는 곳이다. 상인들에게 실례가 될 것 같아 코를 손으로 막지도 못하고 그저 냄새를 참아야 했다. 생선을 파는 곳 바로 옆에서는 생선을 훈제하기 위해 내장을 정리하고 있었는데, 내장들이 바닥에 아무렇게 버려져 있었다. 냄새는 둘째 치고 제대로 발을 뗄 수가 없었다. 한여름의 어시장 냄새는 그야말로 코를 찔렀다.

다카르뿐만 아니라 다른 지역에서도 어민들은 대개 영세하다. 생선을 가공할 수 있는 시설도, 보관할 수 있는 냉동시설도 변변하게 갖추지 못한다. 섭씨 30~35도의 무더위에서는 잡아 온 생선을 2~3시간 이내에 팔지 않으면 안 된다고 한다. 그래서 시간이 지나면 즉석에서 팔지 못한 생선의 내장을 정리하여 훈제한다고 한다.

상인들 중 일부는 생선을 훈제하기 위해 여기저기 쪼그리고 앉아 지독한 냄새에도 아랑곳하지 않고 큰소리로 떠들고 웃으며 생선 내장들을 정리하고 있었다. 그들은 내장 정리를 마친 생선들을 깨끗해 보이지 않는 물로 씻은 후에 건조했다. 그들은 잘 건조된 생선을 드럼통 위에 설치된 판에 올려 훈제했다. 소금에 절여 훈제된

건조 중인 생선들. 내장을 제거한 생선들을 자연 건조시킨 후 훈제한다. 훈제할 때 나는 고약한 냄새는 사방으로 퍼진다.

생선은 월로프어로 케카스*(keccax)라고 한다. 생선을 훈제할 때는 연기 때문에 생선 냄새가 더 강해지는데 더 이상 버티기 힘들어 그곳을 떠날 수밖에 없었다.

체칸타디옵대학(Cheikh Anta Diop: 과거 다카르 대학)과 연구 지역인 요프 마을을 최단 거리로 가려면 이 어시장 옆으로 나 있는 해안도로인 꼬르니쉬를 반드시 지나야 한다. 어촌과 어시장은 이 해안도로에서 30여 미터 떨어져 있다. 그런데도 이곳을 지날 때면 어김없이 잘 닫히지도 않는 택시 창문을 힘겹게 올리려고 매번 씨름해야 했다. 어느 날, 택시기사는 나의 이런 모습이 우스꽝스러웠는지 말을 걸었다.

"무슨 문제라도 있나요?"
"아니요! 생선 냄새가 심해 창문을 닫으려고요."
"망가져서 안 닫혀요."

가지고 있던 물만 계속 마실 수밖에 없었다. 운전기사는 내가 측은해 보였던지 갑자기 속도를 내어 빠르게 도로를 빠져나갔다. 운전기사에게 고맙다는 인사를 했지만, 부끄러웠고, 아프리카 지역 연구자의 자격이 있는지 다시 생각하게 되었다.

* 케카스는 세네갈뿐만 아니라 서아프리카의 전통적인 서민 음식 중의 하나로, 훈제된 생선을 의미한다. 서아프리카 어느 나라를 가도 쉽게 만날 수 있다.

남들은 어시장을 방문하면 식욕이 돋는다고 하는데, 나는 오히려 다카르 해변에서의 경험으로 생선요리를 멀리하게 되었다. 어시장 방문 후 며칠 동안 호텔에서도 생선을 꺼리고, 닭고기와 소고기, 채소 요리를 주로 먹었지만, 조사 지역인 요프 마을에서는 달리 먹을 것이 없어서 다시 생선 요리를 조금씩 먹게 되었다.

3년 동안 조사에 도움을 준 다카르 법과대학 교수는 길거리에서 파는 생선요리 대부분이 비위생적으로 훈제한 생선을 조리해서 파는 것이라며 가능한 사 먹지 말라고 권했다. 아무리 생선 마니아라도 훈제되는 과정을 직접 눈으로 본다면, 생각이 분명히 달라질 정도로 훈제 처리과정이 비위생적인 건 사실이었다.

'이처럼 고약한 냄새가 나고 지저분한 어시장이 도심에 있는 이유는 무엇일까?'

'어시장은 영세한 어부들의 마지막 삶터인가?'

'무엇이 어부들을 이처럼 척박한 환경으로 내몰았나?'

다카르를 떠날 때까지 뇌리를 떠나지 않던 질문들이었다.

다카르 전통 어시장은 승용차로 국회의사당과 약 5분 거리에 있으며 다카르 중심지와 그리 멀지 않다. 또한 이 어시장 바로 옆으로는 꼬르니쉬 해안도로가 있다. 이 해안도로 안쪽에는 멋진 현대식 건물, 고급 호텔, 부촌, 외교공관들이 들어서 있다. 그뿐만 아니라 다카르는 대서양 지평선으로 사라지는 석양의 아름다운 풍광을 마음껏 구경할 수 있는 곳이기도 하다.

하지만 다카르처럼 아프리카 도시의 대부분은 식민지배 과정에서 유럽인의 필요에 따라 만들어졌다. 신기한 것은 여러 아프리카 국가의 수도가 해안★에 인접해 있다는 것이다. 반면 유럽의 도시 대부분은 몇몇 경우를 제외하고 외부 침략에 대한 방어 목적으로 내륙에 위치해 있다. 아프리카 국가들의 수도가 해안 가까이 있는 것은 유럽의 식민 착취와도 결코 무관하지 않다. 내륙에서 생산된 작물을 신속하게 운송하여 유럽으로 수출하기 위해 아프리카의 대도시들은 항구 역할을 겸해야 했다.

다카르가 유럽의 식민지배를 받기 이전에는 이곳의 원주민으로 알려진 레부★★(Lébous) 사람들이 거주하는 평범한 어촌이었다. 하지만 식민도시 건설과 확대로 다카르 중심부에 있던 많은 어촌이 없어지거나 도시 인근으로 밀려났다. 독립 이후에는 도시화가 더 확대되면서 일부는 도시 인근의 보잘것없는 어촌으로 겨우 남게 되었고, 대다수는 요프처럼 도시 인근이나 지방으로 옮겨갔다. 어촌들이 없어진 자리에는 고급 호텔, 수영장, 화려한 네온사인으로 장식된 유흥가가 들어섰다.

현재 다카르를 중심으로 1만여 명(전국적으로는 약 60만 명)의 영세 어부들이 작은 카누에 의존하여 생계를 이어가고 있다. 다카르 인근에는 약 8,000척의 카누가 있다고 한다. 몇 세대에 걸쳐 어업을 천직으로 여겨온 이들이 도시에서 다른 직업을 찾는 것은 거의 불가능하다. 특히 20년 전부터 가뭄으로 농촌이 피폐해지면서 상당수의 농부가 어업으로 전환하게 되어, 기존의 어부들

★ 수도가 해안에 인접해 있는 대표적 국가는 토고, 베냉, 코트디부아르, 라이베리아, 기니, 감비아, 모리타니, 콩고, 소말리아, 앙골라, 모로코. 알제리, 튀니지, 리비아 등이다.

★★ 레부 민족은 이집트에서 이주하여 세네갈에 정착하였다. 현재는 다카르 도시 주변부와 어시장 인근에서 소수민족으로 살아가고 있다.

이 생계의 위협을 받고 있는 상황이다. 어부들의 주요 손님은 도시민이기 때문에 더 멀리 도시를 벗어날 경우, 어시장은 지금보다 더 멀어진다. 그로 인해 운반비가 많이 증가할 수밖에 없기 때문에 가능하면 도시 근처에서 장사를 하는 것이다.

어부들이 고기를 잡아 하루에 벌어들이는 돈은 3,000~5,000세파다. 하지만 모터의 기름 값이 50%를 차지하기 때문에 항상 쪼들리는 생활을 한다. 이들은 고등교육을 받지 못한 데다 별다른 기술도 없다. 그렇기 때문에 어시장은 이들에게 생사가 걸린 문제라서 정부도 쉽게 손을 대지 못하고 있다. 어업 관련 종사자(어부, 카누 제작자★ 및 장식 예술가, 카누 중간 상인과 소매업자 등)는 160~200만 명으로, 세네갈 경제의 중요한 부분을 차지하고 있다.

아프리카 사람들을 위한 단백질 섭취 방법 중 생선만큼 좋은 것이 없다고 한다. 세네갈 연안에서는 상어, 도미, 도라, 참돔, 청새치, 황새치, 바다 송어, 참치 등 약 50종류의 생선이 잡힌다. 6월에서 10월이 최고의 황금기다. 다카르는 아프리카 내륙 최서단에 있는 도시로 오래전부터 수자원이 풍부한 곳이다. 어업은 세네갈 GDP의 2.6%, 수출의 12.5%를 차지하기 때문에 수산자원은 이곳에서 '푸른 금'이라고도 한다. 국민의 80% 이상이 이슬람 종교를 믿고 있기 때문에 생선은 돼지고기를 먹지 않고, 소고기도 즐겨 찾지 않는 세네갈 사람에게 매우 중요한 단백질 공급원이다. 세네갈인 한 사람이 연간 소비하는 생선의 양은 약 35㎏이다(한국인은 10㎏). 세네갈은 1인

★ 수작업으로 제작되는 카누는 보통 약 6~7일이 소요된다. 길이 2미터의 카누 판매 가격은 약 8만 세파다. 비싼 가격으로 어민 대부분은 카누를 임대하여 사용하거나 공동 구매한다.

당 세계에서 세 번째로 생선을 많이 먹는 국가이기도 하지만 연안의 오염, 어업 종사자의 증가, 해외 어선의 불법 조업 등으로 개별 어부의 어획량은 점차 줄어들고 있다. 그럼에도 어업 환경은 20~30년 전과 크게 변한 게 없다. 카누로 고기를 잡는 어부 대부분은 작은 그물(배가 작기 때문에 그물이 크면 뒤집힐 위험이 있다)이나 낚시를 사용하기 때문에 많은 어획량을 기대하기가 어렵다고 한다.

나와 대화를 나눈 택시 기사도 한때는 어부였지만, 이제는 나이가 들어 배 타는 것이 힘들어 택시를 운전하게 되었다고 한다. 20년 전에는 이 근처에 아주 큰 어촌과 어시장이 있었는데, 도시화★의 진행으로 건물이 들어서면서 규모가 많이 줄어든 것이라고 한다. 생선 내장 쓰레기와 훈제하면서 생기는 각종 오염물질로 연안이 심하게 오염되고 있어서, 아마 이 어시장도 머지않아 폐쇄될 것이라고 한다. 어업은 15세기부터 다카르에 이주하여 정착한 레부 사람의 전통문화이자 생존 수단이었다. 점점 확산되고 있는 이질적인 도시문화와 어시장이 공존할 수 있는 방법이 무엇일까 의문이다.

전통 어시장 맞은편에는 커다란 교도소가 자리 잡고 있다. 하지만 이 교도소는 머지 않아 도시 밖으로 이전하고, 그 자리에는 신거주지와 상업지가 들어설 예정이라고 한다. 결국, 이 어시장은 이러한 도시계획에 의해 폐쇄될 가능성이 커지고 있다. 제주도 해녀를 지역의 중요한 문화로 만든 한국의 경우처럼, 다카르 전통 어시장 또한 현재의 도시문화와 공존할 수 있는 방법에 대해 진지하게 고민해야할 것이다.

★ 최근 세네갈 정부는 다카르를 울트라 현대 도시로 만들기 위한 <2025 다카르> 프로젝트를 발표했고, 이로 인한 대대적인 도시 정비가 불가피하다.

# 도시 근교의 골목 문화

나에게 아프리카 지역 연구자가 아닌 일반 여행자로 아프리카에서 가장 보고 싶은 것을 선택하라고 하면 아마도 사파리나, 케냐의 마사이 촌락 방문, 킬리만자로의 만년설 혹은 좀 과감하게 사하라 사막여행을 고르지 않을까 싶다. 안타깝게도 많은 사람이 찾고 경탄해마지않는 그런 여행지들을 많이 가보지 못 했다. 그러나 지난 3년 동안 아프리카 도시 근교에 있는 전통마을의 정치 및 사회구조-일반인들에게는 별로 재미없을 것 같은 주제-를 연구하면서 뜻하지 않게 조사지역 사람들의 다양한 일상을 경험할 수 있었다.

조사지역에는 일반 관광객이 선호하는 특이함이나 화려함, 외국 방문객을 위한 민속춤, 사파리는 물론 볼만한 기념 조형물 하나 없다. 3년 동안 이 마을을 다니면서 외국인 여행객을 거의 만나지 못했다. 도시와 동떨어져 개발이 덜 된 근교의 작은 마을 중 하나일 뿐이다. 그러나 도시의 갑갑하고 숨 막히는 공간에서 바쁘게 살아가는 사람들과는 매우 다른 생활을 하는 사람들의 모습을 그 마을에서는 볼 수 있었다.

요프 전통 마을에는 15세기경 세네갈 북부 지방에서 이주해온 레부 사람이 거주하고 있다. 이들은 유럽의 식민지배를 받기 이전부터 이곳에 정착한 다카르의 원주민이다. 하지만 다카르 중심부에 거주하는 레부 사람들 중 대부분은 19세기 이후 유럽의 식민지배가 본격화되고 유럽인을 위한 도시가 건설되면서 도시 근교로 쫓겨나다시피 했다.

식민지배 시기 동안 아프리카 도시★의 대부분은 이런 식으로 건설되었다고 해도 틀린 말은 아니다. 이후 다른 민족이 점차 이주하면서 현재 레부 사람은 소수민족으로 전락했다.

세네갈에서는 월로프 사람이 전체 인구의 43%를 차지하고 있다. 반면 레부 사람은 1%에 불과하다. 현재 세네갈 인구의 90%가 월로프어를 공용어처럼 사용하고 있다. 대부분 서아프리카 지역의 공용어는 유럽 식민지 언어인 영어, 불어, 포르투갈어이며, 세네갈에서는 불어가 공용어로 사용되고 있다.

요프 전통 마을의 거주민 대부분은 레부 사람이다. 말이 '전통' 마을이지 시멘트 블록으로 벽을 만들고 슬레이트로 지붕을 인 건물이 많다. 그야말로 '국적 없는 건물'이 가득하다. 백과사전이나 영화 혹은 다큐멘터리에서나 나올듯한, 짚으로 지붕을 인 아프리카 전통 건물은 이 마을에서는 찾아볼 수가 없었다. 아마 1970~80년대 우리나라에서 새마을 운동을 한다면서 초가지붕을 걷어 내고 슬레이트 지붕으로 전면 교체한 모습과 거의 흡사했다. 그 때문인지 처음 방문한 이 마을이 왠지 낯설지 않았다.

마을 어귀에는 10평 규모의 작은 구멍가게가 초라하게

★ 프랑스는 식민도시를 건설하면서 원주민을 쫓아내고 백인만을 위한 구역을 만들었는데 이를 플라토(Plateau: 평지) 라고 한다. 프랑스 식민지 도시 대부분에 있었으며 이 명칭은 아직도 사용되고 있다.

자리하고 있다. 빨간색은 열대지역에서 더 더운 느낌을 주는데, 빨간색으로 색칠한 작은 가게가 유독 눈에 띄었다. 재미있고 신기해 보였다. 호기심 가득한 눈빛으로 가게로 향했다.

요프 마을 골목 어귀에 있는 구멍가게. 허름해 보이지만, 안에는 없는 것 빼고는 다 있는 미니슈퍼다.

가게 안은 다소 침침했다. 물건이 진열되어 있는 곳은 도둑과 강도 때문인지 제법 견고해 보이는 철망으로 꼼꼼하게 방비를 해 놓았다. 철망 넘어 보이는 진열장에는 온갖 물건이 잘 진열되어 있었고, 주인처럼 보이는 6척 키의 어른과 중등학생으로 보이는 종업원이 선풍기도 없는 좁은 철망 안에서 땀을 흘리며 손님을 맞이하고 있었다. 내 가슴 높이 쯤에 가로 20㎝, 세로 30㎝의 작은 구멍이 있었는데 돈을 내면 물건이 그 구멍 사이로 다시 손님에게 건네졌다. 안에서는 13~15살 되어 보이는 꼬마가 뭔가를 열심히 정리하고 있었다.

"안녕! 콜라 세 병만 주세요."

" ………" (아무 말 없이 말똥말똥 쳐다만 본다).

"콜라 세 병!"(손가락 세 개를 들어 보이며)

" ………" (여전히 말이 없다).

불어를 모르거나 아니면 나의 불어 발음이 잘못되었

나 속으로 생각하면서 다시 또박또박 반복해서 주문했다. 그때서야 어린 점원이 못마땅하다는 표정을 지으며 구멍 밖으로 작은 빈손을 내민다. 옆에 있었던 현지 보조원이 "돈을 먼저 주셔야 해요." 하며 거들었다. 콜라 값을 치르고 나서야 겨우 콜라를 마실 수 있었다.

다카르 도시의 슈퍼에서 물건을 주로 구매했기 때문에 작은 구멍가게의 상행위가 낯설었다. 나중에 안 사실이지만, 대형 슈퍼마켓을 제외하고 경비원을 따로 고용할 수 없는 구멍가게들은 이처럼 철망을 쳐 놓고 손님이 돈을 내면 물건을 넘겨준다고 한다. 물건을 먼저 주면 돈을 안 내고 도망가기 때문이기도 하지만, 강도당하는 것을 예방하기 위해 안에서 문을 굳게 잠근다고 한다. 하지만 채워진 자물쇠를 아무리 빨리 풀어도 도망가는 도둑을 쫓아갈 수 없다고 한다. 그렇다고 손님을 도둑 취급하다니… 그렇다! 다른 문화를 이해하기 위해서는 다양한 경험이 중요하다. 하지만 지나치게 섣부른 판단은 오히려 편견을 만들 수 있다.

이 마을에는 30인승 대형버스가 다닐 수 있는 큰 도로가 2개 있다. 이 도로는 마을 한가운데를 관통하여 다카르 시내로 갈 수 있는 국도와 연결되어 있다. 큰 도로 양쪽에는 다양한 상점이 있으며, 다카르와 다름없이 사람들의 발걸음은 매우 분주해 보였다. 손님을 부르는 주인과 외롭게 그늘에 앉아 쉬는 노인을 가끔 볼 수 있을 뿐 그렇게 특별할 것이 없는 곳이기도 하다.

이 큰 도로들은 수십 개의 좁은 골목길과 연결되어 있다. 그러나 이 큰 도로 사이로 나 있는 골목을 들어서는 순간, 다른 마을에 와 있는 것처럼 완전히 이질적인 풍경을 접하게 된다. 폭이 2m나 될까 말까 하는 좁은 골목길들은 거미줄처럼 사방으로 연결되어 있으며 모두 모래가 깔려 있다. 그리고 그 골목 양쪽으로 각양각색의 빨래가 바람에 제멋대로 흔들리며 골목의 생동감을 더해 준다. 골목길 양쪽의 담벼락에는 화려하지는 않지만, 뭔가 신비로움을 느끼게 하는 빨간색의 글들과 기이한 그림들이 가득했다. 마치 지나가는 사람의 무료함을 달래 주는 듯했다. 한 꼬맹이가 고사리 같은 손으로 나를 잡으며 벽에 그려진 글 하나를 가리킨다.

"우리 형 이름이에요. 축구 선수거든요. 유럽에 있어요."
"그래? 유럽 어디?"
"프랑스요."
"프랑스가 어디에 있는지 알아?"
"몰라요."

부끄러운지 아니면 형에 대해 자랑해서 기분이 좋은지 뒤돌아보지도 않고 어디론가 신나게 뛰어간다. 벽에 쓰인 빨간 글씨들은 이 동네에서 활동하는 마을 축구 선수들의 이름이라고 한다. 처음에는 뭔가 의미 있는 월로프어 단어인 줄 알았다. 알고 나니 약간 허무했다. 이 마을을 한 달가량 다니면서 축구 경기하는 광경을 직접 목격하지는 못했는데 이렇게 선수가 많은 줄 몰랐다.

요프 전통 마을의 골목길. 도시화에서 벗어난 이 마을은 이러한 골목이 수십 개가 있어 미로를 만들고 있다. 이 골목에서는 여러 가지 물건과 음식들을 팔고 있다.

골목길들은 폭, 모양 등이 모두 제멋대로다. 이리저리 구부러져 있다가도 별안간 곧아지고, 다시 구부러진다. 길의 끝이 보이나 했더니 다시 다른 골목으로 이어진다. 마치 계획적인 직선을 거부하는 것처럼 보이기도 하고, 정리가 안 된 혼란한 골목 같기도 했다. 어디선가 동무가 불쑥 나타나 "한규야!" 하고 부를 것만 같았다.

이 골목들은 도시 계획으로 만들어진 것이 아니다. 이 골목은 5~6세기 동안 마을 사람들에 의해 자연스럽게 만들어진 것이다. 어떤 골목은 사람 몸 하나가 겨우 빠져 나갈 수 있었다. 약간 큰 골목(약 4m)에는 가끔 이륜마차가 다녔다. 이 마차는 마을 골목길의 유일한 대중교통수단이자 운송수단이다. 마차에는 여러 명의 마을 사람이 제멋대로 걸터앉아 있다. 다른 한구석에는 손님의 짐 같은 것이 금방이라도 떨어질 듯 위태위태하게 쌓여 있다. 마을 유지를 만나기 위해 지도도 없고, 번지도 없는 집을 찾느라 이 골목, 저 골목을 헤맨 적이 부지기수다. 분명 어제 왔던 길인데 오늘 갔을 때는 다른 곳으로 느껴지곤 했다. 이곳에서 태어났다는 세네갈인 보조원도 가끔 길을 못 찾아 서로 마주보고 어이 없이 웃었던 적도 많다.

모래로 덮여 있는 골목. 햇빛이 비치는 곳은 어디든 빨래가 널려 있다. 공터에서는 아이들이 '왕 놀이'를 하고 있다.

어느 날 보조원 없이 나 혼자서 자신감 있게 골목을 들어선 적도 있지만, 아무도 없는 골목에 원치 않게 갇힌 것 같은 기분을 여러 번 경험했다. 때로는 너무 조용해서 두려움을 느낄 때도 있었다. 약속을 정해 마을 유지를 만나던 날 2시간 넘게 골목을 헤맸어야 했고, 만나기 전까지, 마을 유지는 전화로 다섯 차례나 자신이 사는 곳을 설명해야 했다. 특별한 표식으로 나의 위치를 설명할 수 있는 것—예를 들어 간판—이 없어서 더 애를 먹었다. 결국, 지나가는 마을 사람을 붙잡고 전화통화를 부탁했고, 그 사람의 안내로 겨우 목적지에 도착할 수 있었다.

좁은 골목으로 인해 도중에 쉴 그늘도 마땅치 않았다. 그늘이라곤 건물로 인해 생긴 그늘뿐이다. 그 그늘은 해가 움직이면 덩달아 길어졌다가 짧아졌다. 다카르의 7월 평균 온도는 섭씨 35도에, 체감 온도는 38도다. 무더위에 지쳐서 아무 집에나 들어가 쉬고 싶은 마음이 굴뚝같았다. 더위를 도저히 참을 수 없어 현지 보조원과 함께 아무 집이나 무작정 들어가기로 했다.

집 안에는 50세쯤 되어 보이는 아주머니가 빨래를 정리 중이었다. 짧은 인사를 건네자마자 사정 이야기를 했다. 다행히 아주머니는 우리를 반갑게 맞아주었고 부탁도 안 했는데 냉수까지 내주셨다. 아프리카에서는 모르는 사람에게는 음식 대접을 잘하지 않는다고 들었는데 아주머니의 친절함에 더위와 피곤함이 싹 씻기는 듯 했다.

이곳에서 조사가 힘들었던 것은 집과 사람을 계획대로 잘 찾지 못한 데 있었다. 게다가 모래 골목길을 걷는 것도 쉬운 일은 아니었다. 이방인에게 익숙하지 않은 모래 골목길은 일반 도로에서 걷는 것보다 2~3배나 힘들었다. 거의 5분에 한 번씩 구두를 벗어 모래를 털어야 했는데 나중에는 귀찮아서 그냥 다녔더니 구두 안이 양말 반 모래 반이 되었다. 짧게는 5시간, 길게는 7~8시간을 골목길을 다니다 숙소에 돌아오면 신발은 모래 먼지에 덮여 거의 백구두가 되어있고, 몸도 완전 녹초가 된다.

이곳 사람들이 골목길에 모래를 깔아 놓았는지를 이해하는 데는 그리 오랜 시간이 걸리지 않았다. 이 모랫길은 단점보다는 장점이 더 많아 보인다. 아무리 비가 많이 내려도 길에 물웅덩이가 생기지 않는다. 신발과 바지를 더럽히는 흙탕물이 없어서 피해 다닐 필요도 없다. 아프리카에는 비포장도로가 많고 배수가 잘 안 되어 비가 내린 후에는 길이 질퍽해지는 경우가 허다한데, 아이들이 골목에서 뛰어놀다 넘어져도 거의 다치지 않는다. 아이들이 모래를 마치 장난감처럼 가지고 노는 모습을 쉽게 볼 수 있는데, 특히 골목은 아이들이 축구도 하고, 숨바꼭질도 하면서 마음껏 뛰어노는 데 더할 나위 없이 좋은 장소 같았다.

염소우리. 마을 골목 한가운데 있어 냄새는 나지만, 주민에게는 귀중한 자산이다. 아프리카에서는 가축을 다른 재산보다 더 중요하게 여긴다.

작은 골목을 사이에 두고 마주한 집에는 대문이 거의 없다. 골목길과 경계를 이루고 있는 문턱만 넘으면 바로 안마당으로 연결된다. 일부 집은 긴 천을 늘어뜨려 대문처럼 사용하고 있지만, 바람만 불며 자동으로 열리고 닫힌다. 당연히 초인종도 없다. 비좁은 골목은 누군가의 마당이 되기도 하고, 마을 사람들을 위한 열린 공간이기도 하다. 골목길에서 만나면 하던 일을 멈추고 수다를 떨기도 한다. 이 마을 사람은 한동네에 사는 게 아니라 한집에 사는 것 같았다.

성인 한 명이 겨우 다니는 비좁은 골목에는 동네 사람을 대상으로 좌판을 깔아 놓고 장사를 하는 사람들도 있다. 아주머니들이 그 주위에 모여 앉아 즐겁게 수다를 피우고 있다. 용기를 내어 1㎡ 너비의 작은 좌판에 무엇이 있는지 보기 위해 다가갔다. 그런데 그 좌판 위에 놓여있는 물건을 보고 이내 실망했다. 쭈글쭈글해진 방울토마토 10여 개, 역시 싱싱해 보이지 않은 상추, 비쩍 마른 고추 20여 개, 100g 정도의 곡물이 전부였다. 물론 상품 가치가 있는 것도 있다.

"봉주르★ 메담? 이거 정말 파는 거예요?"
"키키킥, 호호, 흐흐흐."

주위에 있던 다른 아주머니들과 아이들도 신나게 웃어댄다. 헐! 낯선 이방인의 질문이 우스꽝스러워 보였나 보다. 이처럼 골목은 아주 사소한 것에서도 낯선 사람을 친근하게 만드는 마법의 장소 같았다. 어느 나라나 도시를 제외하고 골목에서의 아줌마들의 일상은 비슷한 것 같다.

요프 마을은 도시에서 쉽게 접근 할 수 있는 근거리에 있다. 그런데도 이곳 마을 사람의 생활은 도시와 사뭇 다르다는 것에 매우 놀랐다. 점점 밀려오는 도시화의 위협에서 당당히 자신의 문화와 전통을 말하는 이들의 자신감은 도대체 어디에서 나오는 걸까? 아마도 이들이 가지고 있는 자신들만의 인간미와 골목에서 만들어진 훈훈한 정이 아닐까?

요프 마을의 골목길은 레부 사람이 살아온 역사의 현장이자 문화체험 장소다. 그래서 이 마을 사람은 남 보기에는 허름하고, 자동차도 못 다니는 불편한 환경에서도 웃으면서 여유롭게 살아가는지도 모른다.

★ 봉주르(Bonjour)는 프랑스 인사말이다. 프랑스에서는 처음 보는 중년 여성에게는 마담(Madame)이라고 하고 여럿이 있을 경우에 메담(Mesdames)이라는 호칭을 사용한다.

아프리카 사람은 혈연, 가족관계를 가장 중요시하기 때문에 이 골목에 사는 레부 사람은 대부분이 친인척이라고 한다. 그래서 골목길은 이들에게 또 다른 경계를 나타내는 길이 아니다. 안뜰과 연결된 열린 공간이고, 남녀노소 모두가 공유하는 장소다. 이곳에는 도시에서 흔히 볼 수 있는 낯설음과 치열한 생존경쟁의 몸부림도 없어 보인다.

아프리카 사람조차도 잘 알아주지도 않고, 국내 서점의 아프리카 관련 여행 책자에도 소개된 적이 없는 작은 마을의 골목 이야기는 한국 시골 혹은 도시 변두리의 골목과 크게 다르지 않다. 나는 요프 마을의 골목을 이리저리 다니면서, 어렸을 때 좁은 골목에서 구슬치기, 제기차기, 숨바꼭질 등을 하며 뛰어놀았던 옛 추억을 다시 느낄 수 있었다. 시간 여행이라고 할까?

그런데 소박하고 정겨운 이야기가 있는 이 골목들이 도시 개발의 논리에 의해 사라질 위기에 놓여 있어 안타깝다. 아마 이 책이 출판될 무렵에는 요프 마을의 일부에서는 개발이 진행되고 있지 않을까?

따뜻하고 포근히 감싸주는 모래가 깔린 골목길, 좁은 골목에 쪼그리고 앉아 있는 아주머니들의 넉넉한 웃음과 훈훈함, 팔리지 않을 것 같은 물건을 놓고 마냥 손님을 기다리는 여유, 전통적인 아우라가 있는 곳, 카메라 앞에서 사진 찍어 달라고 보채는 천진난만한 아이들의 얼굴 등 이 모든 것을 통해서 아프리카에 온 보람을 새삼 느낄 수 있었다. 한국에서도 농촌이나 작은 도시에서 골목 살리기 운동이 한창이다. 한국의 NGO 단체가

도시화된 지역. 요프 전통마을에서 500미터 떨어진 곳에는 색다른 현대식 호화 주택이 많이 들어서 있다. 대문은 굳게 닫혀있으며 사람 대신 고급 승용차들이 많이 보인다.

요프 마을의 골목을 문화예술로 복원할 수 있는 프로젝트를 기획하면 어떨까? 요프 마을의 작은 골목들을 '테마가 있는 장소'로 만든다면 다카르, 아니 아프리카의 숨어 있는 명소가 되지 않을까?

그러나 이것은 나의 상상으로 끝나는 것이 좋을 것 같다. 현지 속 사정을 잘 모르고 하는 상상이 골목의 주민들에게 어쩌면 고통을 줄 수도 있으니 말이다.

## 세계문화유산, 생루이(Saint-Louis)를 가다

아프리카는 대자연의 보고이며, 유네스코가 지정한 세계유산의 보고이기도 하다. 현재 약 136개의 아프리카 문화가 유네스코의 세계문화유산에 등재되어 있으며, 세네갈에는 고레★(Gorée) 섬을 비롯하여 7개의 세계문화유산이 있다. 아프리카의 문화유산은 1978년의 4개에 비하면 많이 증가했다고 할 수 있지만, 911개에 대한 지정 요구에 선정은 14.9%에 불과하다.

21세기를 '경제 냉전'의 시대라고 하지만, 다른 한편으로는 '문화 냉전'의 시대라고도 할 수 있다. 세계문화유산의 등재 문제는 국가 브랜드를 국제적으로 상승시키는 것과 다름없는 그야말로 '총성 없는 전쟁'이다. 세네갈에 체류하는 동안 세계문화유산으로 등재된 고레 섬과 프랑스 식민지배의 역사가 담겨 있는 생루이 지역을 방문하였다.

생루이(월로프어 지명은 은달[Ndar])는 다카르에서 약 264㎞ 떨어진 지방으로, 1659년 서아프리카에서 최초로 세워진 프랑스령 식민 도시다. 이곳은 17세기 프랑스가 서아프리카 내륙으로 진출하는 데 매우 중요한 관문이었다. 생루이는 1957년까지 서아프리카 프랑스령 식민 수도였으며, 프랑스의 대아프리카 식민정치의 산실이

★ 노예 섬으로 잘 알려진 고레 섬은 다카르에서 배로 30분이면 도착한다. 18세기부터 300년간 3천만 명 이상의 아프리카인이 팔려 갔던 비극의 장소로, 1978년 유네스코 세계문화유산으로 등재되었다.

페데르브 다리. 은도르 마을과 바르바리에 마을을 연결하는 유일한 통로이다. 길이가 500미터가 되는 이 다리를 통해 두 마을의 문화가 교차한다.

었다.

생루이는 내가 연구하고자 하는 레부 민족의 근거지였기 때문에 사전 답사차 이곳을 방문하게 되었다. 시간을 절약하기 위해 다카르에서 승용차를 빌렸다. 전에는 항공편이 있었는데 경기불황으로 운항이 중단되어 시외버스와 기차만 이용할 수 있었다. 기차로는 6~8시간, 버스로는 한나절이 걸리기 때문에 시간을 최대한 절약해야 하는 입장에서는 비용이 들더라도 렌터카가 최선의 선택이었다.

엄청나게 과속을 한 덕분에 출발 후 3시간 만에 생루이에 도착했다. 다카르-생루이 간의 도로는 말이 고속도로지 사람과 가축들이 위험하게 무단 횡단하는 곳으로 완파된 사고 차량의 모습도 눈에 많이 띈다.

생루이 중심부의 모습은 다카르의 모습과는 전혀 다르게 상당히 이국적이었다. 대서양 연안에 있는 생루이는 세 개의 마을로 이루어져 있다. 내륙에 있는 소르 마을(Sor)과 두 개의 섬으로 구성되어 있으며, 두 개의 섬 사이에는 세네갈 강(총 길이 1,750km)의 지류가 흐른다. 이 강은 대서양과 합류한다. 소르 마을을 제외하고 두 개의 섬은 해양 마을 같다고 해서 '아프리카의 베니스'라고 부른다.

페데르브(Faidherbe) 다리를 사이에 두고 두 개의 다른 문화가 교차하는 느낌이었다. 먼저 방문한 곳은 레부 원주민이 사는 바르바리에(Barbarie: '미개인'이란 의미) 마을에 들어가기 전의 은도르 마을(Ndor)이다. 과거 프랑스 식민 총독부가 있었던 곳이고 세계문화유산으로 등재된 건물이 많은 곳이다. 그래서 그런지 마치 유럽의 구도시를 방문한 것 같은 착각이 들었다.

페데르브 총독 동상. 페데르브(1818~1889)는 프랑스의 대표적인 식민총독으로 서아프리카 식민정책을 주도했던 대표적인 인물이다. 동상 뒤에는 바르바리에 마을이 보인다.

이 마을 한가운데 있는 공원에는 서아프리카 식민 총독 루이 레옹 페데르브(Louis Léon Faidherbe) 동상이 바르바리에 마을을 등지고 내륙을 향해 위엄있게 서 있다. 그리고 공원 안에는 프랑스의 식민 역사를 기록한 안내판들이 보인다.

출발 전에 미리 연락해 둔 현지 원주민과 함께 이 마을을 둘러보았다. 그러나 아프리카의 자취를 찾을 수 있는 건물은 거의 없어 보였다. 모두가 19~20세기에 지어진 프랑스식 건물이다. 2000년 이후 유네스코에 등재되었기 때문에 보수는 가능하지만, 개발이 금지되어 있다. 일부 건물은 심하게 훼손되어 오히려 마을의 미관을 해치고 있지만, 보수할 예산이 없어 몇 년째 방치되고 있다.

한때 건물 대부분은 유럽 여행객의 숙소로 제공되었

세계문화유산으로 지정된 생루이 건물의 일부. 마을은 전반적으로 깨끗해 보였고 인적도 드물어 사람 사는 냄새가 거의 나지 않아 보였다. 덧문과 발코니는 프랑스를 연상케 한다

는데 이슬람 극단주의 테러 집단 AQMI(알카에다 마그레브 지부)가 생루이와 마주하고 있는 모리타니에서 활동하면서 관광객이 급감, 현재는 건물이 비어 있는 상태로 방치되고 있다. 건물을 이용하여 경제활동을 해온 일부 소유주가 떠나면서 빈 건물이 더 많아졌다.

아무리 눈을 크게 뜨고 보아도 아프리카인이 사는 건물 같아 보이지 않았다. 허름한 옷차림의 몇몇 아프리카 현지인이 건물에서 나오고 들어가는 것만 가끔 보였다. 프랑스 식민 도시가 다카르로 이전한 이후, 이곳에는 유럽인이 거의 살고 있지 않고, 아프리카 원주민 일부가 정부에 세를 내고 살고 있다.

어쩐지 일요일도 아닌데, 대부분 건물의 창문과 덧문

들은 모두 굳게 닫혀 있었고 길에는 인적이 드물어 매우 한적해 보였다. 마치 프랑스의 7월 대바캉스★(grand vacance) 때 텅 빈 파리의 일부 구역 같았다. 도로는 청소가 잘되어 청결해 보였는데도 몇몇 환경미화원이 낡은 빗자루로 열심히 청소를 하고 있었다. 옛 식민 관공서 같아 보이는 몇 개의 건물은 공사 중이었다. 그래서인지 도로는 질서 정연하게 정돈된 곳 같으면서도 어딘가 어수선해 보였다.

우연히 작은 레스토랑에서 현지인을 만나 궁금한 것을 알아볼 수 있었다. 제일 먼저 세계문화유산에 등재된 건물에 사는 현지인의 생활이 궁금했다. 아무래도 자신들의 유산이 세계문화유산에 등재되고 그러한 건물에 살고 있다는 자체가 자랑스럽지 않을까?

"이런 역사적 건물에 사시는 것 자체가 영광이겠어요."
"하하하, 모르시는 말씀! 이곳 생활은 아주 불편해요. 못도 마음대로 못 박고, 필요한 물건을 들여놓으려면 사전에 허가를 받아야 해요. 절차도 복잡하고요."

아프리카 생활은 가족 중심인데 늘어나는 가족을 위해 방을 개조하거나 나누려 해도 허가가 좀처럼 나지 않아 문제가 많다고 했다. 동반했던 역사가(이곳에서 40여 년 동안 지방 라디오 방송 운영)는 이곳 생활은 생각보다 많이 불편하다고 했다. 그래서 주민들은 이곳보다는 쾌적하지는 않지만, 다리 건너편에 있는 바르바리에 마을에서 생활하는 경우가 더 많다고 한다. 그곳은 항상 시끌벅

★ 7월 초부터 시작되는데 파리 주민의 50%가 바캉스를 떠난다. 이때 파리 지역은 텅 빈 거리처럼 한산하고 외국인 여행객이 파리를 차지한다. 방문했던 생루이가 프랑스 대바캉스 때와 같았다.

무슬림 무덤. 마을 중심에서 멀리 떨어져 있는 이 무덤들의 주인은 어부들로 일부 무덤에는 어망이 덮여 있다.

적해서 사람이 사는 냄새가 나고, 원하는 물건을 쉽게 구매할 수 있다고 한다. 이에 비해 은도르 마을에는 재래시장 같은 것도 보이지 않았다.

한국에서는 성묘를 위해 차로 1~2 시간을 가야한다. 하지만 아프리카 공동묘지는 아프리카 전통 문화와 유럽 식민문화의 영향이 혼합되어 도심 혹은 마을 한가운데에 있는 경우가 많다. 하지만 이곳 공동묘지, 특히 무슬림 공동묘지는 섬 끝자락에 있다. 이 또한 세계문화유산의 영향이 아닐까?

한적한 거리에는 관광객 4명이 탈 수 있는 사륜마차가 가끔 지나갈 뿐이었다. 이렇게 좋은 환경에 사람이 많지 않은 마을은 아프리카를 방문한 이후 처음이었다. 이 마을을 둘러보는 데는 그리 많은 시간이 필요하지 않았다. 사람이 살기에는 무언가 부족해 보이고 차가워 보이는 이 마을에 3시간가량 머물렀다. 그리고 철교를 건너 연구 대상인 소수 민족이 사는 바르바리에 마을로 이동했다.

제법 웅장해 보이는 철교를 지나자 또 한 번 놀라운 풍경이 눈에 들어왔다. 어촌으로 알려진 이 마을은 조금 전에 방문한 마을과 완전히 달랐다. 건물 대부분이 시멘트로 마구 지어진 것처럼 허술해 보였고 무색이나 황토색이었다. 하지만 도로에는 뜻밖에도 사람들로 장사진을 이루고 있었다.

이 마을은 생루이의 생생한 삶의 현장을 보여 주는 것 같았다. 거리에는 아이와 어른, 염소, 마차, 자동차들이 뒤섞여 모래 먼지를 일으켰다. 은도르 마을과 달리 많은 아이가 여기저기 뛰어노는 모습을 볼 수 있었다. 여기저기서 들리는 아이들의 떠드는 소리가 그렇게나 반가울 수가 없었다. 카메라를 든 나에게 어린아이들이 하나둘 모여들어 사진을 찍어달라며 졸랐다. 어린아이들은 호기심에서 사진을 찍어 달란다고 하지만, 부모의 동의 없이 사진을 촬영했다가는 큰 봉변을 당할 수 있으니 주의해야 했다. 마음대로 카메라 셔터를 눌러도 아무렇지 않게 여기는 우리의 사고방식은 아프리카에서는 통하지 않는다.

바르바리에 마을 중심. 뿌연 모래 먼지가 날리고 있지만, 많은 사람들이 거리를 활보하고 있다

바르바리에 마을은 앞서 방문한 은도르 마을에 비해서 거리의 모습이 다소 지저분하고 어수선했다. 냄새나는 쓰레기들이 여기저기에 쌓여 있고, 길거리에는 쓰레기들이 바람에 제멋대로 날아 다녔다. 밖에 내다 놓은 가구와 살림살이 때문에 걷는 데 항상 조심해야 했다. 많은 건물이 색칠을 하지 않은 시멘트 블록의 누르스름한 살을 드러내 보이고 있었다. 기초 공사에 사용된 철

천막에서 코란을 배우는 아이들. 칠판은 앞뒤로 설치되어 있어 학년에 따라 앉는다. 이날 날씨는 섭씨 33도까지 올라갔지만, 아이들은 전혀 더위를 느끼지 않는 듯했다.

근들은 녹슨 상태로 정리되지 않은 채 하늘을 향해 뻗어 있어 흉측해 보였다.

레부 사람들은 8세기부터 이곳에 자리 잡기 시작하여 어업을 생계로 하고 있다. 그들은 세네갈 강과 대서양이 만나는 이곳이 어업의 중심지라서 쉽게 떠날 수 없다고 한다. 다리 건너에 있는 건물들은 자신들의 생활과는 맞지도 않을뿐더러 규제가 많다고 했다. 그래서 이곳에서 생활하는 것이 훨씬 더 편하고, 친지나 지인도 자유롭게 만날 수 있다고 했다. 그래서인지 은도르 마을에서 만난 무표정한 사람보다 이곳에 있는 사람들이 훨씬 유쾌해 보였고, 얼굴에도 생동감이 넘쳤다. 다리 하나를 사이에 두고 두 마을의 모습이 달라도 너무 달랐다. 마치 두 개의 나라를 오고 간 것 같은 착각이 들었다.

일반 공립학교는 처음에 방문했던 소르와 은도르 마을에 있고, 이곳에는 이슬람 학교만 있었다. 그런데 이슬람 초등학교에서 배우는 어린 학생들은 건물이 아닌 여러 개의 천으로 이어 만든 허술한 천막에서 공부를 하고 있었다. 아이들은 아무것도 깔려있지 않은 모래 바닥에 앉아서 수업을 들었다. 세네갈은 이슬람교 신도가 80%를 차지하고 있지만, 프랑스의 식민통치의 종교적 영향과 세네갈 초대 대통령 생고르*(Léopold

★ 세네갈 초대 대통령 생고르(1906~2001)는 시인이자 기독교인으로 친프랑스파로 알려져 있다. 하지만 아프리카인으로는 최초로 프랑스 학술원 회원이 되어 아프리카인의 자긍심을 불러 일으켰다.

Sédar Senghor)가 독실한 기독교 신자여서 그런지 성당이 눈에 많이 띈다.

기독교 문화의 영향 때문인지 이곳의 이슬람 코란 학교는 기독교 혹은 일반 학교와 비교하면 시설이 보잘 것 없다. 세네갈 국민의 50%(아프리카 전체로는 38%)만 읽고 쓸 줄 안다고 하니 이런 열악한 교육 환경에도 원인이 있지 않을까?

이처럼 레부 무슬림 아이들은 다리 건너에 있는 좋은 시설을 두고 생선과 쓰레기 냄새가 나는 이곳에서 어렵게 공부를 하고 있다. 다리를 사이에 두고 나타난 상반된 문화의 결과는 결국 식민지의 유산이다. 하지만 그것을 극복해나가는 것은 국가와 국민일 것이다. 그런데 국가는 이곳 주민의 생활 개선보다는 세계문화유산에 더 관심이 많은 것 같다. 반듯한 건물을 사용하지 못하고 있는 상황에서, 세계문화유산이라는 인류의 보편적 가치가 이들에게 무엇을 의미하는지 다시 생각하게 한다.

은도르 마을을 조사하면서 느낀 것은 이 마을의 모든 건물이 반드시 세계문화유산의 가치가 있는 것은 아니라는 점이었다. 문화적 가치가 덜한 일부 건물을 주민이 사용할 수 있게 배려한다면 프랑스 식민 문화와 원주민 문화가 어우러질 수 있는 기반이 마련되지 않을까? 이 마을을 방문할 때 쉽게 이용할만한 교통수단이 제공되지 않는다면, 세계문화유산을 통한 관광객 유치가 지역 발전에 얼마나 도움을 줄 것인지도 의문이다.

다리를 사이에 두고 확연하게 차이가 나는 이 두 지

역의 모습이 과연 인류, 아니 이곳에 사는 사람들의 보편적 가치일까? 은도르 마을이 유네스코 세계문화유산으로 등재됨으로써 다리 건너에 있는 바르바리에 마을 사람들은 은도르와는 함께 할 수 없는 이방인이 된 게 아닐까? 이러한 생각은 생루이의 방문을 마치고 다카르로 돌아가는 여정 내내 머릿속을 떠나지 않았다.

STORY
**02**

# 13월의 달이 뜨는 곳, 에티오피아를 만나다

**설 · 병 · 수**

상술이 뛰어난 구라게(Gurage)족
전통술, 아라케(ararke)의 맛은 짜릿하다!
굴곡진 역사 속의 오로모(Oromo)족
가난은 과연 누구의 책임인가?

# 에티오피아
(Ethiopia)

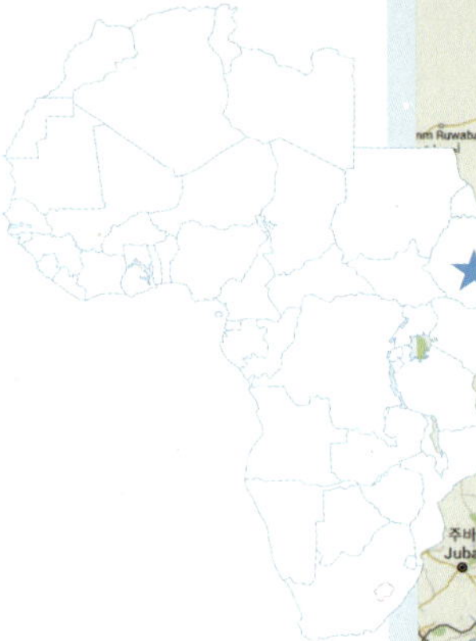

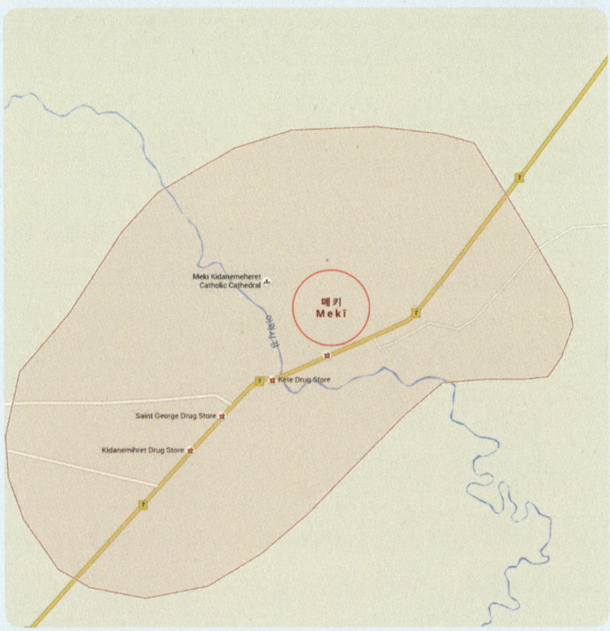

# 상술이 뛰어난 구라게(Gurage)족

우리는 장사 수완이 뛰어난 민족을 언급할 때 흔히 유대인, 중국인(화교), 인도인, 아랍인을 꼽는다. 간혹 일본인이 포함되기도 한다. 장사 수완은 과연 타고나는 것일까? 아니면 사회문화적 혹은 역사적 상황이 그러한 능력을 갖게끔 할까? 구라게족은 '에티오피아의 유대인'이라 불릴 정도로, 장사 수완이 뛰어난 종족이다. 구라게족이 전국의 상권을 장악하고 있는 것도 바로 이 때문이다. 그들의 뛰어난 처세술과 상술은 에티오피아 사회에 익히 알려져 있다.

구라게족 출신의 사람을 처음 만난 것은 2013년 4월 하순 한국외국어대학교 글로벌캠퍼스에서 열린 국제학술회의 때였다. 그 학술회의에는 아다마*과학기술대학교(ASTU) 소속의 학자 두 명이 참석했다. 그중 한 명은 오로모족 출신이었고, 다른 한 명이 구라게족 출신이었다. 당시 오로모족에 대해선 어느 정도 아는 게 있었으나, 구라게족에 대해선 아는 게 전혀 없었다. 이 두 사람이 각각 오로모족과 구라게족의 대표적 유형이라는 사실을 알게 된 것은 훨씬 나중의 일이다. 이 글을 쓰고 있노라니 그들의 얼굴이 아른거린다.

★ 아다마(Adama, Nazret으로 종종 표기됨)는 오로미아 주(Oromia Region)의 중심 도시이다. 수도인 아디스아바바(Addis Ababa)에서 남동쪽으로 99㎞ 떨어져 있으며, 32만여 명의 인구가 살고 있다.

순하고 다소 무기력해 보이는 오로모족 젊은이!
약삭빠르고 셈에 밝은 구라게족 중년!

그로부터 약 3개월 후인 2013년 7월 하순 에티오피아를 처음 방문하여 한 달가량 체류하면서 그곳 사람들의 삶을 들여다보게 되었다. 그 과정에서 구라게족이 도시와 타운 지역의 상권을 장악하고 있다는 사실에 놀라지 않을 수 없었다. 왜냐하면 에티오피아의 총인구★ 중 구라게족의 비중은 약 2.5%에 불과하기 때문이다. 현지에서 만난 구라게족 중 절대다수는 장사꾼 성향이 강하고 매우 현실 지향적인 사람들이었다. 즉, 인생에서 일차적 목적은 돈을 버는 데 있으며, 인간관계에서도 끊임없이 이익을 추구하는 경향이 있었다. 그것도 아주 노골적인 태도로 말이다.

2014년 1월 하순 에티오피아를 두 번째로 방문하여, 메키(Meki)라는 곳에서 한 달가량 머물면서 현지조사를 실시했다. 메키 타운은 오로미아 주에 속해 있으며, 아디스아바바에서 남쪽으로 130㎞ 떨어져 있다. 메키에는 5만 명가량의 인구가 살고 있다. 경제활동인구 중 절반가량은 실업 상태에 있으며, 농사와 장사를 겸하거나 장사만 하는 사람들이 대다수를 차지한다.

현지조사 기간 동안 숙소로 이용했던 작은 호텔의 주인이 바로 구라게족 출신이었다. 주인과 그의 남동생(지배인)의 질문과 부탁은 참으로 집요했다.

★
2016년 초반 현재 에티오피아의 총인구는 1억여 명으로 세계 13위에 해당한다. 최근의 인구 성장률은 약 2.5%이다.

"당신이 우리 지역을 연구한다고 하는데, 우리가 얻

을 수 있는 실질적인 이익은 뭔가요?"
"우리 종족이 자치구나 지자체에 취업하도록 도와줄 수 있나요?"

나는 이들의 태도에 적잖이 당혹했다. '참으로 집요한 사람들'이라는 생각과 함께 상당한 정신적 피로감을 느낀 것은 물론이다. 그렇다고 이들을 피해 다닐 수도 없고, 숙소를 옮긴다는 것은 더욱 말이 안 되고, 이러지도 저러지도 못하는 상황에 처한 것이다. 겉으로는 무덤덤한 듯 행동했지만, 신경이 쓰이지 않을 수 없었다. 이러한 일련의 경험을 하면서 여러 가지 의문을 가지게 되었다.

구라게족이 운영하는 호텔. 근처에 시장과 버스 터미널이 있어 이용객이 많은 편이다. 메키에 있는 18개의 호텔 중 14개가 구라게족 소유라는 사실이 놀랍다.

'구라게족은 도대체 어떤 종족일까?'
'왜 돈을 버는 데 지나치게 관심을 가지게 되었을까?'
'이들이 경제적으로 성공한 이유는 무엇일까?'
'구라게족에 대한 여타 종족의 평가는 어떠할까?'
'경제적 탐욕이 문제를 발생시키고 있지는 않을까?'

구라게족은 북부 구라게족, 동부 구라게족, 서부 구라게족 등으로 구분된다. 이들 중 가장 큰 하위 집단은 동부 구라게족이다. 동부 구라게족 중 가장 큰 집단을 실테(Silt'e)족이라 부른다. 이들은 2000년 무렵 구라게족에서 떨어져 나와 독자적인 종족 집단이 되었다. 하지만 지금도 대개의 에티오피아 사람들은 실테족을 구라게족에 포함시키는 경향이 있다. 실테족은 총인구의 약 1.3%를 차지한다.

구라게족은 에리트레아★(Eritrea)의 구라(Gura)에서 기원한 것으로 알려져 있다. 구라게족은 한때 티그레이(Tigray) 지역으로 이주했다가, 19세기 후반 메넬리크 2세(Menelik II, 재위 기간: 1889~1913) 황제★★가 정복 전쟁을 치를 때 그를 따라 남쪽으로 내려왔다. 오늘날 구라게족의 본거지는 아디스아바바에서 남서쪽으로 약 125㎞ 떨어진 지역에 자리하고 있다. 이곳은 비옥하고 낮은 산악 지대이다. 북쪽으로는 아와사 강(Awasa River), 남서쪽으로는 오모 강(Omo River)의 지류인 기베 강(Gibe River), 그리고 동쪽으로는 즈와이 호(Lake Zway)와 인접해 있다. 구라게족 중 상당수는 아디스아바바, 디레다와(Dire Dawa), 오로미아 주, 하라리(Harari) 주, 소말리(Somali) 주, 암하라(Amhara) 주, 감벨라(Gambela) 주, 베니샨굴-구무즈(Benishangul-Gumuz) 주 등지에 살고 있다.

대개의 구라게족은 상업 활동에, 또는 돈을 버는 데 지나치게 관심을 가지고 있다. 이러한 경향이 생겨난 데는 인구수의 열세와 암하라족-티그레이족 중심의 정치 상황이 결정적 요인으로 작용한 듯하다. 구라게족은 에티오피아의 종족 구조 속에서 경제적 성공을 삶의 가장 중요한 목적으로 설정한 것 같다.

★
에리트레아는 본래 에티오피아의 영토였으나 1890년에 이탈리아의 식민지가 되었다. 그러다가 1962년 에티오피아에 다시 합병되었다. 에리트레아가 독립한 것은 1993년 5월이다.

★★
에티오피아의 최초 황제는 자그웨(Zagwe) 왕조의 마라 하이마놋(Mara T. Haymanot, 재위 기간: 916~919)이다. 마지막 황제는 솔로몬 왕조의 하일레 셀라시에 1세(Haile Sellassie Ⅰ, 재위 기간: 1930~1936, 1941~1974)다.

40대 후반의 구라게족 남성(사진 속의 왼편). 처음에는 장날에 계란과 닭을 파는 소매상에 불과했으나, 지금은 도매상이자 유치원 소유주이다. 타고난 근면성이 사업 밑천이 되었다

메키에서 만난 50대 중반의 구라게족 남성은 "상당수의 구라게족이 상업 활동에 종사하고 있다."면서, 흥미로운 이야기를 들려주었다. 구라게족은 에티오피아의 이웃 국가인 에리트레아에서 왔다. 그들은 에티오피아로 이주한 후에 북부 티그레이 지역으로 이동하여 여러 구릉지에 흩어져 살았다. 구릉지에는 경작할 만한 농지가 없었다. 그래서 생계를 잇기 위해 장사에 뛰어들었다. 구릉지를 오르내리며 장사를 하다 보니, 육체적으로 아주 강해지게 되었다고 한다. 이주한 지 몇 년 후에는 에티오피아 전역으로 흩어져 상인이 되었고, 그런 이유로 지금은 에티오피아의 어느 타운에서도 구라게족 상인을 쉽게 발견할 수 있다.

상당수의 구라게족이 경제적 성공을 거두어 온 데는 여러 가지 이유가 있다. 구라게족의 '근면성'과 '성실성'은 에티오피아 사회에 널리 알려져 있다. 이런 품성은 경제적 성공에서 가장 중요한 요소이다. 에티오피아에서 만난 사람들은 이구동성으로 '구라게족은 아주 열심히 일하는 사람들'이라고 평가했다.

구라게족 남성뿐만 아니라 여성도 생활력이 아주 강하다. 구라게족 여성은 정직하고, 남편에게 순종적이며, 음식 솜씨 또한 좋은 것으로 알려져 있다. 그래서 대개의 남성은 구라게족 여성이 최고의 배우자감이라 이야기한다. 가족 부양에 대한 의지가 약한 오로모족 남성은, 특히 구라게족 여성을 배우자감으로 선호한다. 실제로 오로모족 남성 중에 구라게족 여성을 부인으로 맞이한 경우도 적지 않다. 현지조사에 따르면, 구라게족 여성과 결혼한 오로모족 남성 중 절대다수는 자신의 부인에 대해 상당히 만족하고 있는 것으로 보인다.

구라게족은 돈을 벌기 위해 직업의 귀천을 가리지 않는다. 밑바닥 일부터 시작하여 점차 자본을 모아서 성공하는 경우가 적지 않다. 가정 형편이 어려운 구라게족 부모들은 아들이 일곱 살만 되면 타운으로 내보내 구두닦이 일을 시작하도록 한다. 그는 수년간 이 일을 해서 돈을 모은 후에 아주 작은 가게를 차린다. 이 가게를 통해 돈을 벌게 되면, 이번에는 보다 큰 가게를 차린다. 그런 후 고향에서 토지와 소를 산다. 이런 과정 속에서 자본을 계속 축적하여 대상(大商)이 되기도 한다.

구라게족의 강한 유대와 결속력은 경제적 성공에서 매우 중요한 요소로 보인다. 경제적으로 여유가 있는 구라게족은 동족이 이주해 오면, 에큽★(ekub)을 조직하여 그가 가장 먼저 곗돈을 탈 수 있는 기회를 준다. 그리고 그에게 "열심히 일하고 매월 혹은 매주 곗돈을 갚아라."라고 말한다. 몇 개월이 지나면 그는 곗돈을 모두 갚고 자신의 재산을 가지게 된다.

동족의 도움을 받아 경제적 기반을 마련한 사람들이 고향에 있는 친척이나 친구를 자신이 살고 있는 지역

★ 에큽은 공통의 문제를 가진 사람들이 목돈을 마련하기 위해 결성한 조직이다. 에큽은 한 달 혹은 한 주 단위로 열리는데, 추첨을 통해 당첨된 사람은 그날 구성원들이 내놓은 돈을 전부 가져간다.

으로 불러, 정착할 수 있도록 도움을 주는 경우도 많다. 고향에서 겪었던 여러 가지 어려움을 잊지 않고, 타지에서 일정 정도 성공을 거둔 사람이 동족을 돕는 것은 당연한 일이라 여겨진다.

에티오피아에 체류하는 동안 구라게족의 성공담을 심심찮게 들을 수 있었다. 어느 구라게족 남자는 거의 맨손으로 메키로 이주했는데, 여러 가지 직업을 전전한 끝에 마침내 자신의 이름을 딴 호텔을 지었다. 그 후 그 호텔을 다른 사람에게 임대해 주고 새로운 호텔을 열었다. 그는 아다마에도 두 개의 큰 호텔을 가지고 있다. 또한 즈와이★의 어느 구라게족 남자는 처음엔 오로모족 지주의 머슴으로 일했다. 그러다가 차츰 돈을 모으더니, 작은 가게를 열어 돈을 상당히 많이 벌었다. 그리고 마침내 호텔과 여러 개의 점포를 가지게 되었다. 그의 성공담은 즈와이 사회에 익히 알려져 있다.

대개의 구라게족은 삶에 아주 열정적인 태도를 보인다. 늙어서도 몸을 아끼지 않고 생계 활동을 계속해서 부를 축적하려고 한다. 메키에서 70대 초반의 구라게족 노인을 만나 인터뷰를 한 적이 있다. 그가 돈을 벌기 위해 고향을 떠나 메키로 온 것은 1961년. 그의 학력은 초등학교 4학년 수료가 전부로, 그가 처음 선택한 직업은 농부였다. 하지만 얼마 지나지 않아, 농사를 지어선 돈을 많이 벌 수 없다는 생각을 하게 되었고, 그 일을 그만둔다. 그가 두 번째로 선택한 직업은 곡물 장수였고, 세 번째 직업은 운전사였다. 어느 정도 경제적 성공을 거두었음에도 불구하고, 내가 만났을 때 그는 네 번

★ 즈와이(Zway)는 'Ziway', 'Zeway' 등으로도 표기된다. 오로미아 주에 속해 있으며, 아디스아바바에서 남쪽으로 163㎞ 떨어져 있다. 즈와이에는 6만여 명의 인구가 살고 있다. 나는 2015년 1월 중순부터 2월 중순까지 이곳에서 현지조사를 실시했다.

메키의 구라게족 가족. 사진 속의 제일 왼편 사람은 70대 초반의 나이에도 불구하고 대규모로 닭을 키우고 있다. 그가 생각하기에 구라게족은 유대인처럼 똑똑하고 장사 수완이 뛰어나다.

째 직업인 양계업자로 일하고 있었다. 현재 1,400마리의 닭을 키우고 있지만, 앞으로 양계 규모를 더 늘릴 계획이라고 했다. 그는 "아무리 부자라도 놀고먹어선 안 된다. 나는 죽을 때까지 계속해서 일할 것이다."라고 말했다.

여타 종족은 구라게족의 경제적 성공에 대해 이중적 태도를 보인다. 오로미아 주의 오로모족은 구라게족의 근면함과 성실함을 인정하면서도, 자신들의 땅에서 상권을 장악하고 있다는 사실에 대해 아주 못마땅하게 생각한다. 오로모족은 구라게족이 탐욕스럽고 사회 문제에 무관심하다고 여긴다.

"구라게족은 오로지 돈을 버는 데만 관심이 있어요."
"돈이 생기는 일이라면, 부모형제도 친척은 물론 같은 구라게족도 무시하고 그 일을 해요."
"그 사람들은 돈을 벌기 위해 무슨 짓이라도 하죠."
"구라게족은 국가나 지역 사회의 현안에 전혀 관심이 없어요."

이러한 현상들은 구라게족과 여타 종족 간 갈등의 불씨가 되고 있다. 실제로, 오로모족이 다른 종족들과 합세하여 구라게족을 쫓아내려는 시도가 오로미아 지역 곳곳에서 발생하기도 했다. 이 과정에서 재산을 강탈당하는 구라게족도 생겨났다. 앞서 언급한 70대 초반의 구라게족 노인도 2,000㎡의 땅을 두 차례에 걸쳐 각각 1,000㎡씩 오로모족에게 빼앗긴 적이 있다고 했다. 그럼에도 불구하고 저항할 엄두조차 낼 수 없었고, 그저 두려움에 떨었을 따름이라고 했다. 지역 사회의 분위기가 워낙 험악하다 보니, 그를 적극적으로 도와주려는 동족도 없었다. 게다가 이런 피해를 입었다고 해서, 고향으로 돌아갈 수도 없는 노릇이었다.

메키의 오로모족 원로(사진 속의 오른편). 다소 강한 어조로, 구라게족은 근면하고 성실하긴 하지만 지나치게 돈을 밝히며 이기적이라고 말한다.

구라게족의 지나친 물욕은 지역 사회의 발전을 저해하는 치명적 계기가 되기도 한다. 이러한 사례는 메키에서 발견된다. 어느 구라게족 남자는 메키 2동과 3동의 경계 지점에 자신의 이름을 딴 호텔을 가지고 있었다. 아디스아바바와 아와사★(Awasa/Hawassa)를 오가던 운전사와 여행객들은 수 년 동안 그의 호텔에서 아침이나 점심을 먹었다. 특히, 운전사들은 그의 호텔에서 공짜로 식사를 할 수 있었는데, 이유는 그들이 여행객들을 그의 호텔로 데려다주었기 때문이다.

그러던 중 일부 운전사가 여행객들을 데리고 다른 호텔에 가서 식사를 하게 되었는데, 그가 그만 그 장면을 목격하고 말았다. 화가 난 그는 "운전사와 개는 같다. 둘 다 뼈다귀를 찾아다닌다."며 운전사에게 모욕을 주었다. 이는 개들과 마찬가지로 운전사들도 먹을 것을 찾아 이리저리 옮겨 다닌다는 점을 빗대어 말한 것이었다. 이 말을 전해 들은 운전사들은 당연히 화가 났고, 다른 운전사들에게 "그의 호텔로 가지 말라."고 충동질을 했다.

이와 관련된 논란은 점점 뜨거워지게 되었고, 결국엔 모든 운전사나 여행객이 메키가 아니라 즈와이에서 아침이나 점심을 먹도록 만들었다. 이 사건은 아주 사소해 보일지 모르지만, 1960년대 중반 무렵부터 즈와이가 발전하는 데 중요한 계기가 되었다. 위기에 직면한 그 호텔 주인은 맛있는 음식을 준비하고, 황소까지 잡아 지역 관리와 원로들을 비롯한 수많은 사람을 자신의 호텔에 초대해 공짜 점심을 대접했다. 메키 사람들에게 사과하기 위해서였다.

하지만 이러한 선심이 이미 뒤틀린 상황을 되돌릴 수

★ 아와사는 남부국민민족인민(SNNPR) 주의 주도(州都)로, 아디스아바바에서 남쪽으로 270km 떨어져 있다. 약 30만 명의 인구를 가진 아와사는 에티오피아에서 손꼽히는 휴양지 중 하나다.

는 없었다. 지금도 아디스아바바와 아와사를 오가는 운전사 중 아침이나 점심을 먹기 위해 메키에 정차하는 사람은 거의 없다고 한다. 그 호텔 주인의 과욕이 지역 사회의 발전에 엄청난 장애를 초래한 셈이다. 이 이야기는 메키 사회에 널리 알려져 있다.

한편, 대개의 구라게족은 오로미아 지역이 오로모족의 땅으로 여겨지는 것에 대해 상당히 불편한 심기를 드러낸다.

"원래 땅이란 주인이 있을 수 없어요."
"오로미아 지역이 오로모족의 땅이라고 칩시다!"
"그렇다 하더라도 타운에서 각종 건물을 짓고, 지역 개발에 앞장서 온 사람들은 우리 구라게족이에요."

즈와이에서 만난 30대 초반의 구라게족 남자 교사는 "오로모족이 더 이상 즈와이의 주인 행세를 해서는 안 된다."고 말했다. 그는 오로모족의 가치관 및 생활 방식과 관련된 이야기를 해 주었다. 대개의 오로모족은 자녀의 교육에 별로 관심이 없었고, 그런 이유로 학교 설립에도 관심이 없었다. 실제로, 이 타운의 첫 번째 고등학교를 건립하는 데 주도적인 역할을 한 종족도 바로 구라게족이다.

예나 지금이나 오로모족의 대다수는 타운 외곽 지역에서 농사를 짓고 소를 키우는 데만 관심이 있다. 여타 종족이 이 타운의 상권을 장악하게 된 것도 바로 이런 이유 때문이다. 최근에 와서 오로모족 젊은이들이 타운

↘ 즈와이 호로 향하는 소 떼와 목동. 오로모족의 대다수는 여전히 농지 크기와 가축 수에 더 많은 관심을 가지고 있다. '천생 농사꾼'의 심성을 지닌 사람들이라는 생각이 든다.

에서 사업을 하려고 해도, 다른 종족과 경쟁이 되지 않는다. 토지 및 자금 확보, 경험, 지식 등 모든 면에서 불리한 입장에 있다. 이미 사업 기회를 놓친 것이다.

오로미아 주는 오로모족의 땅이라 여겨지며, 지역 정부—즉, 주 정부, 자치구, 지자체—의 관리들은 대개 오로모족 출신이다. 그래서 구라게족이 상권을 장악하고 있다 할지라도, 주(州) 정치 무대에서 그다지 힘을 발휘하지 못하는 게 사실이다. 그들의 자식은 종족 배경과 언어 장벽으로 인해, 오로미아 주에서 괜찮은 직업을 갖는 게 용이치 않으며, 관리가 되는 것은 더욱 어렵다.

하지만 경제적으로 성공한 구라게족은 지역 사회의 정치 영역에서 상당한 영향력을 발휘하고 있다. 메키의 경우에도 지역 원로라 불리는 사람들 중에는 구라게족 출신이 상당수 있다. 이것은 구라게족의 경제력이 점차 정치력으로 이어지고 있음을 보여 준다. 이러한 현상은 시간이 갈수록 더욱 강하게 나타날 것으로 보인다. 미국 사회의 유대인과 마찬가지로, 구라게족이 에티오피아 사회에서 막강한 정치력을 행사할 수 있는 날이 과연 올까?

## 전통술, 아라케(ararke)의 맛은 짜릿하다!

시장은 지역 사회를 이해하는 데 매우 중요한 곳이다. 다양한 물자가 거래되고 수많은 사람이 만나는 공간이기 때문이다. 에티오피아의 대다수 타운에는 상설 시장과 정기 시장이 공존한다. 메키도 마찬가지다. 상설 시장은 타운의 동쪽 구역에 자리 잡고 있다. 정기 시장은 매주 월요일과 목요일에 메키 1동과 메키 3동에

메키 장터의 아라케 구역. 장날이 되면 이곳은 아라케를 파는 사람과 사는 사람으로 북적거린다. 이 술은 가난한 여성이 가족을 부양하는 데 중요한 생계 수단이긴 하나 부작용도 적지 않다. 한마디로 약(藥)이자 독(毒)인 셈이다.

서 각각 열린다. 상대적으로 규모가 큰 목요 장날에는 우시장도 함께 열려 볼거리가 제법 풍성하다.

오전 일을 마무리하고, 설레는 마음으로 현지 보조원과 함께 목요 장터를 방문했다. 그곳에는 수많은 사람이 흙바람을 맞으며 저마다의 볼일을 보고 있었다. 특히 우시장은 그야말로 인산인해를 이루고 있었다. 한참 동안 장터의 여기저기를 둘러보다가 아라케 파는 곳을 발견하게 되었다.

거기에는 수십 명의 사람—주로 여성—이 가정에서 만든 아라케를 각양각색의 플라스틱 통에 담아 팔고 있었다. 그 근처에는 아라케 노점도 여러 개 눈에 띄었다. 노점 주인들은 주로 여성인 반면, 손님들은 주로 남성이었다. 호기심이 생겨나서 어느 아라케 노점에 들러 술맛을 보게 되었다. 노점 주인은 50대 후반으로 보이는 여성이었다. 아라케의 가격은 한 잔에 2비르(1birr★는 약 55원)로 싼 편이지만, 도수는 상당히 높은 편이었다. 다행히 아라케를 맛보기 삼아 소량만 먹었기 때문에 뒤탈은 전혀 걱정할 게 없었다.

인터뷰를 하러 어느 목공소를 방문하던 날이었다. 하필 목공소 주인이 외출 중이 아닌가. 목공소 건물 안에서 커피를 한 잔 얻어 마시고, 작업장 여기저기를 둘러보며 그를 기다렸다. 목공소에 딸린 부엌을 기웃거리다가 어떤 젊은 여성이 뭔가를 만들고 있는 광경을 목격하게 되었다. '아라케'였다. 그녀에게 허락을 받자마자 부엌으로 들어갔다. 부엌에는 연기가 자욱하게 피어오르고 있었고, 아라케를 만드는 데 필요한 각종 도

★ 현재의 birr가 에티오피아의 화폐 단위로 정해진 것은 1894년이다. 1976년 전까지 달러(dollar)가 공식 영어 명칭으로 사용되다가, 그 후 지금까지 비르가 공식 영어 명칭으로 사용되고 있다.

구가 흩어져 있었다. 위생 상태는 그리 청결해 보이지 않았다.

아라케를 만들고 있는 현장. 허름한 부엌에는 연기가 자욱하게 피어오르고, 각종 도구가 여기저기 흩어져 있다. 이곳은 아라케의 '참맛'을 알게 해 준 공간이다.

그녀에게 "이곳에서 사진을 찍어도 되겠느냐?"고 조심스럽게 물었더니, 흔쾌히 승낙했다. 카메라로 부엌의 이곳저곳을 촬영할 수 있었는데, 그녀는 촬영 모습을 신기한 듯 바라봤다. 사진 촬영을 마치자 그녀는 아라케를 한 잔 권했다. 아라케의 도수를 생각하면 양이 제법 많아 보였지만, 호의를 생각해서 단숨에 잔을 비웠다. 독한 술이란 게 원래 그렇지만, 삽시간에 '짜릿한 취기'가 돌았다.

"아! 이게 바로 아라케의 맛이었군!"
"많은 사람이 아라케에 중독된 이유가 이게 아닐까!"

이런저런 생각을 하고 있는 사이에 그녀는 아라케를 또 권하려고 했다. 내가 단숨에 아라케를 마시는 것을 보고 그녀가 주는 술을 상당히 좋아한다고 생각했거나, 손님을 접대한다는 생각을 가지고 있었던 게 아닐까. 두 가지 모두일 수도 있고.

하지만 급히 손사래를 치며 그녀의 제안을 정중히 사양했다. 그 술을 한 잔 더 먹었다간 오후 일을 할 수 없을 것 같다는 생각이 들었기 때문이다. 그녀가 약간 머쓱하고 섭섭한 기색을 내비쳤지만 어쩔 수 없었다. 술값을 받지 않으려는 그녀에게 4비르를 쥐어 주었다. 시간이 갈수록 취기가 더욱 심하게 돌아, 목공소 주인과 인터뷰를 하는 데 애를 먹었다. 인터뷰가 끝나고 두어 시간이 지나서야 취기가 거의 가라앉았다.

술의 역사는 인류의 역사만큼이나 오래되었다. 세계 곳곳에는 그 지역을 대표하는 술이 있기 마련이다. 아라케는 뗄라(tella), 떼즈(tej), 보르데(borde)와 더불어 에티오피아의 대표적 전통술이자 지역술 중 하나다. 이들 중 아라케는 남부의 농촌과 타운의 가정에서 무허가로 생산되는 경우가 많다. 아라케의 도수는 대개 35~45도에 달한다. 도수가 45도를 넘는다고 말하는 지역민도 적지 않다.

아라케의 주요 소비자는 농민과 타운 사람들이다. 도시에서는 주로 하층민이 아라케를 마신다. 옥수수를 주원료로 해서 만든 증류주라서 아라케 그 자체는 그리 해롭다고 볼 수 없다. 술을 만드는 과정이 다소 비위생적으로 보이지만 말이다. 문제는 사람들이 안주 없이 상당량의 아라케를 짧은 시간 내에 마신다는 데 있다. 이런 식으로 술을 마시면 취기가 빨리 오르고 그 영향도 오래간다.

대낮에도 메키에서는 아라케를 마신 취객이 곳곳에서 발견된다. 특히 월요 장날과 목요 장날이 되면 장터 주위의 술집이나 식당은 아라케를 마시는 사람들로 북적거린다. 이러한 풍경은 우리나라 농촌 지역의 장날을 연상케 한다. 장날은 '촌놈들의 잔칫날'이라고 했던가. 아라케에 취한 사람들—주로 남성—은 몽롱한 눈빛으로 거리를 배회하거나 싸움을 벌이기도 한다. 일부는 길거리에 쓰러져 잠을 자기도 한다. 이런 사람의 차림새는 더욱 형편없기 마련이다. 일부 남성은 떼를 지어 낮에 몇 시간 동안 호텔 방에서 아라케를 마시고 짜트★(chat/khat/qat)를 씹기도 한다. 하지만 이러한 모습을 이상하게 여기는 현지인은 거의 없다.

현지조사를 시작한 지 얼마 지나지 않아, 메키가 이 일대에서 이루어지는 아라케 유통의 중심지라는 사실을 알게 되었다. 이런 과정에서 몇 가지 의문이 생겼다.

'어떤 부류의 사람들이 아라케를 만들어 파는가?'
'왜 여기 사람들은 대낮에도 독한 아라케를 마실까?'
'아라케는 지역민의 삶에서 어떤 의미를 지니는가?'
'아라케 문화를 어떤 관점에서 봐야 하나?'

주민들 중 소위 '지각 있는 사람들'은 "아라케가 지역사회를 정신적·물질적으로 황폐화시키고 있다."고 말한다. 아라케로 인해 가족생활이 순탄치 않았던 사람들도 같은 생각을 하고 있다. 그들이 보기에 아라케는 많은 문제를 발생시키므로 '마땅히 없어져야 할 술'에 불과하다. 하지만 이러한 생각은 부분적으로 옳을 뿐이다. 왜냐하면 지역 여성 중 일부는 아라케를 팔아서 가족의 생계를 이어가고 있기 때문이다. 아라케는 그들에게 '생명줄'이나 다름없다. 아라케는 여러 가지 점에서 에티오피아 사회—특히 농촌 지역과 타운 지역—의 상황을 이해하는 데 중요하다.

★
짜트는 약간의 환각 성분이 있는 식물이다. 원산지는 에티오피아로 알려져 있다. 최근 커피 원두의 국제 거래가격이 하락하자, 에티오피아에서는 커피 대신에 짜트를 재배하는 농민이 늘어나고 있다.

50대 중반의 메키 여성. 남편이 장기간 군대에 있는 동안 아라케를 만들어 팔아서 일곱 명의 자식을 키웠다. 나이에 비해 깊게 패인 이마 주름은 삶의 이력서로 보인다.

아라케를 만드는 사람의 절대다수는 여성이다. 이들 중 대다수는 가난한 이혼녀이거나 과부다. 혹은 태만한 가장을 둔 부인이다. 그래서 이들 여성은 가족 부양이라는 무거운 책임을 지고 있다. 경제 활동을 하는 15세 이상의 메키 여성 중 4분의 1 정도가 아라케를 만들어 팔고 있다. 별다른 기술이 없고 학력도 낮고 가난한 여성에게 아라케를 만들어 파는 것은 '최선의 선택' 중 하나다. 아라케를 만들어 파는 과정은 고단한 삶을 고스란히 드러낸다.

"아라케를 만들어 팔아서 생계를 잇고 자식을 키웠죠."
"아라케가 아니었다면 우리는 더욱 가난에 시달렸을 거예요."
"아라케가 우리의 삶을 지켜 주었죠."
"아라케는 생명의 은인이나 다름없어요."

아라케를 파는 여성은 이런저런 일에 화를 내기도 하는데, 사실 그 이유는 따로 있다. 그런데도 사람들은 그녀의 가정사를 잘 모르면서 별 생각 없이 묻곤 한다.

"왜 너의 남편은 너를 도와주지 않는데?"
"남편은 어디 갔어?"

그러면 다음과 같은 대답이 돌아온다.

"내 남편? 아라케 재료 중의 하나만도 못해."

이런 웃지 못 할 이야기는 메키 일대에 널리 퍼져 있다. 이것은 경제적 측면에서 볼 때 아라케의 '재료'가 남편보다 '낫다'는 것을 뜻한다. 즉, 상당수의 남편은 가족을 부양하는 데 거의 도움이 되지 않는다는 것을 의미한다. 실제로 대개의 메키 남성—특히 오로모족 남성—은 가족 부양에 그다지 책임감을 느끼지 않는 것으로 알려져 있다. 아라케를 파는 여성은 자신의 처량한 신세를 한탄하기도 하고, 가족을 제대로 돌보지 않는 남편에 대해 분노를 느끼기도 한다.

메키 남성 중 상당수는 아라케에 중독되어 있다. 이들은 살기 위해 아라케를 마시는 것이 아니라 아라케를 마시기 위해 살고 있는 듯이 보인다. 아라케를 너무 많이 마신 다음 날 아침에는 일찍 일어나기가 몹시 힘들다. 이로 인해 일을 하러 가지 못하는 경우가 많다. 그런데도 늦게 일어난 후에 또 아라케를 마신다. 아라케 중독자들은 이런 생활을 반복하기 일쑤다.

일거리가 없어 돈을 마련하지 못하면, 집에 있는 물건을 아주 싼값에 내다 판다. 그리고 그렇게 마련한 돈으로 아라케를 마신다. 어떤 노동자는 점심을 먹으러

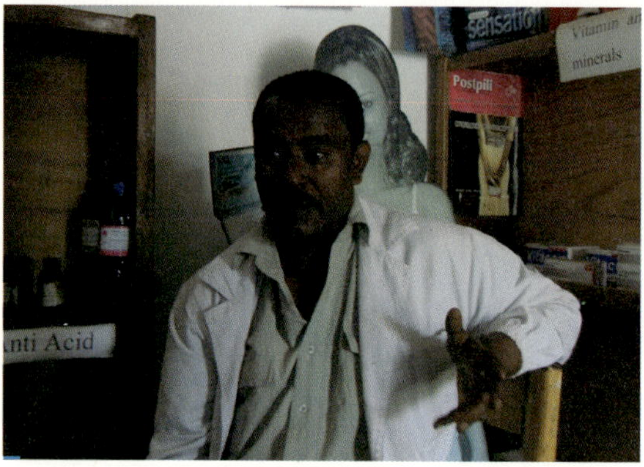


메키의 약사. 아라케가 상당수의 주민을 가난으로 몰아넣고, 가족생활과 자녀의 미래에 악영향을 미치고 있다고 말한다.

가서 아라케를 많이 마시고는 일터로 돌아오지 않는다. 이보다 더 심한 경우도 있다. 어떤 농민은 농지를 타인에게 빌려주거나 팔아먹고 타운으로 나와, 아라케를 마시면서 빈둥거린다. 소 떼를 목동에게 맡기고 타운으로 나와서 아라케를 마시며 노는 농민도 있다. 이들은 '노동 의욕을 상실한 사람들'이라 할 수 있다. 이런 상황을 걱정하는 지역민들은 아라케 중독이 가난의 주요 원인이라고 말한다.

아라케에 중독된 남성은 가족들에게 욕설과 구타 등의 학대 행위를 일삼기도 한다. 이로 인해 가족 구성원 간의 불화가 끊이질 않고, 이혼의 원인을 제공한다. 젊은이들 중 몇몇은 자신의 아버지도 아라케에 중독되어 가족을 제대로 돌보지 않았다고 말한다. 그래서 이들은 술을 입에도 대지 않으며, 아라케를 마치 원수처럼 증오하고 있다.

아라케를 마시면서 생기는 폐해는 이것으로 끝이 아니다. 아라케는 자칫 짜트 씹기 및 피임 기구 없이 행해지는 성관계를 동반하기 쉽다. 아라케와 짜트가 섞이면, 정신이 더욱 혼미해지고, 성적 욕구도 더욱 커진다고 한다. 이런 상태에서는 일상 활동을 제대로 할 수 없거니와 이성적 판단도 어렵다. 인터뷰 대상자 중 몇

몇은 이런 이유로 일정을 연기하기도 했다. 어느 날 오후 인터뷰를 위해 현지 보조원과 함께 어떤 여성의 집을 방문한 적이 있다. 그때 인터뷰할 여성은 친구와 함께 거실에서 아라케를 마시며 짜트를 씹고 있었고, 거실 바닥에 여러 개의 아라케 술병과 다량의 짜트가 보였다. 굳이 묻지 않아도 상황을 짐작할 수 있었다.

"아라케를 너무 많이 마신 데다 짜트도 많이 씹어 정신이 없어요. 어떻게 하죠? 죄송해요."

인터뷰는 자동으로 연기되었다. 문제는 이런 상태에 있는 사람들 중 상당수가 피임 기구 없이 성행위를 한다는 점이다. 이로 인해 원치 않는 임신을 하게 되는 여성도 많다. 또한 이런 상태에서 피임 기구 없이 매춘부를 상대로 이루어지는 성행위는 곧바로 에이즈(AIDS) 감염률 상승으로 이어진다. 남편이 에이즈에 감염될 경우에는 부인이 그 질병에 감염되는 것은 시간문제다. 부부가 에이즈로 사망이라도 하게 되면, 자식들은 졸지에 고아가 된다. 이들이 육체적·정신적으로 제대로 성장하기란 결코 쉽지 않다는 것은 불을 보듯 뻔하다. 일부 지역민은 이러한 현상에 대해 우려를 금치 못한다.

"대부분의 메키 사람은 가족계획에 무관심해요!"
"메키에도 에이즈 고아가 상당수 있어요."
"잘못된 술 문화!"

아라케는 사회 계층을 구분하는 상징성도 지니고 있다. 지역민은 아라케를 '농민'과 '육체노동자'의 술이라고 생각하고 있다. 아라케를 즐겨 마시거나 이것에 중독된 사람들 중 절대다수는 농민이거나 육체노동자이기 때문이다. 아라케를 마시는 주된 이유는 노동의 고단함을 달래거나 절망적인 현실을 잠시라도 잊기 위해서이다★. 아라케는 일종의 '진통제' 역할을 하고 있다고 할 수 있다.

이에 반해 대개의 도시민과 사무직 노동자는 맥주를 즐겨 마신다. 고등 교육을 받은 사무직 노동자 중 일부는 아라케에 대해 거부 반응을 보이거나 심지어 혐오감을 드러내기도 한다. 짜트에 대해서도 마찬가지 반응을 보인다. 술을 만드는 과정, 만드는 사람, 가격, 주요 손님, 파는 곳 등 여러 측면에서 볼 때, 아라케와 맥주는 상당한 차이를 보이는 게 사실이다.

메키 일대의 남성—특히 농촌 남성—중 상당수는 배우자를 선택할 때, 아라케 만드는 기술을 가장 중요한 기준으로 삼는다. 결혼 조건에서 여성의 미모, 직업, 학력 등은 별로 중요하지 않다고 생각한다. 왜냐하면 결혼 후에 부인이 만들어 주는 아라케를 즐겨 마시고, 나아가 아라케를 팔아서 가계 수입을 올리길 원하기 때문이다.

메키 일대의 성인 여성 중 대다수는 아라케를 만들 수 있는 능력이 있다. 하지만 상당수의 젊은 여성—특히 고학력자—은 남성의 이러한 생각에 대해 강한 반발심을 품고 있다. 메키에서 만난 젊은 여성 중 몇몇은 아라케

★
이러한 현상은 1960년대 무렵의 한국 사회와 많이 닮아 있다. 그 당시 우리네 아버지들 중 대다수도 이런 이유로 술—주로 막걸리—을 마셨다.

를 만들 수 있는 능력을 가지고 있음에도 남성 중심적 생각에 불쾌감을 느껴, 가정에서 아라케를 만들 생각조차 하지 않고 있었다. 여성이 아라케를 만들어 팔아야 한다고 생각하는 남성은 '지질한 사람'으로 여겨지기도 한다.

메키의 젊은 여성(사진 속의 중앙). "아라케를 만들어 팔 생각이 있느냐?"는 물음에, 단호한 표정으로 고개를 절레절레 흔들었다.

모든 문화는 각각의 특수한 환경과 상황에 역사적으로 적응해 온 결과물이다. 따라서 모든 문화는 그 나름의 존재 이유와 가치를 지니고 있다. 이것은 문화가 옳고 그름이 아니라 서로 다름의 관점에서 파악되어야 함을 의미한다. 그래서 외부인이 보기에 아라케 문화가 긍정적 측면보다는 부정적 측면을 더 많이 지니고 있다 하더라도, 그 문화 역시 지역민의 관점에서 이해되어야 한다. 그럼에도 불구하고 잘못된 술 문화로 고통 받는 사람들에 대한 연민을 떨쳐 버릴 수가 없다. 학문적 입장과 인간적 입장이 항상 일치하는 것은 아니지 않나!

오늘날 우리는 '지구 공동체 시대'에 살고 있다. 이것은 국경과 대륙을 넘나드는 인적·물적 교류가 더욱 광범하게 이루어지고 있음을 뜻한다. 동시에 이것은 지구의 어떤 공동체도 세계화의 물결에서 결코 자유로울 수 없음을 뜻한다. 즉, 이제 지구의 모든 사람은 각종 대중 매체, 스마트 폰, 여행, 국가 간 교류 등을 통해 외부 세계와 소통할 수밖에 없다. 이러한 현상은 시간이 갈수록 더욱 심화될 것이다.

따라서 아라케 문화에도 점차 변화가 생길 것은 분명하다. 이러한 과정에서 변화의 주체는 지역민 자신들이 되어야 할 것이다. 그들은 역사를 선택할 권리가 있을 뿐만 아니라 그것에 대한 일차적 책임이 있다. 아무쪼록 아라케 문화의 변화가 에티오피아 사회의 양성불평등, 더 나아가 착취 및 가난을 해소하는 데 기여하길 간절히 바란다!

# 굴곡진 역사 속의 오로모(Oromo)족

에티오피아에는 80여 개의 종족 집단이 존재한다. 정부의 공식적인 통계에 없는 종족 집단까지 합친다면 그 숫자는 더욱 늘어날 것이다. 에티오피아 정부가 발표한 <2007년 인구 및 주택 센서스>에 따르면, 총인구 중 오로모족은 34.4%이고 암하라족은 27.0%이다. 이들 두 종족은 총인구의 61% 이상을 차지하면서 양대 집단을 형성하고 있다. 소말리족(6.2%), 티그레이족(6.1%), 시다마(Sidama)족(4.0%), 구라게족(2.5%), 월라이타(Welayta)족(2.3%) 등도 상대적으로 많은 인구를 점유하고 있으나, 오로모족이나 암하라족에 비해서는 수적으로 상당한 편차를 보인다. 이처럼 오로모족은 숫자상으로 볼 때 에티오피아의 최대 종족이지만, 지배 종족은 암하라족과 티그레이족이다.

'왜 이러한 현상이 발생하게 되었을까?'
'오로모족은 지속적으로 지배만 당했을까?'
'종족 집단 간에는 어떤 형태의 갈등이 있었을까?'
'종족 갈등이 해소될 가능성은?'

수 세기에 걸쳐 암하라족은 오로모족을 지배하기 위해 여러 가지 전략을 구사했다. 그 중 하나는 '낙인찍기'였다. 이 전략은 이미 16세기부터 사용되었다. 암하라족은 오로모족을 '갈라★'(Galla)라고 불렀다. 이 용어는 '인종', '노예제', '문명의 결여' 등의 의미를 담고 있다. '갈라'라는 용어는 오랫동안 오로모족의 정신을 황폐화시키고, 이방인으로 만들기 위해 사용되어 왔다. 시간이 흐름에 따라 '갈라'라는 용어는 그 의미가 바뀌었다. 암하라족은 오로모족의 영토 확장을 비난하고 강조하기 위해 '잔인한 갈라'라는 표현을 사용했다. 19세기 후반 암하라족이 오로모족을 무찌른 후에는 '겁쟁이 갈라'라는 표현이 사용되기도 했다. 최근 들어 오로모족의 민족의식과 정치의식이 고양되자, '인종 차별적인 갈라'와 '편협한 갈라'라는 새로운 범주가 만들어졌다.

한편, 정복 전쟁을 통해 암하라족-티그레이족은 오로모족을 지배하게 되었다. 16세기부터 19세기 중반까지 '아프리카의 뿔★★'(Horn of Africa) 지역에 살고 있던 여러 종족은 영토, 종교 및 권력을 둘러싸고 전쟁을 치렀다. 이 시기에는 서구의 근대식 무기가 유입되지 않았기 때문에, 주요 종족인 오로모족과 암하라족-티그레이족은 힘의 균형을 유지할 수 있었다.

하지만 19세기 후반 메넬리크 2세 황제가 서구 식민 권력의 지원을 받아 정복 전쟁을 수행함에 따라, 이러한 힘의 균형은 깨어지기 시작했다. 암하라족-티그레이족이 오로모족을 지배하게 되면서, 오로모족은 점차 사회·문화적 독자성을 상실하고, 2등 시민으로 전락하기 시작했다. 메넬리크 2세 황제와 하일레 셀라시에 1세 황제는 오로모족의 고유문화를 완전히 없애고, 지역 리더십마저 철저하게 파괴하려 했고, 이 과정에서

★
오늘날 에티오피아 사회에서 개별 종족을 비하하는 별칭을 사용하는 사람은 테러를 당하거나 심지어 투옥되기도 한다.

★★
코뿔소의 뿔과 닮았다고 해서 붙여진 이름이다. 이 지역은 아라비아 해 방향으로 돌출되어 있는 동아프리카의 반도이다. 에티오피아, 에리트레아, 지부티, 소말리아, 소말릴란드 등의 국가가 자리하고 있다.

는 암하라화(Amharization)가 광범하게 진행되었다.

암하라족-티그레족이 오로모족에게 자신들의 문화를 강요하면서, 제국 내에는 두 개의 적대 사회가 창출되었다. 이때, 암하라족-티그레이족은 '신의 선택을 받은 민족'으로 여겨진 반면, 오로모족은 '인간 이하의 존재'로 여겨졌다. 하일레 셀라시에 1세 황제 재임 기간 동안에는 오로모 문화와 언어를 억압하는 정책이 더욱 선명해졌다. 황제 정권은 여타 종족에게 정교(Orthodox)와 함께 암하라 문화와 언어를 강요했다. 특히, 오로모족을 정교로 개종시키는 과정에서 수많은 비극이 초래되기도 했다. 메키에 체류하는 동안 이와 관련된 다양한 얘기를 들을 수 있었다.

1937년 에티오피아 정부는 "에티오피아의 모든 시민은 정교를 신봉해야 한다."는 칙령을 발표한다. 이러한 발표를 전해들은 메키의 오로모족은 두려움을 느끼게 되는데, 이유는 당시 오로모족 중 절대다수는 전통 신앙★(Waaqeffannaa: 천신 신앙)을 신봉하고 있었기 때문이다. 하지만 일부는 서둘러 정교로 개종하기도 했다. 정부는 주민들에게서 세금을 거둬서 그중 3분의 1을 정교교회에 주었다.

초창기 암하라족 이주자들은 농사를 짓거나 장사하기 위해 메키에 들어온 것이 아니었다. 오로모족을 개종시킬 목적으로 이곳에 들어왔다. 암하라족은 다양한 방법을 동원하여 개종을 시도했으나 실패했다. 이런 상황에 직면한 암하라족은 생계를 잇기 위해 숯장수, 일용직 노동자, 오로모족의 머슴 등으로 한동안 일하기도 했다.

★ 오로모족의 전통 신앙은 일곱 개의 상호 연관된 개념, 즉 와카(Waaqa), 아야나(Ayaana), 세타나(Setana), 추부(Chubu), 발레사(Ballessa), 카요(Kayyo), 키테(Qittee)에 토대를 두고 있다. 이들 중 가장 중요한 '와카'는 만물의 창조주이다.

미카엘 정교 교회(Michael Orthodox Church). 1936년에 설립된 이 교회는 메키의 최초 정교 교회이자 종교 시설이다. 오로모족 대지주가 교회 부지를 제공했다. 대지주는 이러한 행위가 오로모족과 암하라족 간의 갈등을 해소하는 데 도움이 될 것이라 생각했다.

정부는 암하라족의 일반인이 메키에서 정교를 전파하기란 결코 쉽지 않다는 판단을 하게 되었고, 메키의 암하라족 관리들을 이용해 오로모족을 강제로 개종시키려고 했다. 하지만 전통 신앙을 신봉하던 사람들 중 상당수는 여전히 개종을 거부했고, 그러자 암하라족은 정교로 개종하지 않은 오로모족 여자와 남자의 신체 일부를 잘랐다. 이러한 광경을 목격한 오로모족은 두려움에 떨지 않을 수 없었고, 정교로 개종하는 사람들의 숫자는 급속도로 늘어난다.

정교 교회의 목사는 오로모족 주민들을 메키 강으로 데려가 좌우로 나눈 후에 손바닥으로 강물을 쳐서 세례를 베풀었다. 그런 후 좌우에 있는 사람들에게 각각

단체 세례명을 주었다. 즉, 개별적인 세례명이 존재하지 않았으며, 성(性)에 따른 세례명도 존재하지 않았다. 이처럼 오로모족의 개종 과정은 아주 폭력적이고 비인간적이었는데, 몇몇 원로는 당시의 상황을 똑똑히 기억하고 있었다.

"암하라족은 우리에게 마치 '신의 선택을 받은 민족'인 것처럼 행동했어요."
"그들은 우리를 개종시키기 위해 혈안이 되어 있었죠."
"우리는 암하라족에게 인간도 아니었어요. 짐승이나 다름없었죠."

하일레 셀라시에 1세 황제는 신하들에게 "오로모족이 교육을 받기 전에 식민화시켜라."라는 명령을 내렸다. 최대 종족인 오로모족이 교육을 받아 문명화되면, 암하라족은 통치에 상당한 어려움을 겪을 것이기 때문이었다. 암하라화가 진행될수록 오로모 사회에서는 내부 분화가 초래되었다.

교육을 받은 소수의 오로모족은 암하라 지배 체제에서 성공하기 위해, 암하라어를 배우고 암하라족 여자나 남자와 결혼했다. 또한 이름을 암하라식으로 바꾸고, 마치 암하라족인 것처럼 행동하게 되었다. 그 당시 오로모족은 초등학교 4학년 과정을 마치면 더 이상 교육을 받을 수 없었고, 교육을 더 받으려면 이름을 암하라식으로 바꾸어야 했다. 그래서 오로모족 중 일부는 교육을 계속 받기 위해 이름을 암하라식으로 바꾼다.

1974년 에티오피아 사회에서 발생한 민중 봉기는 흔히 '혁명'으로 표현된다. 이 봉기로 인해 하일레 셀라시에 1세가 퇴위하고, '데르그★(Derg)'라 불리는 군사 정권이 수립되었다. 이 정권은 사회주의를 국가의 통치 이념으로 삼았다. 이 정권이 들어서자 오로모족은 자신들의 언어, 문화 및 규범이 부활할 것이라고 기대했다. 하지만 이러한 기대는 실현되지 않았다. 여전히 암하라 문화의 지배를 받게 된 것이다. 그래서 데르그 정권이 뚜렷한 종족 정책을 펴지 않았음에도 불구하고, 오로모족은 이 정권을 '암하라 압제자'로 여기게 된다.

게다가 이 정권이 야심차게 실시한 토지 개혁은 오로모족 지주들에게 엄청난 고통을 안겨 주는데, 정부가 '토지는 경작자에게로'라는 슬로건 하에, 토지를 몰수하여 경작을 원하는 사람들에게 나누어 주었기 때문이다. 주택 또한 세입자에게 골고루 분배되었다.

그 당시 메키에 살던 어느 유지는 주택 35채와 방앗간 1채를 가지고 있었는데, 600㎡의 농지가 딸린 단독 주택 한 채를 전처에게 주고, 복합 주택(compound) 한 채를 자신과 부인의 살림집으로 사용했다. 그의 가족은 매주 양고기와 염소고기를 먹었고, 집세와 방앗간 운영 수입으로 상당히 부유한 생활을 했다. 하지만 데르그 정부가 단행한 토지 개혁으로 인해, 주택 33채와 방앗간을 모조리 빼앗겼다.★★ 그래도 그의 가족은 경제적 어려움을 겪지 않았는데, 그의 복합 주택은 대지가 넓어, 여러 채의 주택을 둘 수 있는 데다 가축을 키울

★
데르그는 게즈어(ge'ez)로 '위원회' 혹은 '평의회'를 뜻한다. 데르그 정부가 공식적으로 막을 내린 것은 1987년 2월이다. 하지만 군사 정부의 핵심 인사 중 일부가 신정부의 지도자로 남았기 때문에 종식 시기를 1991년 5월로 보는 견해도 많다.

★★
토지 개혁으로 재산을 몰수당한 사람들 중 상당수는 신정부를 상대로 반환 소송을 제기했다. 소송에서 이긴 사람들은 빼앗긴 재산의 일부를 되돌려 받기도 했다.

수 있었기 때문이다.

지역 유지의 방앗간과 복합 주택. 메키의 대지주이던 그는 토지 개혁 때 대부분의 재산을 몰수당했다. 지금은 농지 5헥타르, 방앗간, 복합 주택 등을 소유하고 있다.

그 당시 메키에 거주하던 오로모족 중 상당수는 지주였는데, 이유는 오로모족이 이곳에 가장 먼저 정착했기 때문이다. 메키에서 만난 80대의 대지주도 토지 개혁으로 인해 엄청난 피해를 입었다. 데르그 정부는 먼저 그의 트랙터를 몰수했다. 또한 정부는 그의 토지 중 대부분을 몰수하여, 경작을 원하는 사람들에게 2헥타르씩 골고루 나누어 주었다. 그래서 토지를 분배 받은 사람들은 농사를 짓고 주택도 장만할 수 있었다. 정부는 그가 소유하고 있던 건물 중 3채도 몰수했는데, 그중 한 채는 호텔이었다. 정부는 그의 주택들을 세입자들에게 나누어 주었고, 소유주의 명의도 당연히 세입자의 이름으로 바뀌었다.

정부의 이러한 조치에도 불구하고 그는 전혀 저항을 할 수 없었다. 왜냐하면 군인과 경찰로 조직된 데르그 정권은 명령에 불복종하는 사람을 교도소에 보내거나 처형했기 때문이다. 정부가 그의 토지 대부분을 몰수하긴 했으나, 그의 수중에는 여전히 많은 토지가 남아 있었다. 그것은 그가 가지고 있던 토지의 규모가 워낙 컸기 때문이기도 한데, '부자는 망해도 삼 년은 간다.'는 우리말 속담이 떠오른다.

오로모족 지주들 중 일부는 정부의 명령에 따라 머슴들에게 토지를 순순히 분배해 주었지만, 토지를 지키기 위해 머슴들과 싸움을 벌인 지주들도 있었다. 상황은 지주들에게 점점 더 불리하게 돌아갔다. 머슴들은 더 이상 지주를 위해 일하려고 하지 않았고, 부인들은 지주를 위해 소젖을 짜거나 가사를 돌보는 일을 거부했다. 결국 비(非)오로모족 출신의 사람들도 토지와 주택을 가지게 되는데, 이것은 데르그 정부가 토지 개혁을 시행하는 과정에서 그들의 편을 들어 주었기 때문이다.

이런 이유들로 인해, 자신들의 땅에서 주인으로 살고 있던 오로모족은 데르그 정권에 크게 실망한다. 그리고 이러한 실망은 반발과 분노를 넘어 폭력으로까지 이어지는데, 오로모족은 암하라족뿐만 아니라 여타 종족에게도 못된 짓을 일삼기 시작한다. 오로모족은 여타 종족의 집을 불태우고 가축을 강탈하고, 심지어 여러 사람을 불구로 만들기도 한다. 오로모족은 비오로모족 부인들의 신체 일부를 잘라서 남편에게 보여 주면서, "우리 땅에서 떠나라!"고 위협을 가하기도 했으며, 이 과정에서 수많은 사람이 심한 부상을 입거나 죽임을 당했다.

이러한 일련의 불상사는 메키 사회에 씻을 수 없는 상처를 남겼다. 오로모족의 만행은 정교로의 개종 과정 및 토지 개혁 과정에서 당했던 고통에 대한 복수라는 성격을 강하게 띠고 있었다. 60대 초반의 한 구라게족 여성은 그 당시 오로모족이 저지른 반인륜적 행위에 대해 언급하면서 눈시울을 붉혔다.

"그 당시 오로모족은 미치광이나 다름없었어요. 비오로모족은 하루하루를 공포 속에서 살아야 했지요. 그때를 생각하면 지금도 몸서리가 처져서……. 목이 메어 더 이상 얘기를 할 수 없네요."

멩기스투(Mengistu Haile Mariam: 1937~) 정권과의 투쟁을 주도한 에티오피아 인민혁명민주전선(EPRDF)이 권력을 장악한 것은 1991년 5월이다. 이 민주 정부는 정치적·헌법적 개혁에 착수하고, 종족에 토대를 둔 연방주의, 즉 종족 연방주의를 채택하여, 종족과 언어에 의거하여 국가 권력을 분배하였다. 에티오피아의 연방주의★는 복잡한 종족적·언어적 다양성을 관리하고, 종족 갈등을 줄일 수 있는 국가 구조를 창출하기 위한 노력이기도 했다. 하지만 이러한 노력에도 불구하고 에티오피아 사회에서 종족 갈등은 여전히 심각한 문제로 남아 있다.

60대 초반의 구라게족 여성(사진 속의 왼편). 데르그 정권 동안 오로모족이 저지른 만행을 지금도 악몽처럼 기억하고 있다.

오로모족이 주로 살고 있는 오로미아 주에서는 개인적·집단적 수준의 종족 갈등과 분쟁이 계속 발생하고 있다. 즈와이 일대에서도 오로모족과 여타 종족 간에 다양한 형태의 갈등이 존재해 왔다. 1991년에는 오로모족과 실테족 간에 갈등이 발생하기도 했는데, 이로 인해 87명

★ 연방주의란 두 개 이상의 정부가 어떤 지리적 영역에 대한 권력을 공유하는 원리나 체제를 가리킨다. 연방주의의 기본 원리는 '자치'와 '공동 통치'이며, 그 기원은 고대 그리스까지 거슬러 올라간다.

↘ 즈와이의 서쪽대로 풍경. 이 타운에서는 다양한 이해관계를 둘러싸고, 크고 작은 종족 갈등이 지속적으로 발생해 왔다.

의 오로모족과 60명 이상의 실테족이 사망했다. 이 갈등의 발생 원인은 실테족이 다양한 경제 활동을 통해 상당한 재산을 축적한 데 반해, 오로모족은 전혀 그렇지 못한 데 있었다.

1991년 신정부가 들어서자 오로모족은 실테족의 돈과 재산을 강탈하려고 했다. 이 무렵 오로미아 지역 곳곳에서는 어수선한 정국을 틈타 오로모족이 여타 종족의 재산을 탈취하는 사건이 발생했다. 왜냐하면 오로모족은 자신들의 땅에서 다른 종족이 재산을 가져선 안 된다는 생각을 여전히 하고 있었기 때문이다. 실테족은 완강히 반항했으나 돈과 재산의 일부를 강탈당했다.

이들 두 집단 간의 갈등이 격해지자, 지역 정부가 중재에 나섰다. 결국, 오로모족은 실테족에게 용서를 구했고, 실테족은 이를 받아들였다. 이들 두 집단은 화해의 의미로, 황소를 잡고 떼즈를 비롯한 여러 가지 음식을 마련하여 나누어 먹었다. 하지만 이 타운의 지배 종족인 오로모족과 상권을 장악한 실테족 간에는 여전히 갈등의 불씨가 남아 있다. 메키의 오로모족과 구라게족도 이런 상태에 있다.

2014년에는 오로모족과 월라이타족 간에 심각한 갈등이 발생했다. 갈등의 발단은 사소한 감정싸움 끝에 월라이타족 젊은이가 오로모족 젊은이를 칼로 살해한 데서 비롯되었다. 이 사건을 전해 들은 오로모족은 벌 떼같이 들고 일어났다. 이 사건으로 수많은 월라이타족의 재산이 파괴되거나 강탈당했는데, 집을 팔고 고향으로 돌아간 월라이타족도 많았다. 한동안 즈와이 타운 전체에 공포 분위기가 조성되었음은 말할 필요가 없다. 지역 정부와 오로모족의 원로들은 정식 재판도 거치지 않은 채, 월라이타족이 죽은 젊은이의 가족에게 현금 60,000비르와 소 50마리를 줄 것을 강요했다. 그 후 월라이타족은 **이더★(iddir)**를 통해 마련한 돈으로 그 가족에게 매월 보상금을 지불하고 있다. 그럼에도 불구하고 오로모족은 여전히 월라이타족을 위협하고 있다.

"여기서 뭐하고 있냐?"
"왜 여기서 고통 받고 있어?"
"이곳은 너희 땅이 아니야!"
"집과 가게를 팔고 너희 고향으로 돌아가라니까!"

즈와이의 몇몇 지역민은 제삼자의 입장에서 봤을 때도 이 갈등의 처리 방식이 결코 온당치 못했다고 말한다. 그래서 당연히 그 결과도 수긍할 수 없다고 한다.

"오로모족 젊은이가 죽은 것은 애석한 일이지요. 하지만 훨씬 더 고통을 당한 쪽은 월라이타족이에요. 엄청난 인적·물적 피해를 입었어요."
"지역 정부의 기관장은 오로모족의 편만 들었고, 이

★ '이더'는 구성원 간의 상부상조를 목적으로 조직된 모임이다. 이더는 장례식과 결혼식 등의 큰일을 치르는 데 매우 중요한 기능을 한다. 우리나라의 '계'와 유사하다.

오로미아 공공서비스대학(PSCO)의 캠퍼스 신축 현장. 입찰을 따낸 월라이타족 건설업자는 기술자를 확보하는 과정에서 오로모족과 심각한 갈등을 빚었다.

갈등을 원만하게 해결할 생각은 전혀 안 했지요."

그 후 이러한 상황은 주(州) 정부에까지 보고되었다. 주 정부는 조사단을 즈와이에 급파하여 사건의 전말을 밝히도록 했다. 조사단은 지역 정부의 기관장이 심각한 잘못을 저질렀다는 결론에 도달했다. 그는 투옥되었다가 일주일 만에 풀려났지만, 처벌은 이것으로 끝나지 않았다. 조사단은 주민들이 보는 앞에서 그를 공개적으로 해고했고, 그 후 그는 즈와이를 떠났다. 지금까지 그의 행방에 대해서는 알려진 게 없다.

즈와이의 오로모족은 여전히 실테족과 월라이타족을 눈엣가시처럼 여기고 있다. 이런 상황에서 오로모족과 실테족 간의 갈등은 어느 정도 해소된 듯이 보인다. 하지만 오로모족과 월라이타족은 최근까지도 여러 차례 집단적 갈등을 겪은 것으로 보아, 이들 간의 갈등이 해소되기까지 적잖은 시간이 걸릴 것으로 보인다.

오로미아 지역의 오로모족이 여타 종족을 괴롭히는 행위는 심리적 차원에서 설명될 수도 있다. 오로모족은 에티오피아의 최대 종족임에도 불구하고, 오랫동안 암하라족의 지배를 받아 왔고, 그 과정에서 끔찍한 경험을 많이 했다. 그래서 지금도 암하라족에 대해 내심 두려움을 가지고 있다. 한마디로, 오로모족의 '불편한 진실'이라고나 할까. 이러한 심리적 억압감은 힘없고, 만만해 보이는 종족을 지배하려는 행위로 표출된다. 그래서 오로모족과 여타 종족 간에 갈등과 분쟁이 지속적으로 발생하고 있는 것은 어쩌면 당연한 일인지도 모른다.

↘ 즈와이의 원로. 에티오피아인이 종족 갈등을 넘어 동등한 형제자매라는 인식 하에 단결해야 함을 역설한다.

이처럼 오로모족은 에티오피아 사회에서 역사적 '피해자'이자 '가해자'이다. 에티오피아의 최대 종족임에도 불구하고, 암하라-티그레이 문화의 지배를 받고 중앙 정치 무대에서 소외되어 왔다. 하지만 다른 한편으로 오로미아 주에 살고 있는 오로모족은 지역 정치를 장악하고, 다른 종족들을 끊임없이 괴롭혀 왔다. 이런 과정에서 다양한 형태의 크고 작은 종족 갈등이 발생하여, 상당한 인명 및 재산 손실을 가져왔다.

에티오피아 사회의 종족 갈등은 수 세기에 걸친 역사적 과정의 산물이다. 그래서 이러한 갈등이 해소되는 데도 오랜 시간이 걸릴 것으로 보인다. 다종족 사회인 에티오피아에서 종족 갈등이 완전히 없어지기란 사실상 불가능할지도 모른다. 그렇다고 해서 종족 갈등을 방치해서도 안 될 일이다. 에티오피아인이 종족이 아니라 국민이라는 이름으로, 삼색의 국기 아래 대동단결할 수 있는 날은 언제 오려나?

# 가난은 과연 누구의 책임인가?

에티오피아는 커피의 원산지이자 아프리카 최대의 커피 생산국이다. 금을 비롯한 광물 자원과 농업 자원도 풍부한 편이다. 그럼에도 불구하고 에티오피아는 세계에서 가장 가난한 국가 중 하나이다. 2014년 국제통화기금(IMF)의 발표에 따르면, 에티오피아의 일인당 국내 총생산(GDP)은 미화 541달러로, 183개 조사 대상국 중 174위를 차지했다. 에티오피아의 총인구 중 36.8%는 하루 1.25달러 이하로 생활하며, 72.2%는 하루 2달러 이하로 생활한다. 2014년 6월 옥스퍼드대학교 산하의 한 연구 기관은 **다차원 빈곤지수★**(MPI)에 의한 분석 결과, 에티오피아가 4년 연속 2위를 차지했다고 발표했다. 수년간 상당수의 국제기구는 빈곤율, 인권 및 여타 척도에서 에티오피아를 최하위에서 다섯 번째 국가로 평가했다.

에티오피아인의 가난은 농촌과 타운 지역에서는 마차와 당나귀차가 여전히 주요 운송 수단으로 이용되고 있다는 사실에서 일차로 확인된다. 특히 장날에는 이들이 끊임없이 장터로 들어온다. 현지에 체류하는 동안 내내 동네 꼬마들에게서 "차이나! 마니, 마니!(China! money, money)"라는 말을 질리도록 들었다. 이런 말을 들을 때마

★ 10가지 지표를 사용하여, 교육, 건강, 생활수준 등 세 가지 차원에서 빈곤을 측정하는 분석법이다.

다 언짢은 기분과 동시에 미안한 마음이 들곤 했다.

장터로 향하는 당나귀차. 사람과 짐을 실어 나르는 데 여전히 요긴하게 쓰이고 있다. 에티오피아에서는 가난한 사람뿐만 아니라 당나귀의 일생도 고단하기만 하다.

언짢은 기분이 든 것은 내가 중국인이 아닌 데다 그 말 속에는 중국인을 경멸하는 뜻이 숨어 있기 때문이다. 에티오피아인은 중국인에 대해 양면적 감정을 가지고 있다. 즉, 중국인이 에티오피아의 발전에 필요한 존재이긴 하나, 각종 자원과 부를 빼앗아 가는 존재라고 여긴다. 미안한 마음이 든 것은 실제로 해 줄 수 있는 일이 거의 없었기 때문이다. 이로 인해 '무기력감'에 종종 빠지기도 했다. 사실, 이러한 현상은 현지조사를 수행 중인 연구자에게 흔히 나타난다. 이런 과정에서 '에티오피아인의 가난'에 대해 여러 가지 의문을 가지게 되었다.

'왜 아이들은 왜 그런 말을 서슴지 않고 하게 되었을까?'
'정부는 국민의 가난을 해소하고자 얼마나 노력하고 있나?'
'가난은 교육 문제와 어떤 관련성을 지니고 있을까?'
'지역민은 삶을 개선하기 위해 스스로 노력하고 있는가?'

에티오피아인의 가난은 다양한 원인—즉, 생태·환경적 요인, 정치적 요인, 경제적 요인, 사회·문화적 요인—이 복합적으로 작용한 결과이다. 이들 네 가지 요인 중 첫 번째 요인을 제외한 나머지 세 가지는 서로 연동되어 있다. 현지에 체류하는 동안 "한국은 어떻게 빈곤에서 벗어나 놀라운 경제 발전을 이룰 수 있었냐?"는 질문을 종종 받았다. 그럴 때마다 에티오피아인이 가난에서 벗어나기 위해서는 세 가지 사항, 즉 정치 개혁, 교육, 자조 정신이 매우 중요하다는 것을 역설하곤 했다.

지난 수십 년 동안 에티오피아 사회에는 제대로 된 통치 철학과 비전을 가진 지도자가 없었다. 에티오피아의 마지막 황제 하일레 셀라시에 1세는 에티오피아의 주권과 독립을 필사적으로 보호한 근대적 지도자로 평가 받고 있다. 하지만 이러한 평가에도 불구하고 그의 정권은 관리들의 부패, 그릇된 통치, 민족 문제 등으로 인해 몰락했다. 그는 에티오피아가 단일 민족 국가라는 신화를 유포시켰다. 하지만 1970년대 초반까지 지속된 가난, 총체적 불평등 및 정치·경제적 저발전은 이러한 신화가 토대를 결여하고 있었음을 명확하게 보여 준다.

'데르그' 군사 정부가 들어선 것은 1974년 6월이다. 군사 정부는 사회주의를 통치 이념으로 삼았다. 이 사상은 낡은 사회 구조를 파괴하고, 발전 속도에 박차를 가하며, 국가 권력의 중앙 집권화를 촉진함과 동시에 국가 장치를 군국화할 수 있는 이념적 틀을 제공했다. 데르그 정부는 '공안 통치'와 '공포 정치'를 통해 국민의 정치적 자유를 철저하게 억압했다. 데르그 시절 동안 수많은 사람이 정치적 이유로 투옥되거나 죽임을 당했다. 내전으로 인한 사상자도 부지기수였다. 그 정권 하에서 고통을 당한 사람들은 당시의 상황을 악몽처럼 기억하고 있다.

"그 시절엔 정치적 탄압뿐만 아니라 전투가 곳곳에서 발생했지요."
"수많은 사람이 고통을 당하거나 희생되었어요."
"그때를 생각하면 지금도 소름이 끼쳐요."
"그런 시절이 다시는 오지 말아야 해요."

데르그 정부는 내전을 치르느라 국민의 삶을 제대로 보살필 여력이 없었다. 폐쇄적인 국가 체제로 인해 외부의 도움도 거의 받을 수 없었다. 사회주의를 표방했던 데르그 정권은 사유 재산을 인정하지 않아 모든 토지와 가축은 공동으로 소유 및 관리, 이용되었다. 그래서 일반 국민은 아무리 열심히 토지를 경작하거나 다른 일을 해도 재산을 늘릴 수가 없었다. 직업을 여러 개 가질 수도 없었고, 현금도 500,000비르 이상을 보유할 수 없었다. 남자들의 경우에는 군대에 징집되거나 군대 관련 노동을 위해 징발되는 경우가 아주 많았다. 게다가 정부는 농민의 저항을 무시한 채 강제 촌락화, 강제 이주 프로그램, 곡물 징발 프로그램 등의 정책을 실시했다. 이러한 일련의 정책으로 인해 국민의 삶은 더욱 피폐해질 수밖에 없었다.

1991년 에티오피아 인민혁명민주전선은 멩기스투 정권과의 내전에서 승리를 거두고 권력을 장악한다. 그 후 20여 년간 에티오피아를 통치한 사람은 멜레스(Meles Zenawi Asres★: 1955~2012)였다. 그는 진정한 리더십을 결여한 채 절대 권력을 행사한 지도자였다. 그의 독재 정치로 인해 에티오피아는 민주 국가로 발돋움하지 못했다. 오랫동안 집권 여당으로 군림해 온 에티오피아 인민혁명민주전선도 그의 통치 방식을 적극적으로 옹호했다. 이것은 이 정당도 에티오피아 사회의 민주화에는 거의 관심이 없었음을 의미한다.

이러한 배경에도 불구하고 대개의 지역민은 멜레스 전 총리, 하일레마리암(Hailemariam Desalegn) 현 총리 및 에티오피아 인민혁명민주전선에 대해 긍정적 평가를 내리거나 평가 자체를 아예 회피한다. 현 정부와 정치적 사안에 대해 언급하는 것 자체를 금기시하는 경향이 농후하다. 이것은 지난 수십 년 동안 최고 통치자와 정부가 얼마나 국민의 정치적 삶을 옭아매고, 정치 선전을 일삼아 왔는지를 보여 주는 증거라 할 수 있다. 또한 이것은 에티오피아의 정치 체제는 무늬만 민주 국가일 뿐 실제로는 전제 국가나 다름없음을 여실히 보여 준다. 지난 2012년 8월에 사망한 멜레스 총리의 사진이 공공 기관과 거리 곳곳에 여전히 걸려 있다는 사실은 그의 영향력뿐만 아니라 에티오피아 정치의 현주소를 잘 보여 주는 대목이라 할 수 있다.

멜레스는 국민의 가난한 삶도 제대로 보살피지 못했다. 그는 날조된 각종 지표를 내세워 에티오피아의 경

★ 에티오피아인은 성(姓)이 따로 없다. Meles는 자신의 이름이고 Zenawi는 아버지의 이름이다. 아버지 이름 다음에 오는 이름은 할아버지의 이름이다.

즈와이 대로변의 정치 선전 광고판(사진 속의 윗부분). 멜레스는 자신의 정치 활동을 선전하기 위해, 이와 유사한 광고판을 에티오피아 전역에 설치했다. 대중의 환호에 화답하고 있는 그의 모습은 광고판 아래의 세계와 묘한 대조를 이루고 있다.

제 성장을 대대적으로 선전했다. 하지만 경제가 성장하고 있다는 정부 발표가 실제로 의미한 것은 일반 국민이 아니라 멜레스 패거리의 배가 날이 갈수록 불러왔다는 사실이다. 에티오피아 현지에 체류하는 동안 만난 원로들은 분노와 체념이 섞인 목소리로 말했다.

"정권이 바뀌어도 가난한 사람들의 삶에는 변화가 없어요."
"황제 정권, 군사 정권, 민주 정권……."
"정치 체제의 겉모양만 바뀌었을 뿐이에요."

멜레스 패거리는 정상적인 노력이 아니라 사사로운

관계를 통해 부를 획득하고, 심지어 나라의 부(富)를 나누어 먹었다. 즉, 각종 경제 활동에서 부정부패★를 일삼았던 것이다. 심지어 지역 정부 수준에서도 마찬가지였다. 에티오피아 사회에서는 여전히 부정부패가 만연해 있다. 에티오피아인의 삶을 개선하기 위해 천문학적 규모의 원조 자금이 지원되어도, '밑 빠진 독에 물 붓기'와 같은 상황이 반복되고 있는 이유이기도 하다. 그 결과, 국가는 해외 원조 의존 상태에 빠지고, 절대 다수의 국민은 여전히 가난의 늪에서 헤어나지 못하고 있다. 다양한 비정부 기구가 가난한 사람들의 삶을 개선하기 위해 노력하고 있지만, 아주 제한된 성과만 내고 있을 뿐이다.

메키를 떠나기 전날, 둑다 자치구(Dugda district)의 기관장을 방문했다. 그의 협조 덕분에 현지조사를 무사히 마치고 떠나게 되었다는 사실을 알리기 위해서였다. 그에게 인사말을 건네고 나니, 딱히 할 말이 없었다. 그런데 그는 "우리 지역의 발전에 필요한 조언을 듣기를 원한다."고 말했다. 그런 후 곧바로 작은 노트와 볼펜을 준비하며 내 말을 받아 적을 자세를 취했다.

그의 진지한 태도를 일방적으로 무시할 수 없다는 생각이 들어, 조언을 해 주게 되었다. "에티오피아가 가난에서 벗어나려면 사회 지도층의 책임감이 무엇보다 중요합니다. 교육을 많이 받고 고위직에 있을수록 국가와 사회에 대해 더 많은 책임감을 가져야 합니다. 사회 지도층은 국가의 호주머니를 가장 먼저 생각하고, 그 다음엔 지역 사회의 호주머니를 생각하고, 마지막으로

★ 2004년부터 2013년까지 10년간 에티오피아는 연평균 25억 8천 3백만 달러를 불법으로 유출했다. 이러한 불법 자금은 탈세를 비롯한 각종 범죄 및 유력 관료들의 부패와 연관되어 있다.

개인의 호주머니를 생각해야 합니다." 이 말은 에티오피아 사회의 리더십 부재 및 정치인과 관료들의 부정부패를 에둘러 표현한 것이다. 그는 무슨 뜻인지 알아들었다는 듯 고개를 연신 끄덕였다.

대개의 에티오피아인은 교육의 중요성에 대한 인식이 낮고 교육 환경도 매우 열악하다. 농촌 지역에서는 이러한 현상이 더욱 두드러지게 나타난다. '교육은 백년대계(百年大計)'란 말이 무색할 정도이다. 데라★초등학교는 타운이 건설된 지 12년 후인 1964년에 개교했다. 메키초등학교는 타운이 건설된 지 27년 후인 1963년에야 개교했다. 주민들은 자신들의 지역에 변변한 초등학교조차 없던 시절을 또렷이 기억하고 있다.

"절대다수의 주민이 문맹자였어요."

"초등학교 4학년 과정을 마친 사람도 아주 드물었지요."

"우리는 동굴과 같은 암흑세계에서 살았다고나 할까요."

"새로운 희망이나 미래를 꿈꾸는 것도 거의 불가능했지요."

다행히 요즘은 자녀를 학교에 보내는 부모가 많아지고, 교육의 질도 점점 향상되고 있는 추세를 보이고 있다. 하지만 교육열과 교육의 질은 여전히 낮다. 특히, 가난한 집의 아이들은 중퇴하기 일쑤고, 대학 진학은 '그림의 떡'에 불과한 경우가 허다하다.

★
데라(Dera)는 오로미아 주에 속해 있으며, 아디스아바바에서 남동쪽으로 117km 떨어져 있다. 데라에는 2만 명가량의 인구가 살고 있다. 나는 2013년 7월 하순부터 8월 하순까지 이곳에서 현지조사를 실시했다.

데라의 젊은이들. 일자리를 구하지 못해, 대낮임에도 불구하고 허름한 동네 술집에 모여 잡담을 나누며 시간을 보내고 있다.

에티오피아의 높은 실업률은 부모들의 교육열을 꺾는 중요한 이유이기도 하다. 에티오피아 정부의 발표에 의하면 2014년 도시 지역의 실업률은 17.4%이다. 이에 비해 농촌 지역의 실업률은 무려 50%에 달한다. 데라, 메키, 즈와이의 실업률도 이와 유사하다. 그래서 이들 지역의 부모들 사이에서는 교육에 대한 부정적 인식이 널리 퍼져 있다.

"자식을 대학에 보내면 뭐하나, 직업을 못 구하는 것은 매한가지인데."
"먹고살기도 힘든 판에 무리해서 대학에 보낼 필요가 있나."

즈와이의 서쪽 구역에서는 인력 시장이 열린다. 매일 새벽 수많은 사람이 일자리를 구하기 위해 구름 떼처럼 이곳으로 몰려든다. 하지만 일자리를 구할 수 있는 사람은 소수에 불과하다. 일자리를 구하지 못한 사람들 중 일부는 차마 그곳을 떠나지 못하고 오후 늦게까지 주변을 배회하기도 한다. 또한 에티오피아의 타운에서는 대낮에도 젊은이들이 여기저기 삼삼오오로 모여서 빈둥거리고 있는 모습을 흔히 볼 수 있다. 이러한 모습은 에티오피아의 '슬픈 자화상' 중 일부임에 틀림없다.

상당수의 에티오피아인은 자조 정신이 희박하다. 돈을 거저 달라고 하는 데 익숙하고, 자신의 힘으로 삶을 개선하려는 의지가 아주 약하다. 에티오피아 정부는 국가 예산 중 20% 가량을 해외 원조와 차관에 의지하고 있다. 대개의 지역민은 정부가 자신들의 삶을 개선해 주길 기다릴 뿐, 개인이나 지역 사회 수준에서 자조하려는 의지가 별로 없다★. 이러한 의식은 지난 수십 년 동안 이어져 온 외부 원조에 대한 의존 습성에서 생겨난 것으로 보인다. 아이들 사이에서 '차이나! 마니, 마니!'라는 말이 마치 유행어처럼 된 것도 바로 이런 맥락에서 쉽게 이해된다. 외부 원조가 국민의 자립 의지를 약화시키고, 나아가 정신세계까지 병들게 하고 있는 셈이다.

현 정부는 사람들이 돈을 거저 달라고 하는 나쁜 습성을 없애기 위해 여러 형태의 계몽 운동을 하고 있다. 하일레마리암 총리도 에티오피아인은 이런 습성을 하루빨리 버려야 한다고 수차례 강조한 바 있다. 아디스아바바 시내에서 거지에게 돈을 주는 외국인은 벌금을 내어야 하고, 그 거지는 처벌을 받도록 되어 있다. 하지만 대개의 에티오피아인은 이런 나쁜 습성에 익숙해 있다. 이로 인해 염치를 이미 잃어버렸거나 잃고 있다.

나는 지역민과의 대화에서, 자조의 중요성을 여러 번 강조했다. 즉, 스스로의 힘으로 가난을 극복하지 못하고 계속해서 외부의 도움에 의존한다면, 에티오피아는 식민지화★★될 수 있다는 점을 역설하곤 했다. 하지만

★ 이런 맥락에서 볼 때 우리나라의 새마을운동과 그 정신(근면, 자조, 협동)을 에티오피아에 전파하는 일은 어느 정도 긍정적인 의미를 지닌다. 현재 에티오피아의 몇몇 지역에서는 새마을 시범마을이 조성되고 있다.

★★ 에티오피아인은 자신들이 식민 지배를 경험하지 않았다고 주장한다. 하지만 실제로 에티오피아는 1936년부터 1941년까지 이탈리아의 점령 하에 있었다.

메키 정기 시장의 동쪽 입구 모습. 사람과 가축이 배출한 각종 오물로 인해, 입구 좌우의 물웅덩이에서는 악취가 심하게 난다.

지각 있는 일부 사람들 외에는 어느 누구도 이런 말을 경청하지 않는 듯 보였다.

개별 지역의 이면 도로 문제는 에티오피아인의 자조 정신 결여와 관련된 실례 중 하나이다. 데라, 메키 및 즈와이의 주도로는 아스팔트로 포장되어 있어, 그나마 상태가 양호한 편이다. 하지만 이면 도로는 포장이 안 된 흙길인 데다 상태도 양호하지 못하다. 그래서 바람이 많이 부는 날이면 길을 걷기가 힘들 정도로 흙먼지가 인다. 노면이 패이고 비탈진 곳에서는 마차가 뒤집히는 일도 왕왕 발생한다. 경사가 가파른 곳이 많은 데라에서는 그런 일이 더욱 빈번하다. 비가 와서 웅덩이로 변한 곳에는 각종 오물로 인한 악취가 진동하기도 한다. 이런 상황에서 지역민은 도로 정비의 필요성에 대해서는 말을 많이 하지만, 스스로 할 수 있는 일에 대해서는 아무런 제안도 하지 않는다.

"우리 타운의 이면 도로는 상태가 아주 안 좋아요."

"정부가 하루속히 이것을 개선해 주어야 할 텐데……."

하지만 '왜 스스로 합심해서 이면 도로를 정비해 보

자'는 말은 오가지 않을까? 물론 각종 기반 시설을 설치하고 관리하는 것은 정부의 책임이다. 하지만 정부가 이러한 책임을 제대로 이행할 여력이 없어서 문제가 초래되고 있다면, 왜 지역민은 팔짱을 끼고 보고만 있어야 할까? '하늘은 스스로 돕는 자를 돕는다.'라는 말도 있지 않나.

메키의 아이들. 열악한 생활환경과 남루한 차림새에도 불구하고, 해맑은 미소를 잃지 않고 있다.

나는 아프리카 연구를 시작한 이래, 현지인의 시각에서 사회와 문화를 이해하려고 노력해 왔다. 이런 과정에서 아프리카에 대한 이해의 폭을 넓히고 애정의 깊이를 더하게 되었다. 하지만 인류학자인 내가 현지인의 삶에 직접 개입할 여지는 별로 없다. 사실, 대개의 인류학자는 타 민족의 삶에 개입하는 것을 극도로 경계하는 경향이 있다. 이것은 인류학이 '식민주의의 시녀' 혹은 '제국주의의 산물'이라는 오명을 오랫동안 뒤집어썼기 때문이다.

에티오피아 사회가 국가 지도층의 헌신과 민중의 자각을 통해 좀 더 발전하길 간절히 바란다. 오늘날 자본주의의 고도화에 따른 국가 간 경쟁은 더욱 치열해지고 있다. 에티오피아 사람들이 내부 모순을 타파하고 세계화라는 거대한 물결을 넘어, 보다 많은 사람이 '인간다운 삶'을 영위할 수 있는 사회를 건설할 수 있을

지? 에티오피아의 가난 문제를 생각할 때마다 마음이 무겁고 온갖 생각이 교차하곤 한다. 아이들의 해맑은 미소는 마음을 더욱 저리게 한다.

STORY
03

# 서아프리카의 자존심, 가나와 마주하다

윤 · 서 · 영

이방인의 눈에 비친 가나의 풍경들
서민의 발 '트로트로 버스'
한국엔 강남스타일, 가나엔 힙라이프!
대서양 노예무역의 흔적들

가나
(Ghana)

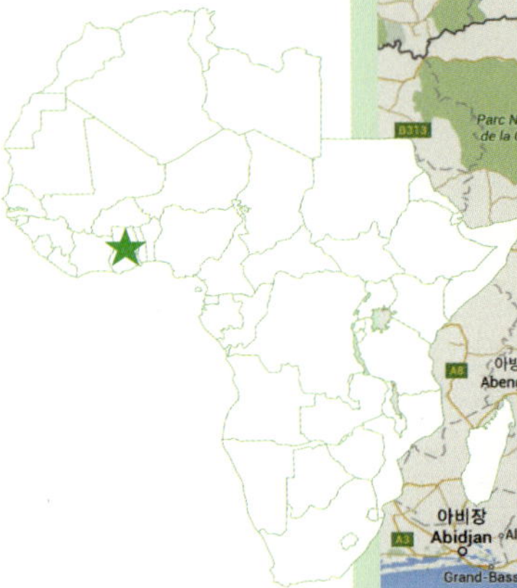

보보디울라소
obo-Dioulasso
Fara Department
Manga
Pô
Zabre
Paga
보쿠
Bawku
Logobou Department
나티팅구
Natitingou
Mango
Jeffisi
사불리
Sabuli
와
Wa
Ouo
몰 국립공원
mole
타말레
Tamale
옌디
Yendi
카라
Kara
주구
Djougou
베냉
파라쿠
Parako
솔라
Sawla
Parc National de la Comoe
토고
Bondoukou
가나
테키먼
Techiman
싸브
Saye
듀아야우 녹완타
Duayaw Nkwanta
호호
Hohoe
아방구루
Abengourou
쿠마시
Kumasi
호
Ho
코농고
Konongo
포르토노보
Porto-Novo
로메
Lomé
아크라
Accra
아비장
Abidjan
Alépé
세콘디-타코라디
Sekondi-Takoradi
Grand-Bassam

마디나
Madina
아크라
Accra

## 이방인의 눈에 비친 가나의 풍경들

2015년 7월 16일부터 약 한달 간 서아프리카의 가나에서 현지조사를 실시한 적이 있다. 가나는 한국인들에게 '가나 초콜릿'으로 더 익숙한 나라다. 최근에는 방송인 '샘 오취리(Sam Okyere)'의 고향으로 자주 입에 오르내리는 곳이기도 하다.

'아프리카의 검은 별'이라고 불리는 가나는 아프리카 서부 지역에 위치해 있으며 토고, 코트디브아르, 부르키나파소와 국경을 맞대고 있다. 약 2,500만 명의 인구 규모에, 아칸족을 비롯한 50여 민족이 사는 다민족 국가이다. 이웃 국가들과 달리 영어가 공용어이다. 식민지배를 받던 아프리카 국가들 중 1957년에 가장 먼저 독립을 쟁취했으며, 금이나 코코아, 석유 등의 풍부한 천연자원을 기반으로 가나 경제는 빠르고 안정적인 성장세를 보이고 있다.

20여 시간의 비행시간을 견디어내고 드디어 가나의 수도 아크라(Accra)에 있는 코토카(Kotoka) 국제공항에 도착했다. 입국 심사를 마치고 숙소로 가기 위해 공항 밖으로 나와 택시를 타자마자 차창 밖에 비친 수도 아크라의 풍경을 보았다. 서아프리카에 위치한 이웃 국가들과 달리 정치, 경제적으로 안정된 나라이기에 치안

코토카 국제공항. 수도 아크라에 위치하고 있으며 가나 국제 항공의 주요 허브 공항으로 기능하고 있다. 또한 가나 공군이 군사시설로 이용하고 있기도 하다.

또한 잘 유지되고 있는 것으로 보였다. 차분하고 안정된 분위기 속에 도심을 이루고 있는 꽤 높은 빌딩들과 왕복 4차선의 도로들, 또 그 위를 바삐 달리는 많은 자동차들과 거리 위를 걷고 있는 분주해 보이는 사람들. 가나의 첫인상은 여느 나라의 도시 모습과 크게 다를 바 없어 보였다. 굳이 다른 점을 찾자면 몇몇 오래된 자동차들이 지나갈 때마다 내뿜는 시커먼 매연이 잠깐씩 내 시각과 후각을 마비시키는 정도랄까.

택시가 공항으로부터 점점 멀어지면서, 공항의 외관이 시야에 한눈에 들어왔다. 가나의 입국 관문인 코토카 국제공항. 아프리카에 간다고 하면 아프리카에도 공항이 있냐는 어처구니없는 질문을 여전히 받곤 하는데, 당연히 있다. 그것도 여러 개 있다. 아크라를 비롯해 주요 도시인 쿠마시(Kumasi)와 타말레(Tamale), 타코라디(Takoradi) 지역에 말이다. 그 중 내가 입국한 코토카 공항은 비록 규모는 작지만, 우리나라의 인천국제공항에 해당하는 가나의 대표적인 국제공항이다. 공항 안에서도 차이를 느꼈지만, 외관으로 보기에도 공항의 크기는 쉽게 비교가 되었다.

코토카 국제공항 내부. 출국장에서 찍은 사진이다. 많은 사람들이 아프리카에도 공항이 있느냐는 어처구니없는 질문을 하는 경우가 많은데, 코토카 공항도 규모는 크지 않지만 체계적인 설비와 인적, 물적 시스템을 갖추고 있다.

가나의 국제공항인 코토카 국제공항은 본래 1946년에 개항하여 '가나 국제공항(Ghana International Airport)'이라는 명칭으로 개항했다가 1969년 코토카 장군을 기리기 위해 현재의 이름으로 개명하였다. 코토카 장군은 '민족해방회의(National Liberation Council)'를 결성했는데, 이 단체는 가나 최초의 독립정부였던 은크루마 정권★을 쿠데타로 전복시켰다. 쿠데타를 일으킨 장본인을 기리다니, 그렇다면 대통령이 문제가 있는 인물이었나? 은크루마 대통령은 가나의 초대 대통령으로서 영국의 식민지배로부터 독립을 이끈 인물로 널리 알려져 있는데 말이다.

은크루마는 대통령이 되기 전 독립운동가로 활동했었다. 가나는 잘 알려져 있다시피 영국의 식민통치를

★ 크와메 은크루마(Kwame Nkrumah)는 가나의 초대 대통령(1960~1966)으로, 식민지배 시절 독립투사로도 활동했다.

받았다. 이에 적극적으로 독립운동을 하던 은크루마는 식민당국에 의해 투옥된다. 1951년 자치정부 수반을 선출하는 선거에서 은크루마가 옥중 출마를 하여 당선되자 영국 식민 정부는 그를 석방할 수밖에 없었다. 다음 해에 흑인으로서는 최초로 총리에 취임하게 되고, 이후 2번의 선거에서 계속 승리하자 영국은 가나의 독립을 인정하게 된다. 이런 이유로 가나는 1957년 사하라이남 지역의 아프리카 국가들로서는 최초로 독립을 달성한다. 1960년 선거에서 은크루마는 대통령 선거에 당선되어 국명을 **가나 제국**★(Ghana Empire)에서 따와 '가나'로 명명하게 된다.

이후 은크루마는 **범아프리카주의**★★(Pan-Africnism)를 주장하며 독립 이후 가나가 신속한 발전을 하도록 이끌었다. 그 일환으로 은크루마는 공공사업을 시작했는데, 논란이 많았던 아코솜보(Akosombo)댐 건설도 그 중 하나이다. 현재까지도 심각한 가나의 전력문제를 해결하기 위해 볼타 강에 거대한 규모의 댐을 건설하고자 한 것이다. 그러나 일부에서는 거대한 댐의 규모로 인한 막대한 건설비 때문에 시공을 반대하였다. 그럼에도 불구하고 은크루마는 시공을 단행했고, 10여 년의 공사 끝에 댐을 완성하였다. 이 댐은 현재까지 가나에서 없어서는 안 될 가장 중요한 전기 공급원으로 기능하고 있다. 이 댐 건설로 인해 볼타분지 남동부에 길이가 무려 400㎞에 넓이 8,500㎢에 이르는 볼타 호(湖)가 생겨나게 되었는데, 이는 세계 최대 인공호수로 내륙 농업과 수운에 중요한 역할을 하고 있다. 가나의 댐 공사는 우리나라의 박정희

★
가나 제국은 7~13세기에 존재했었던 강력한 왕국으로, 현재의 가나보다 800km가량 떨어진 지금의 말리와 세네갈, 나이지리아 사이에 있었다.

★★
범아프리카주의란 아프리카의 54개 국가 전체를 통합하여 하나의 연합 정부를 세우자는 것이었다.

전(前) 대통령의 경부고속도로 건설 추진 상황과 비슷해 보인다. 당시 우리나라에서도 막대한 공사비와 열악한 경제 문제로 일각에서는 고속도로 건설을 반대했었지만, 오늘날 전국을 잇는 중요한 연결망 역할을 하고 있으니 말이다.

아크라 독립문 광장(Independence Square)에 위치한 흑성 아치(Black Star Arch). 은크루마 전(前) 대통령이 독립을 기념하기 위해 세운 것이다.

은크루마는 경제 발전을 이끌며 가나를 아프리카 신흥국들 중 선진국의 반열에 올려놓았다. 그러나 그는 통치 후반기로 갈수록 권위주의적으로 돌변하여, 절대 권력을 휘두르는 지경에 이른다. 사회주의 노선을 추구했던 그는 서구 자본주의 국가들과의 관계회복에 실패하고, 이는 투자 감소로 이어져 결국 경제 침체를 야기한다. 부족한 국가 재정을 유지하기 위해 막대한 금액의 외채를 도입하기도 한다. 많은 이들의 반대를 무릅쓰고 진행했던 아코솜보 댐은 기대 이하의 전력 공급량을 보이게 되어 국민들의 원성을 사는데, 결국 국민들의 지지를 잃은 은크루마는 쿠데타로 실각하게 된다. 그러다보니 이 정권을 전복한 코토카 장군을 기리는 상황에까지 이르게 된 것이다. 이후 가나는 수차례의 쿠데타와 정권 교체가 있었지만 1980년대 이후 안정화로 접어들었고, 여전히 아프리카 선진국으로 자리매김하고 있다.

차창 밖으로 점차 멀어지는 코토카 공항을 보며 식민

지배와 독재(에 가까운) 정치, 쿠데타를 경험한 가나와 우리나라가 비슷하단 생각이 들었다. 중, 장년층 이상은 여전히 은크루마의 업적을 기리고 그를 추억한다고 한다. 또 일부 젊은 층도 그를 기린다고 하는데, 가나의 힙합 음악 뮤지션-'Obrafour'라는 가수이다-은 그를 추모하는 노래를 만들기도 했다. 비록 집권 후반에 독재정치를 하기는 했지만, 가나를 식민지배로부터 해방시킨, 그리고 가나의 경제발전을 그 누구보다도 염원했던 그였기 때문이 아닐까 한다. 이 역시도 우리네 중, 장년층들이 박정희 전(前)대통령을 기억하는 모습과 꼭 닮아있다. 그렇다면 가나인들의 가치관이나 성향이 우리나라 사람들의 그것들과 비슷하지는 않을까라는 다소 무리한 추측을 해본다. 이런저런 생각들을 하며 택시의 차창 밖에 스치는 가나 거리의 풍경을 물끄러미 보고 있자니, 택시 운전기사가 말을 건다.

"당신은 중국인? 일본인? 한국인?"

"저는 한국인이에요."

"아~, 한국인? 반가워요. 삼성, 현다이~! 한국 정말 좋아해요. 가나에는 처음 오는 건가요?"

"네, 처음이에요."

"가나는 정말 좋은 나라에요. 경제도 안정적이고, 치안도 매우 안전하구요. 우리는 종교의 자유도 허락된다고요. 당신도 곧 가나를 좋아하게 될 거에요! 장담합니다!"

제대로 된 인사를 할 틈도 없이 운전기사는 가나가 얼마나 좋은지에 대해 속사포처럼 이야기를 쏟아냈다. 가나에 처음 방문하는 나로서는 당시 운전기사의 말에 그다지 공감하지 않았다. 그저 외국인에게 인사치레로 하는 말이겠거니 생각했다. 그리고 얼마 지나지 않아 운전기사가 했던 말 중 가나의 종교적 자유에 대해 실감하게 된 일이 있었다.

7월의 어느 주중 아침, 여느 때와 마찬가지로 현지조사를 할 채비를 하고 숙소를 나섰다. 헌데 그날따라 유독 거리가 한산한 것이었다. 시계를 보니 여느 때와 같은 시간임에 틀림없는데 이상했다. 시계가 고장 난 것도 아니었다. 의아해하며 택시를 잡아타고 가나대학교라고 행선지를 말하자 택시 기사는 오늘이 휴일인데 학교를 가느냐며 아리송한 표정을 지어보였다.

"오늘이 휴일이라구요?"

"그럼요. 오늘은 라마단이 끝나는 날이잖아요. 아, 외국인이라 몰랐나보네. 우리는 라마단 마지막 날이 휴일이에요. 오늘은 모든 관공서와 대부분의 상점들이 쉬어요."

"라마단은 이슬람교도들을 위한 것 아니에요? 기독교도들도 있고, 비무슬림도 있는데 모두 다 쉰다고요? 달력에도 아무런 표시가 안 되어 있던데요?"

"아, 그렇다니까요. 이슬람교도, 기독교도 구분 없어요. 오늘은 가나 공식 휴일이에요."

알고 보니, 이날은 이드 알피트르★(Eid al-Fitr)라는 축제 날이라고 한다. 이드 알피트르는 이슬람력의 9번째 달인 라마단이 끝난 후, 10번째 달의 시작 날에 사원에 모여 예배를 드리고 가족 및 친지들과 기쁨을 함께 나눈다는 의미에서 잔치를 벌이는 날이란다. 이것이 달력에 표시되어 있지 않은 것은, 이드 알피트르가 일반적으로 가나의 공휴일인 것은 맞지만, 날짜가 매 년 바뀌고 (보통은 7월 중에 행하게 되는 듯하다), 이를 공식적으로 발표하고 있기 때문이다.

전혀 새로운 경험이기에 놀라웠다. 말로만 듣던 라마단 종료 축제라니, 그리고 그것을 무슬림들뿐만 아니라 기독교도들도 함께 즐긴다니 신선한 충격이었다. 문득 첫날 숙소로 데려다 준 택시 기사의 말이 기억났다. 이웃 국가인 코트디브아르나 나이지리아에서는 기독교도들과 무슬림들 간의 갈등과 전쟁이 한창이다. 하지만 그의 말대로 가나에서는 기독교 집단과 이슬람교 집단의 관계가 평화롭고 관용적이어서 이웃 국가들에서 벌어지고 있는 종교 집단들 간 폭력 사태가 발생하지 않고 있는 듯하다.

가나의 종교는 기독교가 약 69%, 이슬람교 16%, 전통종교 9%, 기타 종교 0.8%, 무교 6%로 구성되어 있다. 기독교는 가나의 해안에 상륙한 유럽인에 의해 14세기에 처음 도입되었으며, 이슬람은 15세기 가나 북부에 있는 소닝케(Soninke)족과 디울라(Dyula)족에 의해 유입되었다. 가나에서 볼 수 있는 기독교 교파★★는 가톨릭교, 감리교, 영국성공회, 장로교, 루터교, 제칠일

★ '이드 알피트르'는 아랍어로 '금식을 끝내는 축제'라는 의미이다. 이드는 '축제', 피트르는 '끝났다'는 뜻이다.

★★ 서구의 식민지배 동안 다양한 기독교 교파들이 경쟁적으로 가나를 비롯한 아프리카 국가에 들어가 선교활동을 벌였다.

안식일 예수재림교, 오순절교, 침례교 등이다. 이슬람은 4개의 주요 교파(말리키 학파(Maliki School)의 수니파, 아흐마디야(Ahmadiya) 교단, 수피(Sufi) 티자니-형제단(Tijani-Brotherhood), 시아파(Shia)가 있다. 이 외에 전통종교, 힌두교, 불교, 소수 종교들이 공존한다.

50여개 이상의 민족들이 다양한 언어, 종교와 문화, 관습을 서로 인정하고 포용하며 공존하는 나라. 정치적인 면에서도 수차례의 쿠데타가 일어나며 정권이 바뀌기는 했지만 나라를 걱정하는 지도자를 가진 나라. 1980년대부터는 안정적인 국면으로 접어들어 어느 아프리카 국가들보다 발전 가능성이 많은 곳으로 기대되는 나라. 그리고 풍부한 천연자원을 가진 나라. 자신의 역사와 문화에서 비롯되는 자긍심과 여유를 가지고 언제나 친절한 미소로 반겨주는 사람들.

길지 않은 시간 동안 접하게 된 가나의 모습을 통해 이들이 왜 발전할 수밖에 없는 나라인가를 알게 되었다. 앞으로 마주하게 될 가나의 모습이 그래서 더욱 기대된다.

# 서민의 발 '트로트로' 버스

시차 때문인지 밤 새 뒤척이다 새벽에 가까스로 눈을 붙이고 일어나니 아침 8시다. 가장 급한 건 한국에서 가져간 달러를 가나 돈으로 환전해야 하는 일이다. 알아보니 근처에 대형 마트를 비롯해 여러 상점들이 있는 '아크라 몰'(Accra Mall)이 있다고 해 일단 그곳으로 가기로 했다. 호텔 직원이 고맙게도 택시를 불러주어 그것을 타고 몰로 향했다.

보통 택시 타기 전에 운전기사와 택시비를 흥정해야 한다. 물가사정을 잘 모르는 외국인이니 그렇겠지만, 그렇다고 엄청난 바가지를 씌우지는 않고, 1500원~2000원을 더 높게 부르는 정도였다. 물론 장거리를 갈 경우에는 그들이 부르는 가격이 더 높아지겠지만 말이다. 호텔에서 몰까지 15km정도 거리였는데, 15세디, 한국 요금으로 4500원 정도였다. 현지인이라면 10세디에도 가능했을 것 같은데, 오늘은 첫 날이니 이 정도 선에서 협상을 하기로 했다.

주택가를 벗어나 점차 시내로 들어서니 주택가의 평온함 대신 사람들과 자동차의 분주함이 보이기 시작한다. 호텔에서 10시쯤 출발했으니 출근시간이 아님에도 교통체증이 꽤 있었다. 그 중 눈에 띄는 차들이 있었는

아크라의 시내버스 트로트로. 미니버스 혹은 봉고차와 비슷하다.

데 봉고차와 흡사하게 생긴 미니버스들로 이곳에서는 '트로트로(tro-tro)'라고 불렸다.

아크라에는 대중교통 수단이 크게 세 가지가 있는데, 택시, 버스, 트로트로가 그것이다. 택시와 버스는 세계 어느 도시를 가더라도 흔히 볼 수 있는 교통수단인데 반해, 트로트로는 작은 버스 형태로 가나와 몇몇 아프리카 국가들에서만 볼 수 있다. 우리나라의 광역버스와 흡사하게 생긴 버스가 주로 큰 타운과 타운 사이를 오간다면, 트로트로는 시내 곳곳을 다니며 이동하는 사람들의 발이 되어준다. 특이한 점은 운전사 외에 차장(조수)이 있다는 점이다. 이 차장들을 현지에서는 트위★(Twi)어로 '메이트(mate)', 영어로는 '컨덕터(conductor)'라고 부른다. 메이트는 조수석에 앉아 각 정류장에 도착할 때마다 자

★ 트위는 가나 아칸(Akan)어 방언의 한 종류로 가나에 9백만 명 이상의 화자수를 가지고 있다.

아크라 37 트로트로 스테이션. 종점과 같은 곳으로 이곳에서 승객들은 하차하거나 다른 트로트로로 갈아탄다.

신의 트로트로가 어디로 가는지 목적지를 외친다. 또한 승객들의 요금을 받는 역할도 한다. 우리나라의 옛날 버스의 차장언니와 같은 역할을 하고 있다고 보면 된다. 다만 메이트는 언니가 아닌 오빠(?)들이 하고 있다.

트로트로의 정원은 대략 16명에서 비좁게 탈 경우 20명 정도인 것 같다. 미니밴 정도 크기의 버스에 16명에서 20명이라고? 그렇다. 생각대로 매우 좁은 공간에 사람들과 어깨를 닿은 채로 앉을 수밖에 없다. 나야 한국에서 지옥철이나 만원 버스를 익히 경험했기에 이런 버스의 모습이 낯설지 않지만, 서양인들에게는 많이 불편한 모양이다. 언젠가 인터넷에서 (백인으로 짐작되는) 어느 여행객이 트로트로에 대한 평을 올려놨는데, 매우 흥미롭지만 불편한 경험이었다고 한 글이 생각난다. 실제로 트로트로를 여러 번 타기도 했었고 지나가는 트로트로를 많이 봤지만 내가 아크라에 20일 가량 머무는 동안에 백인이 타고 있는 모습은 전혀 보지 못했다.

지금이야 나도 아무렇지 않게 이런 글을 쓰고 있지만, 처음 트로트로를 봤을 때에는 단번에 탈 엄두가 나지 않았다. 일단 트로트로의 노선이 어디에도 나타나 있지 않다. 우리나라는 버스 안이나 버스 정류장에 노선표가 있지만(그리고 옛날 버스에는 버스 옆면에도 노선도가 있었다) 트로트로는 그런 것이 전혀 없다. 트로트로의 색깔이 달라 구분을 해주는 것도 아니다. 다양한 색의 트로트로가 있지만 그것은 트로트로의 노선이나 목적지를 알려주는 것이 아닌, 운전사에게 그냥 주어지는 것일 뿐이다. 아크라 거주민이라면 트로트로 노선을 이미 잘 알고 있겠지만, 그곳을 처음 방문한 나 같은 사람들은 그저 길을 가다가 사람들이 몇 명 모여 서 있으면 '여기가 트로트로 정류장인가보다' 라고 짐작할 뿐이다. 아크라의 지리를 알지 못하는 상황에서 노선표조차 없는 트로트로를 탈만큼 강심장은 아니다. 최소한 동, 서, 남, 북에 어느 지역이 있는지가 파악이 된다면 그 때부터는 타도된다.

트로트로의 요금은 매우 싼 편이다. 거리에 따라 추가 요금이 있긴 하지만 웬만한 거리는 500원 정도면 갈 수 있다. 이 요금은 정부에서 정해놓은 것이다. 따라서 트로트로 자체는 사설 업체들이 운영하지만 요금은 업체 마음대로 바꿀 수 없다고 한다. 그러다보니 오랜 기간 많은 서민들에게 없어서는 안 될 유용한 교통수단으로서의 역할을 해주고 있다.

요금 이야기를 하니, '트로트로'의 이름이 생겨나게 된 연유가 생각난다. 트로트로의 '트로'는 가나에 살고 있는 '가(Ga)'민족 언어로 '3페니(penny)'란 뜻이다. 가나가 영국의 식민지배를 받았다보니 화폐 역시 영국의 것을 따랐는데, 트로트로가 처음 운영될 때 요금이 3페니였고, 차장들이 '3페니! 3페니!'라고 외치던 것에서 유래되어 이 이름이 붙여지게 되었다고 한다.

◪ 트로트로의 내부 사진. 이 트로트로는 손님이 없어 여유 있게 편히 갈 수 있었다.

덧붙이자면, 이와 비슷한 사례가 동아프리카의 케냐와 탄자니아에도 있다. 두 나라 모두 트로트로와 같은 미니버스가 운행되고 있는데, 케냐에서는 이것을 '마타투(matatu)'라 부르고, 탄자니아에서는 '달라달라(dala-dala)'라고 부른다. '마타투'는 스와힐리어로 '셋'을 의미하는데, 1960년대의 마타투 요금이 '3센트'여서 마찬가지로 버스 차장이 '3센트! 3센트!'라고 외친 데서 유래되었다. 탄자니아의 '달라달라'는 미국 '달러'를 의미하며, 이것도 역시 차장들이 '(1)달라! (1)달라!'라고 외쳐 이렇게 명명되었다고 한다. 이쯤에서 돌발 퀴즈 한 가지! 가나, 케냐, 탄자니아 이 세 나라 사이의 공통점은 무엇일까? 바로 영국의 식민지였다는 점이다. 그러다보니 거리적으로 멀리 떨어진 동아프리카와 서아프리카의 나라들임에도 불구하고, 유사한 점들이 발견된다. 아직 가보지 않은 불어권 아프리카에도 이런 교통수단들이 있는지 궁금하다.

나중에 현지보조원으로부터 들으니 트로트로를 탈 때에는 각별히 소지품에 주의해야 한다고 한다. 아무래도 서민층이나 빈곤층이 주로 이용하다 보니 값비싸 보이는 물건이나 지갑을 종종 도난당하는 사례가 있다고 한다. 트로트로들의 중간의 종점 쯤 되는 곳인 아크라 37 트로트로 스테이션은 넓은 광장으로, 이곳에서 승객들은 다른 트로트로로 갈아타기도 하고, 운전기사들은 휴식을 취하기도 한다. 나와 현지보조원은 이곳에서 내려 다른 트로트로로 갈아타기 위해 잠시 걸었는데, 이 때 보조원이 가방을 조심해야 한다고 수없이 당부하던 기억이 난다. 그래서 카메라는 꺼내보지도 못하고 그저 트로트로 내부만 사진을 찍거나 혹은 차 안에서 멀찌감치 앞서가는 트로트로를 찍을 수밖에 없었던 것이 못내 아쉽다.

켄테 옷감. 다양한 문양이 존재하며, 각각의 문양은 의미를 지니고 있다.

트로트로를 타고 가며 승객들의 뒷모습을 바라보다가 한 청년의 티셔츠에 그려진 가나의 전통 직물인 켄테를 보게 되었다. 전통 직물인 탓에 최근에는 그것을 이용하여 만든 옷을 입은 사람은 없을 것이라 생각했는데, 요즘에도 이것을 입은 사람이 있다는 것이, 그것도 꽤 세련되어 보이는 청년이 입고 있어 놀라웠다. 정확히 말하자면 켄테 옷감으로 짠 옷을 입었다기보다는 그가 입고 있는 티셔츠에 켄테 무늬가 그려진 것이었다.

켄테는 가나의 아샨티★(Ashanti)인들과 에웨★(Ewe)인들이 처음 제작한 직물로, 왕에 대한 충성이나 의례, 부를 상징하기 위해 만든 옷감이다. 이 독특하면서도 복잡해 보이는 문양의 옷감이 어떻게 처음 발생하게 되었

★ 아샨티인은 가나 남부지역, 토고, 코트디브아르에 거주하며, 에웨인은 주로 가나 동부와 베냉, 토고에 거주한다.

◪ 켄테 직물 중의 하나. 켄테 직물은 그것의 패턴과 디자인에 따라 각기 다른 이름과 의미를 가지고 있다. 이 직물의 이름은 'Fathia fata Nkrumah'이다.

는지 그것의 기원에 대해서는 정확하게 알려진 바가 없고, 몇 가지 추측들만이 있을 뿐이다. 그 중 하나는 거미가 줄을 치는 모습에서 아이디어를 얻었다는 설이다. 또 다른 재미있는 설로는 에워인과 아샨티인에 관한 것이다. 에웨인이 켄테 방직 기술을 가지고 있었는데 에웨인과 아샨티인 사이에 전쟁이 일어났고, 에웨인이 패하게 되었다. 따라서 이 방직 기술이 전리품으로 아샨티인에게 넘어가게 되었다는 것이다.

켄테라는 명칭이 붙여진 것에 대해서도 여러 추측들이 있는데 그 중 하나는 앞서 이야기한 두 민족의 전쟁과 관련이 있다. 에웨인이 전리품으로 빼앗기게 된 방직기술을 에웨인 기술자들이 가르쳐야했고, 에웨인 기술자들은 아샨티인에게 그것을 가르치며 'ke(발을 떼어라)'와 'te(발로 눌러라)'를 번갈아가며 되풀이하였는데, 이 에웨인을 감시하던 아샨티 군인들이 '케와 테(ke and te)'라고 부르다 '켄테'로 명칭이 정해졌다는 것이다. 또 다른 설은 이 직물의 모양이 얇은 나무줄기로 만든 바구니(켄텐 kenten) 모양과 닮았다고 해서 이 이름이 명명되었다는 것이다.

기원이 불분명할 정도로 오랜 역사를 지닌 켄테 옷감은 가나인에게 단순한 옷감으로서만 기능하는 것이 아니다. 그것은 가나인의 역사, 철학, 윤리, 도덕적 가치, 사회적 행동 지침, 종교적 신념, 정치적 사고, 심미성, 속담 등과 관련된 의미로서도 작용한다. 즉 각각의 천에 나타난 패턴은 나름의 의미를 내포하고 있다.

위 사진에서 보이는 직물의 이름은 'Fathia fata Nkrumah'로, 이것의 의미는 '파티아(Fathia)가 은크루마의 아내가 되다'이다. 제목만 들었을 때는 이게 무슨 소리인가 싶은데, 가나의 초대 대통령인 은크루마가 그의 아내 파티아와 결혼할 때 헌정된 것이어서 이런 이름이 명명되었다. 따라서 이 옷감이 의미하는 바는 '영예로운 결혼', '서로에 대한 애정', '고귀함', '우아함', '범아프리카의 이상' 등을 상징하고 있다. 더 재미있는 점은 은크루마 정부가 쿠데타에 의해 전복된 후에 이 옷감의 이름이 'Obaakofo Mmu Man(한 사람이 국가를 통치하는 것은 아니다)'로 바뀌었다는 것이다. 저마다의 의미를 지니고 있는 켄테 문양인데, 문득 트로트로를 타고 있는 청년의 티셔츠에 새겨진 것의 의미는 무엇인지 궁금해진다.

이런저런 생각을 하던 중에 아크라 몰에 도착했다. 아크라 몰은 생각 이상으로 다양하고 고급스러운 상점이 몰려 있었다. 삼성이나 애플 같은 전자제품 매장은 물론 해외 유명 브랜드의 옷가게들과 기념품점, 마트 등이 있었는데, 그 중 한 상점에 눈길이 멈추었다. 켄테 직물 혹은 켄테 패턴이 들어간 천으로 만든 옷을 파는 곳이었다. 단지 옷만 있는 것이 아니라, 운동화, 모자, 하이힐에 이르기까지 켄테의 패턴이 들어가 있었는데, 전혀 촌스럽거나 진부해 보이지 않았다. 오히려 일반

옷가게보다도 더 고급스럽고 세련되어 보이는 것이 입어보고 싶다는 생각이 들었지만 한 눈에 봐도 가격이 상당해 보였다. 그 상점 안에서 일하는 점원들도 그 옷을 입고 있었는데 맵시나 스타일이 보통이 아니었다(물론 가나인의 우월한 체형도 한 몫 했겠지만 말이다). 또 그 안에서 물건을 고르는 사람들도 기분 탓인지는 모르겠지만 현지인이건 아니건 간에 꽤 부유해 보였다.

문득 가나인은 그들의 문화와 전통을 잘 보존시켜가고 있다는 생각이 들었다. 값비싸 보이는 게 중요한 게 아니라, 가격 여부를 떠나 소비자로 하여금, 더 크게는 자국민으로 하여금 현대화에 발맞추어 자신들의 전통 옷을 소비하고 싶은 욕구를 이끌어내는 점이 대단해 보였다. 전통이라고 하면 흔히 낡은 것, 오래된 것, 진부한 것 등으로 치부해 버리기 마련인데 말이다. 한복도 일상생활에서 충분히 입을 수 있도록 디자인이 가능할 것 같은데, 아무리 개량된 디자인을 내놓는다고 해도 여전히 전통의 틀 속에서 과감하게 벗어나지 못하고 있는 듯하다.

가나에 도착해 단지 이틀 만에 접하게 된 이곳의 모습-식민지배로 인한 언어(영어)와 문화(트로트로), 그리고 토착어와 켄테 같은 전통 요소가 서로 이질감 없이 공존하는 모습. 이것이야말로 문화 혼성의 장이 아닌가 싶다. 그렇기에 어느 한 잣대로 타 문화를 보려고 해서는 안 되겠다는 생각을 다시 한 번 해본다. 자, 이제 다음 번 경험하게 될 가나인의 삶의 모습은 무엇일까?

## 한국엔 강남스타일, 가나엔 힙라이프!

아크라에도 우리나라처럼 하루 대부분을 가나 가수들의 최신 뮤직 비디오를 방영하거나 음악 관련 프로그램만 방송하는 음악 전문 채널이 있다. 보통 아침에 일어나 뉴스를 본 후에 채널을 돌려가며 가나에는 무슨 TV프로그램이 있는지를 보며 하루를 시작한다. 처음에는 뮤직 비디오나 음악에 그다지 큰 관심 없이 음악 채널을 넘겼다. 그러던 어느 날 볼만한 프로그램도 없고 해서 음악이나 듣자 하고 음악방송을 그대로 틀어놓았다.

별 생각 없이 영상을 보다가 뮤직 비디오가 굉장히 세련되게 만들어졌다는 것을 알게 되었다. 처음에는 미국 힙합 가수들의 음악을 틀어주는 건가보다 했는데, 노래 멜로디나 가사가 분명 가나인의 그것이었다. 볼륨을 줄여놓고 비디오만 본다면 분명 미국 힙합 뮤직 비디오로 착각했을 것이다. 분명 가나 식 힙합 음악인 것 같은데, 가나에서도 음악을 이렇게 세련되게 만들다니 한편으로 놀라웠다. 하지만 이상할 이유는 없었다. 예부터 음악★을 즐겨오던 민족이 아니던가. 거기에 서구 문화가 들어오고 기술도 발전하면서 이런 양질의 음악과 비디오를 만든 것이니 너무나 당연한 결과였던 것이

★ 가나인 뿐만 아니라 대부분의 아프리카인은 수 백년 전부터 전통 의례를 치른다거나 구연문학을 낭송할 때 항상 음악을 수반하였다.

다. 그동안 음악을 흘려들었던 것을 후회하며, 뮤직비디오를 유심히 보기 시작했다. 가수들의 옷차림새나 몸동작, 제스처 등은 미국 힙합 가수들의 그것과 비슷하고 노래의 리듬도 빠른 것이 미국 힙합 음악과 많이 비슷한데, 노래의 멜로디가 확실히 달랐다. 아마도 가나 현지 음악과 힙합 음악이 섞인 것 같았다. 예전에 학교 다닐 때 가나의 대중음악 중에 하이라이프(highlife)라는 음악장르가 있다는 것을 배운 기억이 있는데 그 음악인지 아니면 또 다른 음악인지 문득 궁금해져 가나의 힙합 음악에 대해 찾아보기로 했다.

우선 뮤직비디오에 나온 가수의 이름을 인터넷에서 검색해보니 요즘 인기 있는 힙라이프(hiplife) 가수란다. 힙라이프는 힙합의 '힙(hip)'과 하이라이프의 '라이프(life)'의 합성어라고 한다. 말 그대로 힙합과 하이라이프의 결합인 셈이다. 혹시나 하던 나의 짐작이 맞았던 것이다. 한편으로는 우리나라에 k-pop이 있는 것처럼 가나에도 가나 식 최신 음악 장르가 있다는 점이 너무나 당연한 일이기는 하지만 신기하기도 했다. 그렇다면 힙합 음악은 어떻게 가나 음악과 접목하게 되었을까?

우선 힙라이프를 소개하기 전에 가나의 전통음악인 하이라이프 음악에 대해 알아보자. '하이라이프'는 '하이(high)'와 '라이프(life)'의 합성어인데, 당시 아프리카 '상류층'(high)이 즐겨들었던 음악이라는 의미에서 이렇게 불리게 되었다. 하이라이프 음악은 1980년대까지 가나에서 유행했던 대중음악으로 가나 전통음악이 혼합된 장르이다. 즉 하이라이프는 팜-와인★(palm-wine) 음악, 고

★
팜-와인 음악은 시에라리온과 라이베리아 해안가에서 1920-30년대에 유행한 음악이다. 선원들이 팜-와인을 마시며 부르던 노래에서 이름이 명명되었다.

회의 찬송가, 식민군대의 취주악, 부유한 아프리카 인들의 개인 악단의 음악이 각각 시대의 흐름과 변화에 따라 섞여서 만들어진 것이다.

하이라이프 공연 모습. 가나대학교 음악과 교직원 및 대학원생들이 가나의 전통 의상을 입고 음악을 연주하고 있다. 연주는 보통 기타, 드럼, 호른, 보컬 등으로 구성된다.

따라서, 엄밀히 말하면 하이라이프 음악은 가나의 민족음악이라기보다는 가나의 뮤지션들이 아프리카 음악에 유럽, 미국의 음악과 아프리카 디아스포라로 인해 접하게 된 해당 지역의 음악을 혼합하여 만든, 이른바 '혼성 음악'이라고 할 수 있다. 이것이 시대에 따라 변형을 겪으며 가나에서는 자리를 잡아 오늘날 대중들에게 계속해서 인기를 끄는 하이라이프 음악에 이른 것이다. 가나에서 자리를 잡았다고 한 이유는 하이라이프 음악이 가나에서뿐만 아니라 나이지리아에서도 비슷한 시기에 대중들 사이에서 유행을 했는데, 나이지리아에서는 1950년대를 기점으로 그 인기가 점차 수그러들었기 때문이다.

그렇다면 힙라이프 음악은 어떻게 탄생된 것일까? 힙라이프 음악은 1990년대에 본격적으로 발전하였는데, 이유는 가나의 정치상황과 관련이 있다. 1992년 군사 정권에서 민주 정부로 정권이 이양되면서 그동안 정부의 간섭을 받아왔던 미디어 역시 자유로워진다. 이런 이유로 1992년부터 가나의 각 도시에 많은 FM

라디오 방송국들이 들어서게 된다. 이런 변화 이전에는, 가나의 주요 대중 매체는 정부 소유의 중앙방송국(GBC)과 지방의 위성방송국이 전부였다. 그후 오늘날까지 약 150여 개의 FM방송국이 생겨나게 되는데, 이런 방송국들이 방송을 통해 힙라이프 음악을 퍼뜨리고, 뮤지션들의 활동을 촉진하는데 있어 중요한 역할을 한 것이다.

흥미로운 점은 미국의 힙합과 마찬가지로, 힙라이프 음악이 '실업과 빈곤에 대한 반동'으로 나타났다는 점이다. 가나에서 힙라이프의 탄생 직전에, PNDC 정부는 새로운 교육 개혁을 시행하였는데, 그 내용은 아래와 같다.

> '보통 교육 이수과정을 17년에서 12년으로 줄인다. 이는 모든 계층의 아이들이 교육을 받을 수 있는 혜택을 증가시키는 것이며 특히, 초등 및 중등 직업 전 훈련과정 및 일반 직업 훈련을 받을 수 있게 하기 위함이다.'

점차 구 교육제도 대신 새로운 교육제도가 시행되기 시작했고, 그 결과 새로운 교육제도 즉, 짧아진 교육 기간으로 인해 실재하는 일자리에 비해 그 수를 훨씬 초과하는 졸업생들이 배출되었다. 이와 같이 '과잉' 공급된 고등교육 졸업생들은 공기업이나 사기업 모두에 흡수될 수 없었다. 실제 고용주들은 이 졸업생들을 일자리에 부적격자로 간주했다고 하는데, 그 이유는 이들이 필요한 자질과 충분한 현장 경험이 부족했기 때문이라는 것이다. 이로 인해 청년 구직자 수가 늘어나자 그들은 이런 상황이 정부가 성급히 실시한 교육제도의 개혁 때문이라고 생각한 것이다.

힙라이프 뮤지션 북박(Buk Bak)의 CD. 현지 음반 가게에서 구입한 것이다.

따라서 일자리를 찾지 못한 일부 젊은이들은 가나 교육제도 및 정부에 불만을 갖게 되었고, 마침 당시에 유입되던 미국의 힙합 음악(과 그것의 저항 정신)에 매료되어 그들의 관심사를 음악으로 돌리게 되었다. 그리고 힙합 음악을 그들이 그때까지 즐겨듣던 하이라이프 음악에 접목해 새로운 형식의 가나 힙합 음악, 즉 '힙라이프'를 탄생시키게 된다. 이런 과정을 알게 되고 음악을 들으니 별 생각 없이 흘려듣던 노래를 좀 더 귀 기울여 듣게 되었다.

최근 우리나라도 젊은이들의 실업문제가 심각한 상황인데, 가나에서도 비슷한 상황을 경험했다니 신기하기도 하면서 동질감이 느껴지는 듯하다. 정치적, 사회적 맥락은 물론 다르겠지만 사람 사는 곳은 어디나 다 똑같구나, 라는 생각을 해본다. 또 한편으로는 가나의 힙라이프도 그렇고, 미국의 힙합, 또 영국의 펑크 음악 모두 사회에 대한 젊은이들의 불만이 표출되면서 탄생하게 된 음악들인데, 그들의 불만이 폭력이나 시위 같은 방식이 아니라 이런 음악이라는 문화적 표현으로 나타났다는 점이 부럽기도 했다. 폭력적 방법이 아닌 또 다른 형태의 문화 생산이라니-물론 그들 입장에서는 절박한 심정이었겠지만-그들의 창조적 성향과 그것을 즐기는 그들의 모습이 우리네와는 많이 달라 보였다.

다음 날 현지 보조원 학생을 만나 이런저런 일을 하고 점심을 먹다가 힙라이프 음악이 생각나 물어보았다. 무엇보다 요즘 유행하는 힙라이프 음악의 가사는 주로 어떤 내용에 대해 노래하는지 궁금했다. 그러자 최근의 음악들은 사회에 대한 저항보다는 주로 남녀 간의 사랑, 부에 대한 열망 혹은 과시가 대부분이라고 한다. 그리고 뮤지션들 또한 사회적으로 의미 있는 메시지보다는 인기와 이윤 추구를 더 큰 목적으로 하고 있는 것 같다고 했다. 상업화, 자본화의 바람이 가나의 힙라이프에도 일찌감치 불어닥친 듯했다.

문득 대중문화에 대한 아도르노의 비판이 가나에서도 현실화되고 있는 것 같다는 생각이 들었다. 문화산업★의 생산물들과 그 내용들이 획일화될 수밖에 없는 것은 문화산업을 지배하고 있는 자본의 독점 때문이라고 아도르노(Theodor Ludwig Wiesengrund Adorno: 1903~1969)가 주장하지 않았던가. 독점 하에서 대중문화는 모두 획일적인 모습을 하고 있는데, 독점에 의해 만들어지는 대중문화는 결국 대중매체가 이윤을 목적으로 하는 단순한 장사 이외에는 아무것도 아니라는 것이다. 문화산업에 대한 아도르노의 비판은, 쉽게 짐작할 수 있듯이 문화산업의 궁극적 목표가 바로 이윤이기 때문이다. 문화산업은 문화가 자본이라는 거대한 권력에 종속당하게 한다. 아도

★ 여기서 말하는 문화산업(Culture Industry)은 문화 현상이 대중에 의해 생산된 것이 아니라 자본주의 하에서 상품으로서 대량 생산된 것을 의미한다.

르노와 호르크하이머(Max Horkheimer: 1895~1973)는 자본이 결국 대중문화를 압도할 것이라고 주장했는데, 그것을 확인할 수 있는 것이 대중매체의 획일화와 통합화라는 것이다. 예컨대 갈수록 텔레비전과 영화, 라디오가 추구하는 바를 보자면 대중들의 입맛에 맞는 내용들이 주를 이루게 되는데, 동일한 주제와 비슷한 내용이 반복되고 심미적 소재의 빈곤화가 가속화되어 결과적으로 모든 문화산업이 획일화된다는 것이다. 따라서 사람들이 문화산업으로 보내는 여가시간이 결과적으로 문화산업이 제공하는 획일적인 내용들로 채워질 수밖에 없고, 소비자의 비판적 참여는 갈수록 희미해지게 된다는 것이다.

우리나라에서 방영되고 있는 예능 프로그램이나 음악들도 문화산업의 독점에 넘어간 지 이미 오래인데, 가나의 힙라이프 음악도 이 상황과 크게 다르지 않아 보인다. TV볼륨을 줄인 채 뮤직비디오를 보고 있으면, 뮤지션들의 옷차림이나 노래 부를 때의 제스처, 현란한 볼거리 등은 그것이 상업화가 될 대로 되어버린 미국 흑인 뮤지션들의 힙합 뮤직비디오인지, 가나 뮤지션들의 힙라이프 뮤직비디오인지 구별이 어려울 만큼 꼭 닮아있다. 가나 음악 산업의 기술 발달로 인해 날이 갈수록 세련되어지는 영상 기법 또한 구별을 더 어렵게 하고 있다. 익숙한 것에 금방 싫증을 내는 소비자의 특성상, 기존의 익숙해진 힙라이프 음악을 보다 새롭고 현란한 내용으로 구성하여 소비자들의 구매욕을 자극함으로써 더 많은 이익을 올리고자 하는 기획사나 레이블들의 의도가 담겨져 있는 것이다.

중앙시장의 CD 가게. 힙라이프 음반 외에도 하이라이프를 비롯한 다양한 종류의 음악 CD를 판매하고 있다.

그렇다면 실제로 음악을 제작하고 부르는 뮤지션들의 입장은 어떨까? 마침 가나대학교 음악학과에서 대중음악을 연구하시는 콜린스 교수님께서 뮤지션들을 소개시켜주어 판지 아노프(Panji Anoff)와 오치아메 크와메(Okyeame Kwame)를 만날 수 있었다. 아노프는 힙라이프가 유행하던 초기 시절, 뮤지션으로 활동하다 최근에는 문화 칼럼니스트 및 음악 프로듀서로 일을 하고 있었고, 오치아메 크와메는 여전히 뮤지션으로 활동하고 있었다.

두 사람에게 전화를 걸어 인터뷰 약속을 받아냈다. 가나에서는 모두 유명 인사들이어서 약속을 잡지 못하면 어쩌나 걱정했는데, 다행스럽게도 인터뷰를 할 수 있었다. 외국인이 자신들의 음악에 관심이 있다고 해서 시간을 내어준 것 같았는데, 심지어 나와 현지보조원을 그의 집으로 초대까지 했다. 처음 만나 인사를 나눈 후, 이런저런 이야기를 나누다가 각각의 뮤지션들에게 힙라이프의 탄생배경과 현재의 힙라이프 음악의 위상, 그것의 미래에 대해 의견을 묻자, 아노프는 잠시 생각하더니 다음과 같이 말했다.

"힙라이프가 본래의 의미를 잃어가고 있는 것은 분명 사실이에요. 그럼에도 불구하고 내가 생각하기에는 음악만이 가지고 있는 힘이 있어요. 음악이라는 도구는 언제, 어디서나 사람들을, 청년들을 한 데 통합하여 단결하게 해 줄 수 있죠. 음악은 가나에 있는 여러 민족을 하나로 통합해줘요. 언어나 민족에 상관없이 말이죠. 모두를 하나로 묶어준다는 겁니다. 사회에 어떤 문제가 발생하고 그 사안에 대해 심각성을 느낄 경우 힙라이프 뮤지션들은 그 내용을 자신의 노래에 반영할 거예요. 그러면 클럽에 모인 젊은이들은 사회문제에 관심이 있으면 있는 대로, 없으면 없는 대로 모두 음악을 듣게 될 테고, 결국에는 그 사안에 대해 관심을 가지고 이야기하게 되겠죠. 지금 당장 큰 사회적 문제가 없어서 그렇지 1990년대 실업문제와 같은 일이 또 발생한다면, 힙라이프 음악은 반드시 우리의 문제를 해결하는데 음악으로서의 역할을 할 것이라고 나는 생각해요."

판지 아노프의 집. 인터뷰를 하기 위해 아크라에 있는 그의 집을 방문했다.

오치아메 크와메. 현지 신문의 연예 면에 그와 그의 노래가 실렸다.

반면, 크와메는 점점 상업화되는 힙라이프 음악의 위치에 대해 위기의식을 보였다.

"날이 갈수록 가수들이 이윤 추구만을 생각한다는 것은 정말 우울한 일이에요. 음악의 진정성이 사라지고 있죠. 하지만 이윤을 아예 무시할 수 없는 것도 사실이에요. 그건 저도 마찬가지고요. 가면 갈수록 음악을 만들며 고민을 많이 하게 되죠. 어느 한 쪽을 포기할 수는 없어요. 어느 한 쪽에 치우치지 않으려면 말이죠. 진정성을 가지고 있는 가수 혹은 제작자라면 모두 저와 마찬가지일 거예요. 힘은 들겠지만, 이런 노력은 멈추지 않을 겁니다."

크와메의 바쁜 스케줄로 그와 이야기를 많이 나누지 못해 아쉬웠다. 힙라이프에 대한 시각은 상반되었지만, 이들과 이야기하면서 느끼게 된 것은 두 사람 모두 그들의 음악인 힙라이프에 대해 상당히 자부심을 가지고 있으며,

음악 발전을 위해 끊임없이 노력하고 있다는 점이다. 이러한 노력은 비단 이 둘만 해당되는 것은 아니라는 점에서 당분간 힙라이프는 굳건히 자리를 지킬 수 있으리라 생각했다.

작별인사를 하던 중, 크와메가 싸이의 '강남스타일'을 안다며, 혹시 한국의 가수와 콜라보할 수 있겠느냐고 묻는 게 아닌가. 나도 기꺼이 도움을 주고 싶긴 하지만, 알고 있는 가수도 없고 그쪽은 전공분야가 아니라 대답하기가 곤란했지만, 그의 단호한 의지가 담긴 눈빛과 표정을 보니 딱 잘라 모르겠다는 말을 차마 할 수 없었다. 그래서 힘들겠지만 기회가 생긴다면 꼭 연락하겠다는 (지킬 수는 없을 것 같은)말을 하고 돌아섰다.

이들은 세계적으로 유명한 스타가 배출되기를 열망하고 있다. 이것은 어느 지역에서나 마찬가지이겠지만 말이다. 세계인들의 마음을 사로잡기 위해서는 어느 한 가지만을 갖추고서는 힘들다. 가나만의 유니크함과 서구화가 적절하게 혼합된 힙라이프 뮤직은 이러한 점에서 유리한 입장에 있는 것 같다. 멀지 않은 미래에 힙라이프 음악을 가나에서뿐만 아니라 빌보드 차트에서도 발견할 수 있기를 기대해본다.

## 대서양 노예무역의 흔적들

가나에 도착한지 이 주일 째 되어가는 주말 아침. 햇빛이 반짝 나는 것이 항상 흐릿한 7월의 여느 날씨와는 달랐다. 문득 숙소 근처 어디라도 가보고 싶다는 생각이 들었다. 가나에 도착한 이래 항상 현지조사에 대한 걱정이 앞섰는데, 근처라도 다녀보고 싶단 생각이 드는 걸 보니 가나 생활에 웬만큼 적응한 것 같다. 어디를 가볼까 생각하던 중 아크라에 제임스타운(James town)이라는 유명한 어촌마을이 있다는 것을 기억해냈다. 아크라가 해안에 위치한 도시다 보니, 그런 어촌마을이 가까이 있는 것 같다. 심지어 아프리카의 바다라니! 그렇게 해서 오늘의 미니 여행지는 제임스타운이 되었다.

제임스타운에 대한 정보를 얻기 위해, 즉시 인터넷을 검색하고 숙소의 직원에게도 물어보았다. 검색을 하면서도 과연 인터넷에 많은 정보가 있을까 반신반의했는데 생각 이상으로 많은 정보들이 올라와 있었다. 그동안 아프리카 지역연구를 해오면서 그곳을 무시(?)하던 사람들은 무조건적으로 비판하곤 했는데, 나도 그만 무의식적으로 아프리카를 발전이 덜된 지역으로 생각했던 것 같다. 검색해보니 어촌 마을인 제임스타운은 영국 식민지배 시절 세운 등대 때문에 유명해진 곳이라고 한다.

우선 숙소의 직원에게 제임스타운까지 가는 시간이 얼마나 되느냐고 물었다. 앳되고 여린 얼굴의 여직원이 근심스러운 표정으로 "보아하니 혼자 가는 것 같은데, 괜찮겠어?"라며 물어본다. 그곳이 슬럼가이기 때문에 여자 혼자서는 가지 않는 것이 좋을 거라고 했다. 순간 망설여졌다. 괜히 갔다가 무슨 좋지 않은 일이라도 겪게 되면 어떡하지? 그래서 다시 인터넷을 검색하며 무슨 불미스러운 사고가 없었는지 찾아보았지만 다행스럽게도 없는 듯했다. 이거다 싶었다.

즉시 현지조사를 도와주는 사뮤엘(Samuel)에게 제임스타운에 동행해줄 수 있는지를 물어보았다. 당일에 갑자기 연락하게 되어 미안하기도 하고 시간이 나지 않으면 어쩌나 걱정스러웠는데, 다행히 사뮤엘은 흔쾌히 동행해주겠다고 답했다. 시간은 오전 10시. 사뮤엘과는 오후 2시에 제임스 타운에서 만나기로 하였다. 호텔 직원은 제임스타운까지 차로 20분이면 충분히 간다고 했다. 출발하기까지 시간이 많이 남았기에 제임스타운의 식민역사에 대해 공부를 시작했다.

오후 1시쯤 되어 나갈 채비를 했다. 아크라도 자동차들이 많아져 교통 체증이 있다고 해서, 1시 15분쯤 택시를 타고 제임스타운으로 향했다. 묵고 있는 숙소가 있는 주택 단지를 지나 우리나라의 종로와 광화문쯤 되어 보이는 시내를 가로질러 약 20분을 달리니 멀리 바다가 보였다.

바다다! 그러나 바다를 봤다는 기쁨도 잠시, 점점 마

을 안으로 들어갈수록 제임스타운의 빈민촌이 그 모습을 조금씩 드러냈다. 빼곡히 들어선 판잣집과 상점들, 포장되지 않은 도로에 나뒹구는 흙먼지와 쓰레기들, 거리의 사람들 얼굴에는 피곤과 고된 삶의 흔적이 역력히 나타났다. 출발 전부터 어느 정도 예상은 했지만, 우리나라의 달동네 골목과는 또 다른 규모와 풍경의 빈민촌의 모습은 택시에서 내리기를 다시 한 번 망설이게 했다. 그런데 거기에 더 기름을 붓는 운전기사의 한마디. "너 여기 혼자 가니? 누구랑 만나기로 약속되어 있는 거야? 그렇다면 그 사람이 올 때까지 내가 같이 기다려줄까?" 아마도 동양인 여성이 그것도 혼자 빈민촌을 가려고 하니 생전 처음 보는 가나인도 걱정되었나보다. 마음속으로는 그렇게 해줬으면 하는 바람이었지만, 그 운전기사도 다시 손님을 태우고 돈벌이를 하러 가야하니 정중히 그의 도움을 거절했다.

시간은 1시 50분. 차에서 내려 사뮤엘에게 전화를 걸었더니 등대 근처에 거의 도착했다고 했다. 등대가 어디 있나 물어볼 필요도 없이 눈앞에 바로 등대가 보였다. 아프리카의 등대, 그것도 영국인이 세워 아크라의 명물이 되었다는 등대라고 해서 뭔가 대단한 것을 기대했는데, 크기나 모양이 월미도에 있는 등대와 별반 다를 게 없었다. 순간 여기가 월미도인가 싶었다. 등대의 높이는 약 32m로, 총 7층으로 이루어져 있다고 한다. 전에는 비용을 지불하면 등대 안으로 들어가 꼭대기까지 올라갈 수 있었지만, 최근에는 무슨 이유에서인지 개방을 하지 않는다고 한다.

등대 앞에서 사뮤엘을 기다리고 있자니, 건물 앞 공터에서 빨래를 삶고 있던 마음씨 좋아 보이는 한 아주머니가 역시나 걱정스러운 얼굴로 내게 묻는다. "너 누구 만나기로 되어있니? 약속은 하고 그렇게 서 있는 거야?" 10분쯤 후에 친구가 올 거라고 했더니, 아주머니는 그제야 안심한 표정이 되었다. 그러면서도 끝내 너무 멀리 가지 말고 자기 근처에서 기다리고 있으라고 당부했다. 문득 이렇게 모든 사람들이 친절한데, 과연 이곳이 그렇게 위험한 곳일까라는 생각이 들었다. 지금 생각해보면 이 때 당시에 지나치게 겁을 먹은 것 같아 좀 부끄럽기도 하고 우습기도 하다. 물론 혼자 여러 곳을 다녀야 하기에 조심 또 조심해야하지만, 당시의 내 마음은 길을 잃은 어린아이 같은 심정이었다. 그래서 한편으로는 현지보조원 친구가 오기는 올까, 시간 약속은 제대로 지킬까라는 걱정을 계속했다.

제임스타운의 풍경. 이곳에서 많은 고기잡이배들과 어시장을 볼 수 있다. 어시장에서는 배들이 어획한 물고기들을 즉석 훈제하여 팔고 있다. 가나의 덥고 습한 날씨로 인한 생선의 부패를 방지하기 위해 시장에서는 갓 잡은 물고기도 훈제 처리를 한다.

그러던 중 꼬마아이가 지나가면서 내 운동화를 가리키며 멋지다고 하더니 대뜸 중국인이냐고 묻는 것이었다. 아니라고 대답했더니 그럼 코리안이냐고 묻는다. 아프리카에 중국기업이나 중국인들이 워낙 많이 진출해 있어, 현지인들은 동양인을 만나면 대부분 중국인★으로 생각하는 것 같다.

★ 신흥강대국인 중국은 냉전 이후, 풍부한 천연자원을 보유하고 있는 아프리카에 엄청난 규모의 투자를 해오고 있다.

제임스타운의 등대. 영국인들이 아프리카 노예들이 타고 있는 노예선의 길을 밝히기 위해 세운 등대이다.

중국인 다음으로는 일본인이 인지도가 높은 편이고, 그 다음이 한국인인 것 같다. 나도 현지인들과 이야기할 기회가 있을 때마다 중국인이냐는 질문을 제일 먼저 그리고 가장 많이 들었다. 꼬마는 내가 한국인이란 게 신기했던 건지, 그냥 동양인이 신기했던 건지, 그것도 아니면 내 운동화가 정말 마음에 들었던 건지 같이 사진을 찍어도 되겠느냐고 묻기에 그러자고 했다. 그랬더니 주머니에서 핸드폰을 자랑스럽게 꺼내더니 능숙하게 사진을 찍고는, 방금 찍은 사진을 확인했다. 어쩌면 핸드폰을 자랑하고 싶어서였는지도 모를 일이다. 그 꼬마는 사진이 마음에 드는지 활짝 웃었다. 나는 은근 장난기가 발동해 꼬마에게 "그거 알아? 네 삼성 핸드폰 우리 코리안이 만든 거야."라고 말했더니 무슨 말인가 하는 표정으로 나를 바라본다. 그 꼬마에게 더 말을 걸어 보려던 참에 사뮤엘이 등대 앞에 도착했다.

우리는 등대 앞에서 시작해 바닷가를 거쳐 마을을 한 바퀴 돌기로 했다. 등대에서 그리 멀지 않은 거리에, 벽면 전체가 그림으로 채워진 작은 단층 건물이 눈에 띄었다. 지붕에는 '제임스타운 커뮤니티 시어터 센터'라고 씌어 있었다. 공연을 하는 곳 같아 보였지만 내부에 사람들은 없는 것 같았다. 사뮤엘과 내가 그 앞에서 기웃거리고 있자니, 한 청년이 나와 우리에게 말을 걸었다. 나이는 밝히지 않았지만 대략 20대 초반으로 보였다.

"안녕하세요, 제 이름은 스티브(Steve)에요. 제임스타운 구경 오셨나 봐요."

"안녕하세요. 네, 저는 서영이고, 이 친구는 사뮤엘이에요. 저는 제임스타운은 처음이에요. 시어터 센터가 어떤 곳인지 보고 있었어요."

"아, 그렇군요- 이곳에 많은 관광객들이 오는데, 대부분 이 곳에 대해 궁금해 하더라고요. 여기는 이 지역 청소년들이 그림도 그리고, 공연도 하는 곳이에요. 지금은 공연 시간이 아니라서 공연을 보여드리지 못해 아쉽네요. 내부라도 구경하실래요? 괜찮으니 부담 갖지 말고 편하게 둘러보세요."

건물 안으로 들어가니 사무실로 보이는 벽면 곳곳에 아이들이 그린 것으로 보이는 그림들이 걸려있었다. 스티브는 제임스타운 출신으로, 지역 경제를 발전시키기

제임스타운 커뮤니티 시어터 센터. 마을 청년들이 어린이들을 대상으로 그림이나 연극 등을 가르쳐 주기도 하며, 이곳에서 아이들의 작품을 전시하거나 공연하기도 한다

위해 뜻있는 청년들 몇 명이 모여 이런 프로그램을 개발했다고 친절히 설명해줬다. 자신들은 '제임스타운 워킹 투어 프로그램'을 만들어 방문객들에게 직접 안내도 해준다고 했다. 많지 않은 참가비를 받기는 하지만 그들이 쓰는 것은 아니고, 프로그램 비용을 모아 그 지역의 아이들에게 연극이나 그림 그리기와 같은 과외 활동을 지원해 주고 있다고 했다. 우리가 도착한 사무실 옆에는 1층짜리 간이 건물이 있었는데, 그 곳에서 아이들이 직접 연극을 구상해 공연도 하고, 그들이 그린 그림을 전시한다고 했다. 어려운 가정형편 때문에 재능이나 꿈이 있어도 그것을 더 발전시켜 나가지 못하는 아이들이나 청소년들은 스티브를 비롯한 자원봉사자들의 도움으로 그들의 꿈을 실현해 나가고 있었다. 사실 스티브나 자원봉사자들도 경제적 형편이 좋아 보이지 않았는데, 그럼에도 불구하고 아이들과 지역 사회를 위해 헌신하고 노력하는 그들의 모습이 존경스러웠다.

스티브와의 짧은 만남을 뒤로 하고 사뮤엘과 나는 본

격적으로 마을을 둘러보기 시작했다. 출발지는 등대였다. 웅장하지는 않더라도 제법 큰 등대를 기대했기에, 처음 그것을 보았을 때는 조금 실망스러웠다.

하지만 그 등대는 슬픈 사연을 가지고 있었다. 그것은 가나가 영국의 식민지배를 받던 시절, 노예들을 실은 배를 밝히기 위해 세워졌다고 한다. 가나에 대한 영국의 식민지배는 1874년부터 시작되어 독립하던 1957년까지 이어졌다. 가나는 아프리카 국가로는 제일 먼저 강대국으로부터 독립하였다. 금이 주산지였기 때문에 가나를 차지하려는 유럽 열강들의 치열한 식민지배 대상이었는데, 영국이 결국 1874년에 지배하게 되었다. 식민지배하에 이루어졌던 원주민에 대한 온갖 차별과 억압은 이루 다 말로 표현할 수 없을 테지만, 그 중 가장 비인간적인 것은 바로 원주민들을 노예화시키고 심지어 해외에 팔아넘기는 노예무역을 시행했다는 점이다. 그리고 노예들이 팔려가기 위해 배를 탔던 곳이 바로 제임스타운이었고, 노예무역선의 바닷길을 비추기 위해 등대가 세워진 것이다. 작고 아담한 저 등대는 사실 슬픈 사연을 간직한 역사적 상징물인 셈이다. 사뮤엘의 설명을 듣고 보니 저 등대가 방금 전까지와는 전혀 다르게 보였다.

등대를 지나 해안가를 쭉 따라가다 보니 성 같은 건물이 굳건히 자리하고 있는 것이 보였다. 창문이나 문은 보이지 않았고, 건물을 쭉 따라가다 보니 중간에 두꺼운 철문이 하나 있었다. 사뮤엘에게 물어보니 역시 식민지배 시절 노예들이 배를 타기 전 대기하고 있던

제임스 포트 프리즌. 아프리카인들이 노예로 팔려가기 전에 머물던 곳. 그들은 죄를 지은 범법자가 아니었음에도 감옥이라 명명된 곳에 갇혀야 했다. 저 빨간 문을 한번 나가면 영영 돌아올 수 없었다.

건물이라고 했다. 결국 그 노예들은 그 건물의 문을 통해 배를 탔던 것이고 그렇게 돌아올 수 없는 길을 떠난 것이다. 사랑하는 가족들, 친구들과 강제로 헤어져 제대로 누울 수도 없는 좁고 더러운 배에 몸을 싣고 다시는 돌아올 수 없는 길을 떠났다고 생각하니 나도 모르게 뭉클해졌다. 분위기가 갑자기 가라앉자 사뮤엘도 그것을 느꼈는지 한층 더 크고 밝은 목소리로 다음 장소로 이동하자고 했다.

등대와 성곽을 지나 도로변을 거쳐 이번에는 주변 마을 사람들이 살고 있는 거주 구역으로 들어가 실제 주민들이 살고 있는 모습을 구경했다. 한국의 판자촌에 있을 법한 집들이 즐비하게 늘어서 있고, 집 앞 공터에서는 여자들이 빨래를 하거나 어린 아이들이 뛰어 놀고 있었다. 카메라에 그들을 담으려고 하자 사뮤엘이 사진을 마구 찍어서는 안 된다며 주의를 주었다. 그러고 보니 내가 그들이었어도 기분이 썩 좋을 리는 없었을 것 같았다. 일상을 살아가고 있는, 아니 어려운 여건 속에서 힘겹게 살아가고 있는 상황에서 외국인들이 마치 구경거리라도 되는 양 카메라 렌즈를 들이댄다면, 무척 불쾌할 것 같았다. 잠시 생각이 짧았음을 후회했다.

사람들의 거주 구역을 벗어나서 다시 큰 도로를 지나 아크라에 최초로 지어진 우체국을 비롯해(이것 역시도 영국인이 처음 설립한 것이란다) 초등학교를 둘러본 후 시장으로 이동했다. 그곳에서 바쁘게 움직이는 사람들의 일상을 구경했다. 그렇게 두 시간 반 동안의 일정을 마치고 숙소로 돌아왔다.

돌아오는 내내, 그리고 돌아온 이후에도 마을 풍경과 사람들의 모습이 눈앞에 아른거렸다. 비록 짐작과 상상뿐이기는 하지만, 식민지배 시절의 고통 속에 살던 사람들의 모습들, 식민지배의 여파로 인해 항상 가난을 벗어나지 못하는 사람들, 어려운 경제적 조건과 열악한 주변 상황, 힘겨운 삶 속에서 그러나 아이들에게 그들의 꿈과 희망을 더욱 키워주려는 노력들, 웃음이 끊이지 않는 어린아이들의 밝은 표정, 낯선 이를 걱정해주는 사람들의 따뜻한 마음씨. 처음 그 곳을 가기 전 슬럼가라는 이유만으로 가기를 망설였던 마음과 경계심이 오버랩되며 무척이나 부끄러웠다. 아프리카 지역을 연구한다고 하면서 정작 이들을 제대로 이해하려고 노력한 적은 있는지 자문해 봤다. 이들이 처한 상황을 공감하고, 이들의 입장과 시각에서 생각해보려고 한 적이 없었다는 생각이 들었다. 비록 짧은 시간이었지만 그들의 삶과 생활 모습을 직접 봄으로써 나 역시도 많은 생각을 하게 된 의미 있는 시간이었다.

STORY
04

# 다섯 색깔의 무지개 나라, 남아공 속으로

장 · 용 · 규

먼지 가득한 땅, '오툴리니' 가는 길
'전통'과 현대의 경계에 놓인, 오툴리니 주민의 삶
훌로니파(Hlonipha), 위계질서를 결정하는 관습
"택시타고 가면서 소다 사 마시라고!"

# 남아프리카공화국
(Republic of South Africa)

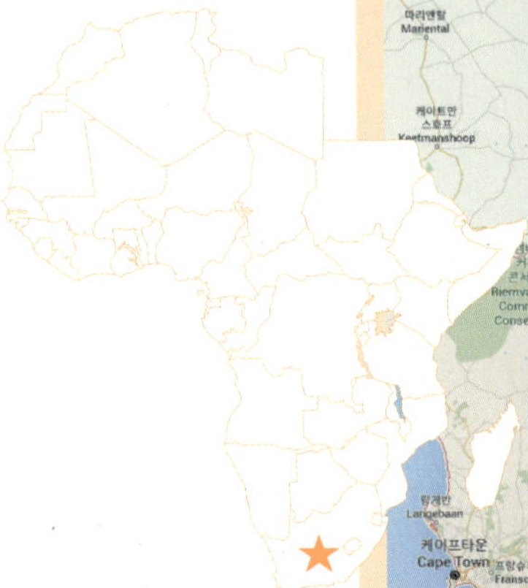

# 먼지 가득한 땅, '오툴리니' 가는 길

더반★(Durban) 시내의 택시정류장에서 미니 택시를 빌렸다. 이곳의 미니 택시는 봉고차를 개조한 것인데, 정원을 모두 채우기전에는 절대 출발하지 않는다. 14명의 택시 정원을 채우려면 몇 시간을 기다려야 할지 몰랐다. 우리 짐이 적지 않았다. 승객과 짐이 차면, 숨 쉴 여유조차 없는 고통의 여행길이 될 것이라는 직감이 왔다. 안 되겠다 싶어 우리는 '쿨~'하게 미니 택시를 통째로 빌렸다. 우리는 시간을 벌고 편하게 이동할 수 있어 좋았고, 운전사도 빨리 출발할 수 있어 손해 볼 일은 아니었다.

더반 시내를 떠난 택시는 곧바로 고속도로 N3에 접어들었다. 택시는 더반을 뒤로하고 중간 기착지인 그레이타운(Greytown)을 향해 내 달렸다. 운전사는 제한속도 시속 140km를 가볍게 무시하면서 차량 통행이 거의 없는 8차선 고속도로를 마음껏 내달렸다. 택시는 더반에서 약 70km 거리에 있는 피터마리츠버그★★(Pietermaritzburg)에서 지방도로 R33로 갈아탔다. 나탈(Natal)을 떠나 크와줄루(KwaZulu)로 들어선 것이다. 여기서부터 중간 기착지인 그레이타운까지는 약 80km 거리. 우리는 크와줄루-나탈(KwaZulu-Natal)의 심장부를 향해 달리고 있었다.

크와줄루-나탈은 남아프리카공화국(이하 남아공) 동북부

★ 더반은 크와줄루-나탈의 최대 도시이면서, 남아공을 대표하는 항구도시이다.

★★ 피터마리츠버그는 크와줄루-나탈의 수도이다. 1840년, 보어인이 피터마리츠버그를 중심으로 나탈 공화국을 세운 역사가 있다.

↘ 샤카 줄루. 잔인함과 용맹함, 전략적 두뇌와 정신적 결함을 가졌던 줄루 최고의 영웅이었다.

에 자리 잡은 주(州)로 아프리카와 유럽의 역사와 문화가 교차해 온 곳이다. 나탈(Natal)은 포르투갈어 '테라 나탈리스'(Terra Natalis, 크리스마스의 땅)에서 비롯되었다. 1497년, 포르투갈 항해사 바스코 다 가마(Vasco da Gama)가 인도를 향해 항해하다 크리스마스를 맞았다. 바스코 다 가마는 크리스마스 미사를 드리기 위해 육지에 일시 정착했는데, 그 장소가 현재의 더반 근처였다고 한다. 나탈은 이를 기념하기 위해 붙인 이름으로, 유럽의 향내가 물씬 풍기는 곳이다.

반면 크와줄루(KwaZulu)는 '줄루인(Zulu)의 땅(Kwa-)'이라는 뜻이 있다. 말 그대로 줄루인의 고향인 셈이다. 줄루인은 모잠비크 해안을 따라 10세기를 전후해서 현재의 크와줄루로 이주해 온 흑인집단이었다. 이 두 이질적인 지역은 1994년에 합해져 하나의 주가 되었다. 우리 일행의 목적지는 크와줄루의 한 복판에 자리잡은 음싱가(Msinga)의 한 작은 마을이었다. 음싱가는 오랜 세월 동안 이 일대의 권력을 장악해 온 6개 씨족 집단이 연합한 지역으로, 그 면적은 2,500㎢에 달한다. 우리 일행의 최종 목적지는 음싱가에 속해 있는 작은 마을인 오툴리니(Othulini)와 키츠 드리프트(Keat's Drift) 등 주변 마을이었다.

남아공의 최대 민족인 줄루는 지금도 과거 줄루왕국의 영광을 끌어안고 살아간다. 남아공 인구의 약 1/3을 차지하는 줄루인은 19세기 초반, 남부 아프리카를 장악했던 줄루왕국의 후예임을 자랑스러워한다. 특히 줄루 남성은 자신이 샤카 줄루의 후예이며, 임뻬(impi, 전사)

★
줄루(Zulu)는 '하늘'이라는 뜻을 갖고 있다. 줄루어로 '줄루인'을 아마줄루(ama-Zulu)라고 하는데, '하늘에서 내려온 사람들'이라는 뜻이다.

라는 사실에 대단한 자긍심을 갖는다. 군사왕국이었던 줄루왕국의 뼈대를 구성했던 임삐는 조직력과 용맹성, 왕에 대한 맹목적 충성심으로 유명한 전사집단이었다. 물론 지금 남아공에서 임삐는 사라졌지만, 줄루인의 마음속에는 여전히 줄루왕국과 임삐에 대한 애착이 강하게 남아 있다.

샤카 줄루★(Shaka Zulu). 인류 역사상 수많은 영웅이 탄생하고 스러져 갔지만 샤카 줄루만큼 짧은 기간에 강렬한 이미지를 새겨 놓은 영웅도 드물 것이다. 1787년에 태어난 것으로 추정되는 샤카는 사생아였다. 어린 시절부터 겪었을 어려움을 예상할 수 있는 출생신분이다. 어려서 아버지 집안에서 쫓겨나 어머니와 함께 떠돌이 생활을 했던 샤카. 우여곡절 끝에 1818년 줄루 집안의 우두머리에 올라 1828년 이복동생과 심복에게 살해당하기 전까지 10여 년 동안 남부 아프리카를 송두리째 흔들어 놓고 줄루왕국을 건설한 인물이다. 샤카는 전사로서 타고난 골격을 갖고 있었다. 여기에 잔인함과 용맹함, 전략적 두뇌까지 갖추고 있어 영웅이 갖춰야 할 대부분 장점을 갖고 있었다. 유럽인에 의해 이미지가 과장되었다는 비판도 받고 있지만, 샤카 줄루는 줄루인에게는 여전히 불세출의 영웅으로 남아 있다.

줄루왕국의 확산은 남부 아프리카에 극적인 정치적 변화를 가져왔다. 대부분의 주변 씨족은 무기를 버리고 항복했다. 줄루왕국에 대항할 자신이 없었기 때문이었다. 일부 씨족은 대대로 살아오던 정든 땅을 버리고 멀리 낯선 곳으로 도망가야 했다. 샤카 줄루에게 자

★ 샤카는 줄루어로 '풍뎅이'라는 뜻이다. 관습을 어기고 임신한 샤카의 어머니는 "풍뎅이를 뱃속에 넣고 다닌다"는 조롱을 받았다.

비란 없었다. '절대복종, 아니면 몰살' 뿐이었다.

까무(Qamu), 음쮸누(Mchunu), 봄부(Bomvu), 응고메(Ngome), 마바소(Mabaso)와 음템부(Mthembu) 등 음싱가의 토박이 씨족은 전자를 택했다. 고향 땅을 떠난다는 것 자체가 그들에게는 모험이었다. 고향을 떠나 마땅히 갈 곳도 없었다. 타지가 안전하다는 보장도 없었다. 자신들의 땅에 줄루왕국이 들어섰고 일부 생활에 변화가 있었지만, 처음에는 감당할 만했을 것이다. 샤카 줄루는 잔인했지만, 복종을 맹세한 사람들에게는 자비를 베풀었다. 지역 사람들은 쉽게 정상을 회복했다. 이후 음싱가 여섯 씨족 집단은 적대적 대립과 전략적 제휴를 통해 삶을 유지해 왔다.

엄청난 변화는 정작 다른 곳에서 찾아 왔다. 줄루 왕국이 완성될 즈음, 음싱가 북쪽 평원에 지금까지 알려지지 않은 새로운 무리의 사람들이 나타났다. 이들은 우마차를 끌고 말을 탄 채 저 멀리 지평선에 첫 모습을 드러냈다. 적은 수의 무리였지만, 이들의 생김새나 옷차림이 매우 생소했다. 알비노 같은 하얀 피부에 온 몸을 희고 검은 천으로 감고 있었다. 무엇보다 놀라웠던 점은, 이 낯선 사람들이 생전 처음 보는 동물의 등에 올라탄 채, 손에는 불을 뿜는 막대기를 들고 있었다는 것이다.

보어★(Boer)인이었다. 아니, 줄루인의 눈에 이들은 악마였다. 동물을 타고 다니며 불을 뿜는 막대기를 휘두를 수 있는 존재는 악마밖에 없었다. 그리고 실제로 줄루인은 보어인을 통해 악마를 경험하기 시작한다. 샤

★ 보어(Boer)는 네덜란드어로 '농부'라는 뜻이다. 17세기 중반, 남아공에 정착한 이들의 직업에서 비롯된 이름이다.

카 줄루가 음싱가에 회오리바람을 불어 왔다면, 보어인이 몰고 온 것은 태풍이었다.

보어인은 17세기 중반, 지금의 남아공 케이프타운(이하 케이프) 일대에 정착했던 네덜란드 동인도회사 직원과 그 후손이었다. 1806년, 영국이 케이프를 식민화하고 모든 정책을 영국화하자, 여기에 반기를 든 보어인들은 케이프를 떠나 이주를 시작했다. '위대한 여정(Great Treck)'이라고 알려진 부르트레커★(Voortrekkers)의 이주였다. 목적지는 정해지지 않았고, 부르트레커는 여러 갈래로 나뉘어 남아공 내륙으로 흩어져 들어갔다. 남아공 내륙은 미지의 세계이자 위험한 세계였다. 부르트레커 남성들은 군사조직인 '커맨도'(commando)를 결성해 외부로부터의 위협에 대처했다. 그중 한 집단이 흘러들어 온 곳이 바로 줄루왕국이었다. 천생 '농사꾼'이었던 부르트레커가 원하는 것은 오직 땅뿐이었다.

줄루왕국은 낯선 이방인을 경계했다. 샤카의 뒤를 이어 줄루 왕이 된 딩가네(Dingane)는 특히나 의심이 많은 사람이었다. 딩가네는 부르트레커 대표단을 초대해 환심을 산 뒤, 밤사이에 이들을 모두 살육했다. 남은 보어인들은 이를 갈며 복수를 별렀고, 다른 부르트레커 커맨도와 합류해 줄루 왕국과 맞대결을 펼쳤다.

'피의 강(Blood river) 전투'는 크와줄루에서 줄루 전사와 부르트레커 커맨도 사이에 벌어진 첫 무력충돌이었다. 1838년 12월 16일, 줄루왕국 깊숙이 흐르는 은코메(Ncome) 강을 등지고 470여 명에 불과한 보어 커맨도가 2만여 명의 줄루 전사들과 맞붙어 3천여 명을 사살한

★ 부르트레커(Voortrekkers)는 '개척자'라는 뜻으로, 케이프를 떠난 보어인 집단을 말한다. 모두 12,000여 명이 케이프를 떠난 것으로 알려져 있다.

전투였다. 총과 대포를 앞세운 가공할 화력과 전략의 승리였다. 이 전투 결과 줄루 왕 딩가네가 왕위에서 쫓겨나고 그 동생 음판데(Mpande)가 보어인의 도움을 받아 왕위를 찬탈하게 된다.

승리를 쟁취한 부르트레커 중 일부는 움보티★(Umvoti)라고 부르는 지역에 정착하게 된다. 하지만 부르트레커를 위한 정착촌은 오래가지 못했다. 1843년, 줄루 왕국 남서쪽 바닷가에 식민지를 건설한 영국은 움보티 지역까지 그 영향력을 확장한다. 움보티는 남쪽에서 올라온 영국 정착민과 북쪽에서 내려온 부르트레커가 뒤섞인 백인 정착촌으로 성장한다. 초기 주민들은 정착촌에 부르트레커의 영웅적 지도자 프레토리우스(Pretorius)의 이름을 붙이려고 했다. 영국 식민정부는 이를 거부했고, 당시 케이프 식민지령 총독이었던 죠지 에드워드 그레이(George Edward Grey)의 이름을 붙였다. 그레이타운은 이렇게 만들어졌다.

크와줄루-나탈은 평원과 낮은 구릉이 끝없이 이어져 있는, 한마디로 '무한대의 땅'이었다. 청명하고 검푸른 하늘은 저 멀리 지평선의 짙푸른 녹색 평원과 맞닿아 있었다. 녹색이 주는 풍요로움에 마음이 푸근해졌다.

짧은 지식을 동원해 남아공의 역사를 복기하는 동안, 택시는 그레이타운에 들어섰다. 총 150km 거리를 두 시간가량 달려왔다. 원래 그레이타운에서 지인인 티모시 선생을 만나 함께 최종 목적지인 오툴리니에 들어가게 되어 있었다. 그런데 그레이타운에 오던 중 티모시 선생으로부터 연락을 받았다. 친척이 상을 당해 우리를 데리러 올 수 없다

★ 움보티는 현재 그레이타운 일대의 옛 이름이다.

는 것이었다. 그러면서 그레이타운에 있는 파라마운트 호텔에 하루를 묵으면 다음 날 아침에 우리를 데리러 오겠다고 했다.

그레이타운(Greytown). 인구 약 1만 명의 작은 타운으로 줄루인과 영국 정착민, 보어인의 영욕이 겹쳐있는 역사의 공간이다. (사진 제공: 설병수)

티모시 선생은 내가 재직 중인 한국외국어대학교 아프리카학부에서 일 년 동안 줄루어를 가르친 외국인 교수였다. 현재는 우리 일행이 체류할 현지조사 지역에 있는 끄와젠젤레 고등학교(Kwazenzele High Shcool) 교장 선생님이다.

그레이타운은 작고 허름했다. 수 백 년의 세월을 품에 안은 고풍스러운 교회와 낡은 유럽풍의 건물만 일부 남아 과거의 모습을 희미하게 재현하고 있을 뿐, 시내는 한적했다. 북적거리는 시장과 버스 터미널을 제외하고 인적이 드문 시골 타운의 전형적인 풍경이었다. 한 때, 백인 정착민을 위한 타운으로 성장했지만, 지금은 흑인이 절대다수를 차지하고, 백인은 인구의 10% 안팎에 불과했다.

하루를 묵었던 파라마운트 호텔은 이름과는 달리 단조롭고 칙칙한 분위기를 풍기는 여인숙에 가까운 곳이었다. 호텔의 한 벽면에는 영국과 줄루 왕국 최후의 전투장면을 묘사한 그림이 걸려 있었다. 1879년, 줄루 왕국은 식민지 확장을 꾀하던 영국과의 전투에 패한 후 몰락의 길을 걷는다. 영국은 줄루 왕국을 13개의 소(小)

추장국으로 나눈 뒤 분할 통치를 한다. 이후 크와줄루를 완전히 장악한 영국 식민정부는 줄루인의 노동력을 최대한 끌어 낼 요량으로 각종 세금을 부과한다. 음싱가 역사에서 가장 처참했던 밤바타 저항은 과중한 세금 부담을 짊어져야 했던 지역민의 의사 표현이었다.

1906년 4월, 무더웠던 여름의 끝자락인 어느 날. 음싱가의 추장 밤바타는 지역 청년들을 불러 모아 식민정부의 조세부담에 저항할 모의를 꾸민다. 그렇게 나온 결론은 폭력저항이었다. 밤바타 일행은 세금을 걷으러 온 지역 행정관과 경찰 일행에 총격을 가하고, 도망가는 행정관을 쫓아 그레이타운으로 진입한다. 밤바타 일행은 시내 호텔을 약탈한 뒤 도주하는데, 그에 대한 대가는 처절했다. 영국군에 체포된 밤바타는 그 자리에서 참수당한 채 저잣거리에 내 걸렸다. 영국군에 대항하면 이렇게 된다는 잔인한 전시효과였다. 효과가 먹혔는지, 밤바타 저항은 크와줄루에서의 마지막 반식민운동으로 기록된다.

호텔에서 하루를 지낸 다음 날 아침, 티모시 선생이 낡은 바키(Bakkie) 한 대를 몰고 호텔에 나타났다. 바키는 남아공에서 다용도로 사용되는 1톤 트럭을 부르는 말이다. 거대한 풍채에 호탕한 목소리는 여전했다. 티모시 선생이 한국을 떠난 지 일 년 만의 재회였다. 나는 티모시 선생 옆 운전석에 앉았고, 나머지 일행은 짐칸에 올라탔다. 바키는 얼마간 포장도로를 달린 뒤 이윽고 비포장도로로 접어들었다. 음싱가로 들어가는 길이었다.

밤바타 돌조각. 밤바타 일행이 영국 경찰을 살해했다는 장소. 사건은 며칠 만에 종식되었고 음싱가는 이후 영국 식민지배와 아파르트헤이트의 암흑기를 거친다.

'덜컹~덜컹~'

거친 산길을 따라 바키가 상하좌우로 흔들리며 달렸다. 우리 몸도 바키를 따라 상하좌우로 흔들렸다. 한 15분가량 달렸을까? 갑자기 티모시 선생이 잠시 쉬어 가자며 차를 멈췄다. 차에서 내려 둘러보니 왼편으로는 낮은 언덕이, 오른편으로는 제법 깊어 보이는 계곡이 놓여 있었다. 외길이었다. 차에서 내린 곳에는 어마어마하게 큰 바위가 놓여 있었다. 바위 앞에는 사람의 형상을 한 돌 조각이 서 있었다. 마치 무엇인가를 기다리는 형상이었다.

오툴리니 전경. 오툴리니 주민은 이 척박한 환경에서 땅을 일구고 자손을 낳으며 질은 굴곡의 삶을 살아 왔을 것이다. (사진제공: 설병수)

"저게 누군지 알아? 밤바타야, 밤바타."

티모시 선생은 돌 조각을 가리키며 말했다. 밤바타 일행이 이 바위 뒤에 숨어 있다가 세금징수를 위해 음싱가로 들어가던 백인 행정관과 경찰을 살해했다고 한다. 갑작스러운 습격을 받은 영국 행정관과 경찰은 달리 도망갈 곳이 없는 외길에서 살해당하고 말았다. 밤바타는 체포된 뒤 일벌백계의 본보기로 즉각 참수되었다. 밤바타는 영국 식민정부의 입장에서는 반역자였지만 음싱가 지역민에게는 영국 식민정부에 대항했던 상징적 인물이었다. 티모시 선생이 쉬어 가자고 한 이유는 밤바타★ 돌 조각을 보여주기 위해서였던 것 같다.

잠시 휴식을 취한 일행은 다시 차에 올라탄 뒤 오툴리니를 향해 달렸다. 더반에서 그레이타운까지의 경관과는 사뭇 다른, 거친 경관이 펼쳐졌다. 주변 경관은 온통 돌산과 황토, 계곡을 따라 흐르는 실개천뿐이었다. 황톳빛 경관이 검푸른 하늘과 극명하게 대비되었다. 을씨년스런 풍경이었다. 음싱가는 투겔라(Tugela)강과 버팔로(Buffalo)강 사이의 협곡에 위치하고 있는데, 지형 대부분은 척박한 돌산과 거친 평원이었다. 농사짓기는 불가능해 보였다. 목축도 어려워 보였다. 하지만 음싱가 거주

★ 밤바타 저항의 결과 약 4천여 명의 지역민이 살해되고 7천여 명이 체포되었다. 줄루 왕 은 밤바타를 배후 조종했다는 의혹에 반역죄로 몰려 4년간 투옥되었다.

민은 이곳에서 수백 년 동안 억척스럽게 살아왔을 것이다. 그런데, 이런 척박한 풍경에서 그들이 살아남을 수 있는 비결은 뭘까?

단조로운 풍경에 지쳐 정신이 멍해질 즈음, 자동차 덜컹거리는 소리가 작아지나 싶었는데 포장도로에 올라섰다. 눈앞에 신기루처럼 제법 번화한 마을이 나타났다. 그레이타운에 비하면 형편없이 초라했지만, 산골짜기 한가운데 이런 마을이 있는 것이 신기했다. 마을에는 제법 큰 규모의 마트가 있었고, 이름 없는 주유소와 이런저런 건물들이 여기저기 흩어져 있었다. 티모시 선생은 마트를 눈앞에 두고 좌회전을 해 들어갔다.

다시 비포장 도로. 이제는 눈에 익숙해진 황톳빛 거친 풍경이 다시 이어졌다. 일행을 실은 트럭은 실개천과 함께 길을 달렸다. 반대편에서 차가 달려오면 차 안으로 시뻘건 황토 먼지가 폭풍처럼 들어 닥쳤다. 매운 흙내가 콧속을 파고들었다. 옷이며, 신발이며, 가방이며, 온통 붉은 황토먼지로 뒤덮였다.

오툴리니(Othulini). 티모시 선생이 사는 마을 이름이다. 우리가 잠시 거쳐 갈 마을이었다. 오툴리니는 '먼지 가득한 땅'이라는 줄루어인데 누가 이름을 붙였는지 몰라도 이 지역 경관을 적절하게 잘 묘사하고 있었다. 끝없이 이어진 돌산과 그 사이의 거친 평원 사이로 부는 바람은 붉은 황토먼지를 몰고 다녔다. 오툴리니는 '오툴리니 올루봄부(Othulini Olubomvu)', 즉 '붉은 먼지 가득한 땅'을 줄인 말이 아닐까 하는 생각이 들었다.

부유해 보이지도, 넉넉해 보이지도 않는 마을이었다.

마을에는 약 2천여 가구에 8천5백여 명이 살고 있다고 한다. 마을을 따라 흐르는 실개천을 따라 채소를 재배할 수 있는 약간의 경작지가 있을 뿐, 농사를 짓는 것은 거의 불가능해 보였다.

이런 삭막한 환경에서 사람들이 살아간다는 것 자체가 경이로웠다. 이런 곳에도 사람들이 살고 있고, 이렇게 척박한 환경에서도 사람들은 자식을 낳고, 대를 이어 생명을 유지해 왔다는 사실이 놀라웠다. 음싱가 주민들의 삶에 대한 집착은 거친 돌산에 깊이 뿌리내려 자라고 있는 가시나무만큼이나 질겨 보였다.

## '전통'과 현대의 경계에 놓인, 오툴리니 주민의 삶

오툴리니에서는 '전통'과 현대가 공존한다. 그러나 오툴리니에 존재하는 '전통'은 우리가 기존에 생각하던 그런 전통이 아니다. 우리는 흔히 현대화가 진행되면 전통이 사라질 것으로 생각한다. 과연 그럴까? 전통이 현대화로 대체된다는 고정 관념은 사실 케케묵은 사회진화론적 사고의 영향을 받은 탓이다. 서양인의 우월주의를 바탕에 깔고 있는 사회진화론에는 유럽적인 것 외에는 모든 것이 열등한 것이라는 편견이 깔렸다. 따라서 아프리카의 '전통'은 근대화가 전파되면서 사라지게 될 것이라는 종말론적 미신이 만들어진 것이다. 지긋지긋하게 우리 인식을 지배해 온 사상이다.

나는 인류학자로서 '전통'과 현대화는 경쟁적이고 대체적인 무엇이 아니라 서로 영향을 주고받는 상호보완적인 것이라는 생각을 하고 있다. 마치 이란성 쌍둥이와 같다고 할 수 있을까? 오툴리니 마을에서 지내면서 내가 평소 생각하고 있던 '전통'과 현대화의 관계를 확인할 수 있었다. 오툴리니 주민은 현대화의 물결 속에 모방과 타협을 통해 '전통'을 유지하거나 변화를 꾀했다.

오툴리니의 일상에서 전통과 현대화의 접목을 찾아보는 것은 어렵지 않다. 가장 먼저 눈에 띄는 것은 마을

마을 뒷 동산에서 바라본 전경. 자연환경이 매우 척박하다. 음싱가의 색채는 화려한 원색이 아니라 투박하고 단조로운 황토빛이었다.

에 흩어져 있는 집의 모양새이다. 숨 한 번 헐떡이면 오를 수 있을 것 같은 마을 뒷동산에 서면, 느긋하게 펼쳐진 낮은 구릉과 그 사이 사이에 펼쳐진 황톳빛 평야가 한눈에 들어온다. 평야 위에는 줄루 '전통' 가옥인 우무지★(umuzi, 집)가 점을 뿌려 놓은 듯 흩어져 있다. 대부분의 우무지는 텅 빈 마당을 가운데 두고 원형으로 건물이 들어서 있다. 마치 성곽을 닮았다. 마당은 원래 이시바야(isibaya)라고 부르는 외양간이 있어야 할 자리이다. 그런데 대부분의 우무지에는 외양간이 없어 마당 한가운데를 비워 놓거나, 외양간이 따로 있어도 비어 있다.

원래 줄루 사회에서 외양간은 우무지의 심장과 같은 공간이다. 이 외양간은 줄루인이 목숨처럼 생각하는

★ 우무지는 줄루인의 일상공간으로, 보통 조부모, 부모와 미혼 또는 결혼한 자식 등 2~3대가 함께 산다. 우무지의 규모가 커지면 결혼한 자식은 분가해 다른 우무지를 만든다.

소를 가둬 두는 곳이며, 제사를 지내는 곳이기도 하다. 한 집안의 어른이 죽으면 외양간에 매장하는 관습에서 기인한다. 비상시를 대비해 외양간 어디쯤에 구덩이를 파고 비상식량을 비축해 놓기도 했다. 그런데 최근 들어 소를 집에서 직접 키울 일이 없으므로 외양간이 사라져 가는 추세이다. 소를 관리해야 할 남성들이 직장에 다니거나 이주노동자로 장기간 집을 비우는 일이 빈번해지면서 더는 소를 관리할 수 없게 됐기 때문이다. 하지만 소의 중요성은 여전해 대부분의 마을 사람들은 전문 관리인에게 소를 맡겨 놓는다.

마을에 있는 우무지에는 인들루(indlu)라고 부르는 오두막과 벽돌로 쌓아 올린 현대식 건물이 뒤섞여 있다. 인들루는 흙으로 둥그렇게 벽을 쌓고 그 위에 갈대로 지붕을 이어 얹은 원형 오두막이다. 우리나라 초가집의 토대가 동그랗게 생겼다고 생각하면 이해하기 쉬울 것이다. 동그란 오두막은 전형적인 줄루인의 집 모양새이다.

집 짓는 일은 매우 간단하다. 먼저 땅에 필요한 크기로 원을 긋고 나서 원을 따라 땅을 얕게 파낸다. 땅을 파낸 자리에 일정한 간격으로 나무 기둥을 박아 넣고 기둥과 기둥 사이에 갈대 줄기나 나무줄기 등을 채워 넣는다. 나무 기둥과 벽을 단단히 지탱하기 위해 덩굴줄기를 이용해 기둥과 기둥을 가로로 묶어 준다. 나무와 갈대 줄기, 덩굴줄기로 둥그런 벽의 토대는 이렇게 완성된다. 여기에 황토와 자갈, 진흙을 물에 개어 회반죽을 만든다. 진흙은 벽의 점성을 높이기 위한 것이다.

회반죽을 나무로 세운 벽 안팎에 두툼하게 바르면 벽체 완성. 지붕은 갈대 줄기를 촘촘하게 엮은 뒤 이것을 원뿔형으로 말아 올린다. 완성된 원뿔형 지붕을 벽 위에 얹어 고정하면 인들루 한 채가 완성된다.

사실 인들루는 내구성이 좋지 않다. 해마다 새로 회벽칠을 해 주어야 하고, 2-3년에 한 번씩 지붕을 다시 얹어 줘야 하는 번거로움이 있다. 우기에 쉽게 훼손되고, 화재에도 취약하다. 이런저런 이유로 마을 주민들은 벽돌 건물에 양철 지붕을 올린 현대식 건물을 선호한다. 경제적으로 여유가 있는 집은 강화 벽돌에 기와 지붕을 올리기도 한다. 현대식 건물은 내구성이 좋을 뿐더러 멋있어 보인다고 생각한다. 하지만 대부분의 마을 주민들은 경제적인 여유가 없어 현대식 건물은 쉽게 짓지 못한다. 사정이 이렇다 보니 마을 주민들은 집을 짓기 위해 계모임을 조직하기도 하는데, 멤버들끼리 매달 일정 금액의 회비를 내고 돌아가면서 목돈을 받아 집을 짓는 방식이다. 그런데 이 목돈도 집을 완성하기에 충분치 않은 경우가 많아 단출한 방 한 칸 집을 짓는 데 몇 년씩 걸리기도 한다.

당연히 경제적 여유가 있는 집안일수록 현대식 건물을 올리는데 관심이 많다. 현대식 건물은 부와 높은 사회적 지위를 보여주는 상징이기 때문이다. 아마도 오틀리니에서 가장 화려한 집은 티모시 선생의 집이 아닌가 싶다. 큰 식당과 부엌을 가운데 두고 세 개의 방이 들어 서 있고, 그 옆에 실내 화장실이 있었다. 실내에 화장실을 갖춘 집은 이 마을에서 처음 보았다. 강화 벽돌에 노란색 회벽칠을 했고, 기와지붕을 올린 집은 규모도 규모였지만 화려함 그 자체였다. 최근에 집을 확장해 거실을 따로 만들었다고 했다. 거실에는 큼지막한 TV와 오디오, 비디오 장비가 설치되어 있었다. 마을에 있는 **크와젠젤레**★(Kwazenzele) 고등학교 교장 선생님의 위엄을 보여주는 듯했다.

현대식 건물. 가정집으로 벽돌 벽면을 노란색으로 칠하고 파란색 띠를 두르는 센스를 발휘했다. 앞에 Man이라고 쓰여 있는 것은 남자 화장실.

사실 티모시 선생 집뿐 아니라 경제적으로 여유 있는 일부 마을 주민은 멋을 부려 벽돌로 동그랗게 벽을 올리고, 그 위에 양철 지붕을 얹는 '개조형 인들루'를 짓기도 한다. 과거에 인들루에는 창문을 내지 않았다. 겨울에는 인들루 안에 화롯불을 피웠는데 그 열기를 빼앗기지 않기 위해서였다. 하지만 최근에 짓기 시작한 인들루는 양쪽 벽에 창문을 내 통풍을 주기도 한다. 서양식 주택의 영향을 받은 것이다.

오툴리니 주민이 현대와 전통 가옥 사이에 절묘한 타협을 취하지만 대부분의 '우무지'에는 흙벽에 갈대 지붕을 가진 '전통' 인들루가 한 채씩 있다. 이 인들루는 일상적으로 창고로 사용된다. 하지만 인들루의 진짜 목적은 다른 데 있다. 인들루는 그 집안의 조상 혼령이 살아가는 곳이다. 오툴리니에서 조상 혼령의 사회적 지위와 역할은 절대적이다. 이들은 죽어서도 살아있는 사람 못지

★ 크와젠젤레는 '스스로 서다'라는 뜻이 있다. 공립학교로 학생들은 학비를 내지 않고, 교사들은 정부로부터 임금을 받는다.

않은 지위를 누린다. 한 집안의 길흉화복에 관여하고 후손들을 보호해 주는 보호령의 역할 말이다. 한 집안의 과거와 '전통'을 대표하는 조상 혼령을 위해 음싱가 주민들은 현대식 건물 대신 인들루를 지어 놓는 것이다.

'전통'과 현대의 공존은 음식문화에서도 발견된다. 오톨리니 사람들의 밥은 옥수수 음식이다. 옥수수 알갱이를 곱게 갈아 펄펄 끓는 물에 푹 끓여 낸 음식이다. 옥수수 음식은 물과 옥수숫가루의 양에 따라 이름이 달라진다. 백설기처럼 푸석푸석하게 끓여 낸 것을 푸투(phutu)라고 한다. 우리나라 사람들이 쌀밥을 먹는 것처럼 오톨리니에서 일반적으로 먹는 음식이다. 여기에 물의 양을 더해 약간 질게 끓여 낸 것을 스띠빱(stipop)이라고 한다. 인절미처럼 쫀득거리는 것이 특징이다. 이 두 종류의 옥수수 음식은 조리시간이 짧고 쉬워 사람들이 좋아한다.

줄루인은 생일이나 결혼기념일처럼 특별한 날에는 삼쁘(samp)를 먹는다. 삼쁘는 시루떡 같은 음식이다. 옥수숫가루와 각종 콩, 또는 베이컨처럼 얇게 저민 고기를 켜켜이 여러 층으로 쌓은 뒤 온종일 약한 불에 은근하게 익힌 음식이다. 그 맛은 먹어보지 않은 사람은 알 길이 없다. 옥수수의 담백함과 콩의 고소함, 고기의 쫄깃함이 더해져 묘한 식감을 주는 음식이다. 개인적으로 아주 좋아하는 음식이다. 사실 오톨리니에서는 삼쁘를 먹어 볼 기회는 없었지만, 삼쁘는 오톨리니 주민을 포함해 줄루 사람들이 무척 좋아하는 특별식이다.

옥수수 음식 그 자체는 맛이 심심해 그냥 먹기 힘들다. 그래서 필요한 것이 콩요리나 야채볶음, 염소고기나 닭고기를 넣은 커리 등 반찬류이다. 고기 커리는 흔히 먹을 수 있는 것이 아니므로 일상적으로는 주로 콩요리나 야채볶음을 옥수수 음식에 곁들여 먹는다. 옥수수 음식과 같이 먹는 요리는 영양소가 절대 부족한 옥수수에 단백질이나 비타민을 공급해주는 역할도 한다.

한 가지 흥미로운 사실은 오틀리니 주민들이 '전통' 음식이라고 하는 옥수수 음식의 기원이다. 현재 음싱가 주민들이 재배하고 주식으로 삼는 옥수수는 사실 17세기경 포르투갈에서 들어 온 신종 옥수수이다. 남아공 북쪽에 있는 모잠비크에 도착한 포르투갈인이 전파한 것이다. 그 전에 사람들은 수수처럼 작은 알갱이를 가진 토종 옥수수를 재배해 먹었다. 하지만 수입 옥수수는 토종 옥수수에 비해 크기도 엄청나게 컸다. 그뿐만 아니라 일년에 여러 차례 재배가 가능하고 관리도 무척 쉬워 아주 빠른 속도로 토종 옥수수를 대체했다.

오틀리니 주민들의 닭고기 사랑은 무한대이다. 사실 오틀리니뿐만 아니라 남아공 전체가 닭고기를 좋아한다. 최근 미국 농무성에서 발표한 자료에 의하면 남아공의 닭고기 소비량은 '치맥의 나라' 대한민국의 두 배를 가볍게 넘어 서고 있다. 그런데 이 닭도 옥수수와 비슷한 시기에 남아공에 수입된 동물이라는 사실을 아는 사람은 그리 많지 않다. 특히 닭고기 요리에서 선호되는 커리는 인도 음식이다. 물론 정통 인도식 커리가 아니라 현지화가 된 커리이다. 오틀리니의 치킨커리에는 '아로마트'(aromat)라고 하는 마법 가루가 들어간다. 라면 수프 아니면 조미료와 비슷한 맛을 낸다. 어쨌든 아로마트가 들어 간 커리와 그렇지 않은 커리에는 하늘과 땅 만큼의 맛차이가 있다. 물론 아로마트는 전통 조미료가 아니다. 이렇듯, 오툴리니 주민들의 '전통' 음식이라고 하는 요리들은 외부에서 수입되어 온 것이 현지 사정에 맞게 토착화된 것이 적지 않다.

영국의 식문화 영향도 빠질 수 없다. 오툴리니 주민들의 식문화 중 가장 대표적으로 영국의 영향을 받은 것은 홍차 문화이다. 줄루 사람들은 밀크티★를 사랑한다. 특히 추운 겨울 아침, 따뜻한 밀크티 한 잔에 몸을 녹이는 것은 거부하기 힘든 매력이다. 오툴리니 사람들은 티백을 큰 묶음으로 사 놓은 뒤에 수시로 차를 마신다. 양철을 두드려 만든 커다란 머그잔에 뜨거운 물을 반쯤 채우고 티백을 넣어 충분히 우려낸다. 그 뒤에 나머지 반을 우유와 설탕으로 채운다. 이걸 한 잔 마시면 오전 한나절은 든든해지는 것을 느낄 수 있다(양철 잔이라 잘못하면 입술에 화상을 입을 수도 있다). 아마도 영국이 식민지배를 하던 시절. 힘든 육체노동을 감당해야 했던 흑인 노동자들은 열량이 차고 넘치는 밀크티 한 잔으로 기운을 회복했을 것이다.

인류학자 퍼거슨(Furgeson)이 레소토(Lesotho)에서 경험했던 사건은 오툴리니의 전통과 현대화의 관계를 이해하는 데 도움이 된다. 이 경험은 퍼거슨이 레소토의 한 시골 마을에서 새집을 지을 계획을 하는 촌로와 나눈 대화이다. 촌로는 퍼거슨에게 자신이 '유럽 스타일의 집'을 지을 것이라고 자랑스럽게 이야기한다. 퍼거슨은 당시 진흙과 돌로 지은 레소토 '전통' 가옥에 머물며,

★ 우유와 설탕이 듬뿍 들어간 밀크티 한 잔과 마아가린을 바른 두툼한 식빵 한 조각은 음싱가 주민들이 선호하는 아침식사다.

'레소토 스타일 집'이 주는 여러 가지 이점에 대해 감탄하던 중이었다. 자연스럽게 대화는 "왜 굳이 유럽식 집을 지으려 하느냐?"는 질문으로 이어졌다. 촌로는 퍼거슨의 질문을 이해하지 못했다. 오히려 이런 반문을 한다. "당신은 유럽에 어떤 집을 갖고 있지?" "집이 둥그렇고 벽을 진흙으로 쌓았어?" "지붕은 갈대로 덮었어?" 퍼거슨의 "아니"라는 대답에 촌로는 응대한다. "내가 집을 짓고 싶은 이유는 바로 거기에 있어."

끄와젠젤레 고등학교. 휴식시간에 선생님들이 겨울 햇볕을 받으며 밀크티를 마시고 있다. 밀크티는 이들의 일상문화로 자리 잡았다.

레소토의 촌로는 유럽의 근대화를 모방하고 싶었던 것이었다. 왜냐하면, 촌로는 유럽의 레소토보다 우월하다는 것을 경험을 통해 알고 있었기 때문이었다. 식민지배를 통한 무력통치와 기독교의 위력, 자본주의를 중심으로 하는 유럽의 지배력은 아프리카인이 저항하기 힘든 유럽의 힘을 보여주었다. 특히 유럽의 물질문명이 가져다준 여러 가지 편리함은 유럽 물질문명의 우월성을 정당화하였다. 집은 여기에서 매우 중요한 상징성을 지닌다. 유럽 스타일의 집을 소유함으로써 유럽의 우월한 물질문화를 경험하는 것은 매우 중요한 상징적 의미를 지닐 수 있다. 오틀리니 사람들의 유럽 스타일 '모방'도 레소토 촌로와 같은 심정이었을 것이다.

오틀리니 사람들의 인식 속에는 유럽적인 것이 자신

들의 문화보다 우월하다는 생각이 깔려있으리라. 오툴리니 사람들은 일찌감치 자본주의를 경험하고 서양의 물질문명이 가져다 준 편리함에 익숙해진 사람들이다. 물질적 풍요로움은 일단 경험해 보면 빠져나오기 힘든 늪과 같은 것이지 않을까? 불편하지만 부정할 수 없는 현실이다. 이런 의미에서 퍼거슨은 서양의 물질문명과 아프리카의 물질문명은 균등하지 않다고 지적한다. 유럽적 가치관과 물질문명이 거대한 중력이 되어 모든 것을 끌어당기는 현실에서, 유럽 '모방'은 필연적일 것이다. 레소토 촌로와 마찬가지로 오툴리니 사람들도 서양의 물질문명 베끼기에 열심이다.

사실 퍼거슨은 이런 모방이 단순한 베끼기를 넘어서 얼마나 창조적인 재해석으로 이어지는지에 대해 관심이 많았다. 그리고 아프리카인은 모방을 통해 매우 창조적으로 자신의 문화를 재창출한다고 믿었다. 오툴리니 사람들의 창조적 역량은 어느 정도일까?

나는 오툴리니 사람들이 여기에서 매우 절묘한 타협점을 찾아냈다고 본다. 개량형 인들루는 이 타협의 결과물일 것이다. 그들은 유럽 스타일 집을 짓는 데 사용하는 재료를 이용해 '전통' 인들루를 짓는다. 견고한 재료를 사용해 내구성을 높이면서 '전통' 인들루를 재현해 냄으로써 줄루 문화에 대한 자존심을 지켜냈다고 해석한다면 지나친 것일까?

## 홀로니파(Hlonipha), 위계질서를 결정하는 관습

"봉고~~"

티모시 선생의 걸쭉한 목소리가 부엌에 쩌렁대고 울렸다. 울림의 여운이 채 사라지기도 전에 첫째 아들 봉고가 부엌으로 허겁지겁 뛰어 들어왔다. 봉고는 티모시 선생이 앉아 있는 소파 옆에 허리를 굽히고 섰다. 티모시 선생이 발을 까딱거렸다. 봉고는 황급히 무릎을 꿇고 앉아 티모시 선생의 신발을 벗겼다. 그런 뒤, 아버지 신발을 신발장에 넣고 다시 밖으로 나갔다. 그사이에 아무런 대화도 없었다.

당황스러웠다. 하지만 익숙한 장면이었다.

20여 년 전, 박사 논문을 쓰기 위해 망구지★(Manguzi)라는 줄루 마을에서 현지조사를 할 때였다. 마을에서 친하게 지냈던 친구 집에 놀러 가면 종종 시간이 흐르는 것을 잊어 밥 먹는 시간이 될 때가 있었다. 식사까지 신세 질 수 없어 돌아가려고 하면 친구는 극구 밥을 먹고 가라고 붙잡았다. 그래서 종종 밥 대접을 받곤 했다.

친구 부인은 넉넉하지 않은 살림에도 내 음식까지 정성스럽게 준비해 주었다. 그런데 이들의 식사 예법이란 것이 참으로 적응하기 어려웠다. 친구와 나는 손가

★ 망구지는 모잠비크와 남아공 국경에서 약 15km 가량 떨어진 농촌이다. 망고나무가 많아 '망구지'라고 불린다.

락 하나 까닥하지 않고 소파에 앉아 있었다. 식사 준비가 되면 친구 딸이 대야에 물을 담아 들고 들어온다. 딸은 아버지가 편하게 손을 닦을 수 있도록 무릎을 꿇고 대야를 아버지 앞에 내민다. 나한테도 똑같은 대접을 했다. 친구 딸이 물러가고 나서 잠시 뒤, 친구 부인이 음식을 들고 들어 왔다. 친구 부인은 음식이 담긴 큰 쟁반을 들고 소파에 앉아 있는 친구 옆에 와 무릎을 꿇고 앉았다. 친구는 쟁반에서 자기가 먹을 음식을 들어 테이블에 놓았다. 친구 부인은 나에게도 똑같은 방식으로 음식을 냈다. 음식 다 낸 후 부인은 부엌으로 들어갔고, 부엌에서 딸과 두런두런 이야기하면서 언제 호출이 떨어질지 대기를 하고 있었다. 친구는 예외 없이 부인을 불러 이것저것을 요구했다. 부인은 아주 공손한 태도로 친구의 요구를 모두 들어 주었다. 현지에 체류하는 동안 친구 집에서 밥을 먹을 기회가 여러 차례 있었지만, 친구와 나, 그리고 부인이 함께 식사했던 적은 단 한 번도 없었다. 그리고 친구 부인의 음식 대접 방식도 변함이 없었다.

티모시 선생 집에서도 아이들과 어른이 식사를 함께 하는 경우는 거의 없었다. 설령, 식사를 같이 할 경우에도 아이들이 어른과 식탁에 함께 앉아 같이 밥을 먹는 것은 드물었다. 밥을 들고 나가서 따로 먹거나 아니면 부엌 바닥에 앉아 밥을 먹었다.

두 마을에서의 식사 경험은 줄루 사회에서는 일반적인 식사예절이다. 줄루 사회에서 남자 어른은 부인과 아이들과 식사를 같이 하는 것을 될 수 있는대로 자제한다. 물론 가족이 식탁에 둘러앉아 도란도란 이야기를 나누며 식사를 하는 식사예절이 퍼지고 있는 것도 사실이다. 하지만 여전히 식사예절은 성별과 나이별 차이를 둔다.

사실 이런 식사풍경은 우리에게 그리 낯선 것이 아니었다. 어렸을 적, 저녁 식사 풍경은 아버지와 형, 내가 앉은 밥상과 어머니와 여동생, 막내가 먹는 밥상이 달랐다. 제사가 있어 친척들이 한자리에 모일 때의 식사 풍경은 더 세분되었다. 아버지와 아버지 세대 남자 어른들, 우리 세대 남자 형제들이 따로 상을 받았다. 여자들은 밥상 시중을 드느라 함께 식사하지 못하고, 어른들이 밥상을 물린 뒤에야 밥상머리에 앉을 수 있었다.

줄루의 식탁 문화도 우리처럼 강한 가부장제 관습에서 비롯된 것이다. 줄루 사회는 아마도 세상에서 둘째가라면 서러울 정도로 가장(家長)의 권한이 강한 곳일 것이다. 한집안의 남자들과 일부 여자들이 실질적으로 모든 권한을 휘두른다. 그중에서도 조부모와 아버지, 그리고 아버지 형제들의 권한은 절대적이다. 이들의 말은 곧 법이요, 이들의 행동은 곧 규칙이다. 한 집에 막강한 권력을 가진 가장이 있다면, 그 권위의 영향을 받는 사람들도 있는 법. 대표적인 대상은 부인과 자식이다. 이들은 가장의 권위에 철저하게 복종하고 순종해야 했으며, 이와같은 가장을 대하는 독특한 관습이 생겨난 것이다. 이 관습은 세월이 흘러, 연하자(年下者)가 연장자(年長者)를 대하는 독특한 관습으로 확대되었다. 이를 줄루 사회에서는 '흘로니파(hlonipha)'라고 부른다.

흘로니파. 연장자와는 마주앉아 눈맞춤 대화를 가급적 피한다. 티모시 선생과 그 형님이 어머니를 방문해 대화를 나누고 있다. (사진 제공: 설병수)

'흘로니파'는 "존경한다, 회피한다"라는 뜻을 담고 있다. 즉, 너무 존경스러워서 가까이 다가갈 수 없는 존재를 대하는 법칙이다. 흘로니파의 가장 기본 원칙은 피하는 것이다. 회피하는 방식에는 두 가지가 있다. 먼저, 말을 섞지 않는 것이다. 아이들은 아버지와 말을 섞지 않는다. 아버지는 절대적인 복종의 대상이기 때문이다. 아이들의 요구사항은 어머니 또는 아버지의 형제를 통해 전달되는 것이 일반적이다. 며느리의 경우, 대화는 말할 것도 없고 어느 장소에서도 시아버지의 이름을 언급하면 안 된다. 꼭 시아버지의 이름을 언급해야 한다면, 이름을 직접 언급하는 것이 아니라 이름이 가진 다른 단어를 사용하거나, 이름과 유사한 발음을 낼 수 있는 다른 단어를 사용해야 한다. 이것을 '말의 회피', '이시흘로니파(isihlonipha)'라고 부른다. 다른 회피는 '행동 회피'이다. 이 회피는 연하자가 연장자가 있을 만한 자리, 있을 만한 시간을 피해 다니는 것이다. 이것을 '우구흘로니파'(ukuhlonipha)라고 부른다. 예를 들어, 갓 결혼한 며느리가 시아버지를 피하거나, 사위가 장모를 피하는 것이 여기에 해당한다. 갓 결혼한 신랑과 신부는 처가나 시댁에서 일정 기간 이방인 취급을 받는다. 이 기간에 이들은 장모나 시아버지와 대면하는 것을 적극적으로 피했다.

대화 예절. 우리는 상대방과 대화할 때, 눈을 맞추면서 대화를 해야 한다고 배워왔다. 이는 상대방에게 대화의 진정성을 보여준다는 이유에서이다. (사진 제공: 설병수)

그런데, 만나서는 안 될 어른을 불가피하게 대면해야 할 때가 있다. 이럴 때는 철저하게 또 다른 흘로니파를 지켜야 한다. 그것은 '시선 회피'이다. 줄루 사회에서 연하자는 연장자와 대화를 나눌 때, 눈 맞춤을 하면 안 된다. 절대로 안 된다. 눈 맞춤 대화는 매우 불경스러운 일이며, 연장자의 권위★에 대한 도전으로 받아들여진다.

남아공에서 유학하던 초창기, 하루는 지도교수 연구실에서 대화를 나누고 있었다. 그때, 희미하게 누군가 문을 두드리는 소리가 들렸다. 우리 대화 소리가 조금만 높았더라도 거의 알아듣지 못 할 뻔한 작은 소리였

★ 흘로니파(hlonipha)는 현재진행형. 줄루 사회에서 어른과 대화를 할 때 눈을 맞추는 것은 버릇없고 무례한 행동이다.

다. 지도교수는 '들어오라'고 했고, 잠시 후 문이 살짝 열리면서 학부생으로 보이는 줄루 청년이 엉거주춤 방으로 들어왔다. 학생은 어딘가 정서적으로 불안해 보였다. 지도교수와 마주앉은 학생은 시선을 어디에 두어야 할지 모른 채 안절부절 못했다. 마치 큰 죄를 지어 용서를 빌러 온 학생 같았다. 그런데, 대화 내용은 현재 듣고 있는 수업과 관련된 질문이었다. 학생이 방을 나간 뒤, 지도교수가 이상한 눈치를 챘는지 방금 나간 학생의 태도에 대해 다음과 같이 설명했다.

"줄루인은 어른의 눈을 똑바로 바라보고 대화하지 않지. 그건 아주 무례한 행동이야. 사실 그래서 줄루인이 백인과 대화할 때, 종종 오해를 불러일으키기도 하지."

사실 나는 대화를 하려면 상대방과 시선을 맞춰야 한다고 배웠고, 그래야 상대방에게서 대화 상대로서의 신뢰를 얻을 수 있다고 배웠다. 상대의 눈을 바라보는 것은 그만큼 상대방의 말을 진지하게 듣고 있다는 징표라고 했다. 그래서 대화를 할 때는 의식적으로 상대방의 눈을 응시하는 습관이 있다. 가끔 상대방의 말에 동의한다는 의미에서 고개를 끄덕이는 것도 필요하다고 했다.

그런데 줄루 사회에서는 대화 예절이 정반대였다. 자기보다 나이 많은 사람과 대화를 할 때는 시선을 회피해야 한다. 줄루 사회에서는 어른의 말을 경청하겠다는 의사 표현으로 눈을 똑바로 바라보면서 고개를 까닥거리면 큰일 난다. 한순간에 근본 없고 버르장머리 없는 녀석이 되어 버리기 때문이다. 이렇게 되면 대화는 그 자리에서 끝장난다.

대화를 나눌 때 어른보다 높은 자리에 있어서도 안 된다. 어른보다 높은 위치에 있는 것은 어른의 권위에 대한 도전이다. 만일 어른과 서서 대화를 할 때는 허리를 약간 꺾고 서 있어야 하고, 어른이 의자에 앉아 있으면 바닥에 무릎을 꿇고 앉아야 한다. 어른이 특별히 의자를 내주고 앉으라고 권할 때는 예외이다. 그런데 설령 그런 기회가 온다고 해도 어른과 마주 앉아 대화를 나누면 안 된다. 대화를 나눌 어른이 특별히 마주 앉기를 권하지 않는 이상, 연하자는 어른의 옆에 앉거나 나란히 앉아 대화를 나누어야 한다. 이것도 어른과의 눈맞춤을 피하기 위한 수단이다.

어른과의 신체접촉도 매우 신중히 해야 한다. 특히 악수 할 때, 연하자는 반드시 왼손을 오른손 팔꿈치 밑에 받쳐 들고 허리를 세운 채 무릎을 살짝 구부려야 한다. 당연히 이때도 어른의 눈을 쳐다봐서는 안 된다. 물건을 주고받을 때에도 두 손으로 주고 두 손으로 받는다. 왼손을 사용하는 것은 절대 금기이다. 음식을 왼손으로 먹는 것, 물건을 왼손으로 주고받는 것은 있을 수 없는 일이다. 물론 왼손으로 악수를 하는 것도 허락되지 않는다. 사실, 왼손에 대한 금기는 인류 보편적 현상이라 그리 낯설거나 어려운 예절은 아니었다.

흘로니파와 관련해 오틀리니에서 경험했던 아름다운 기억은 남의 집을 방문할 때였다. 오틀리니에서 일과는 현지조사 보조원이 내가 머물던 티모시 선생 집에 와서 같이 마을을 돌아다니는 것으로 시작했다. 그

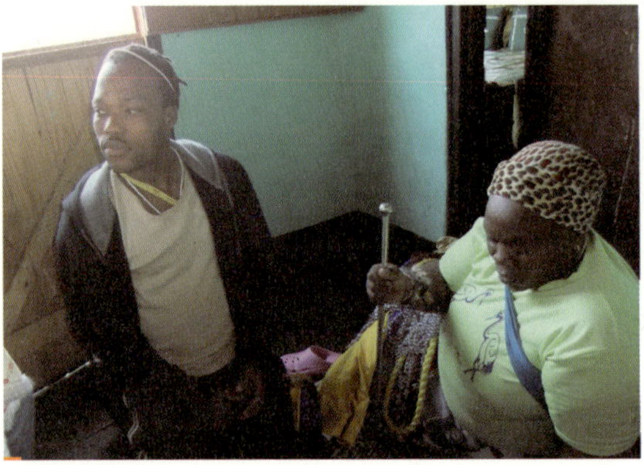

줄루 대화 예절. 나이 어린 사람은 항상 무릎을 꿇고 대화를 하는 예의를 갖추어야 한다. 점술가 훈련생(남자)와 스승(여자)의 대화 장면.

런데 현지조사 보조원이 집 안에 들어오는 모습은 마치 죄인이 용서를 빌러 오는 것 같다. 현지조사 보조원은 대문에 들어서면서 어깨와 허리를 살짝 구부린 채 조심조심 집을 향해 걸어온다. 그리고 들릴 듯 말 듯, 노크 한다. 신경을 쓰지 않으면 사람이 밖에 와 있는지도 모를 정도다. 그런데, 이것도 현지조사 보조원이 티모시 선생 집을 여러 차례 방문했기 때문에 가능했다.

나와 현지조사 보조원은 보통 하루에 두세 집을 돌아다녔다. 그런데 집을 방문할 때마다 독특한 예절★을 지켜야 했다. 우리는 항상 모자를 벗어들고 방문할 집 대문 앞에 쪼그려 앉았다. 그러면 집 안에서 누군가가 나와 찾아 온 목적과 만나고 싶은 사람을 물었다. 보통 그 집의 어린아이가 그 역할을 맡았다. 어린아이는 우리 목적을 들은 뒤 다시 집으로 들어갔다. 한참이 지난 뒤, 들어와도 좋다는 허락이 떨어지거나 우리가 만나고 싶은 사람이 출타 중이기 때문에 다음에 오라는 전갈을 받았다. 이것은 어느 집을 방문하든지 항상 정해진 규칙이었고, 특히 낯선 집일 경우에는 더 철저하게 지켜졌다.

★ 남의 집을 방문하는 예절. 문 앞에 서서 사람을 부르는 것은 예절에 어긋난다. 방문하는 집 대문 앞에 쪼그려 앉아 예의를 표해야 한다.

집에 들어와도 좋다는 허락을 받았다고 집 안을 성큼성큼 걸어 들어가서는 안된다. 남의 집을 방문할 때는 발꿈치를 들고 조심조심, 허리를 숙이고 자세를 낮춰 걸어 들어갔다. 죄인의 심정이 이런 것일까? 뭔가 조심스럽고, 은밀한 것 같은, 이런 경험을 할 때마다 묘한 긴장감에 기분이 좋았던 생각이 난다.

우리가 만날 어른이 있는 방 앞에 도착하면 우리는 또 방문 앞에 쪼그리고 앉아야 했다. 똑같은 절차가 이어졌다. 이번에는 어른이 직접 우리를 상대한다는 것밖에 차이가 없었다. 어른과 대화를 하기 위해서는 지금까지 설명해 온 흘로니파를 지키는 것은 기본이었다.

사실 이 기본예절은 신분의 높고 낮음과 관계없이 남의 집을 방문할 때 지켜야 할 예절이기도 하다. 망구지에서 현지조사를 하던 시절, 한 번은 마을 추장의 자문관이 내가 머물던 집을 방문한 적이 있었다. 줄루 농촌 지역에서 추장은 여전히 막강한 권력을 가진 권력자이다. 이 추장은 지역의 공유지를 주민들에게 배분해 줄 수 있는 권한과 함께 분쟁을 중재해 줄 수 있는 권한을 갖고 있다. 따라서 그 추장을 보필하는 자문관의 권력도 상당한 것이었다. 자문관은 이 지역의 원로 중 선발된 사람으로, 추장의 업무를 보조하고 조언을 해 주는 중요 인물이다. 자문관은 우연히 알게 돼 지역의 역사에 대해 인터뷰를 요청했었다. 그런데 흔쾌히 인터뷰 요청을 승낙하면서 집에까지 와 주겠다고 했다. 자문관이 내가 머물던 집을 방문한다는 소식은 마을에서는 작은 일이 아니었다. 당연히 머물던 집에서도 난리가 났다. 대청소 하고, 식탁보를 새로 깔고, 손님 맞을 준비를 했다.

약속 시각을 훌쩍 지나, 저 멀리에서 낡을 대로 낡은 자동차 한 대가 털털거리며 달려오고 있었다. 자문관이었다. 집 앞에서 서성이며 자문관을 기다리던 나는 서둘러 집으로 들어가 친구 어머니에게 소식을 알렸다. 이미 최고의 겉치장을 마친 친구 어머니는 손녀딸과 조카딸에게 손님 맞을 준비를 시켰다. 다시 밖으로 나왔을 때 자문관의 차는 이미 집 앞에 도착해 있었다. 그런데 정작 자문관이 보이지 않았다. '어디 갔지?' 하는 의아한 생각에 차에 접근했다. 차는 시동이 꺼져 있었고, 운전석에도 자문관은 보이지 않았다. 이상한 생각에 차를 돌아 가 보니 자문관이 차 반대쪽에 쪼그리고 앉아 있었다.

자문관은 집 안에서 누군가 나와 자기를 맞아 주기를 기다리고 있었던 것이다. 자문관을 안내해 집 안으로 들어가 우선 친구 어머니에게 인사를 시켜드렸다. 자문관은 추장을 대신하는 상징적 인물이었다. 자문관이라는 권력의 소유자도 남의 집을 방문할 때, 자신을 한껏 낮춰 예의를 갖추는 모습이 매우 인상적이었다.

남의 집을 방문 할때의 예의는 방 안에서의 공간배치로 이어진다. 방에는 손님이 앉는 자리가 정해져 있다. 참고로, 줄루 집에도 아랫목과 윗목이 있다. 옛날 우리나라처럼 구들장이 있는 집은 아니지만, 방에 들어서서 오른편이 아랫목이고 맞은편(왼편)이 윗목이다. 따라서 손님은 방문을 중심으로 왼편에, 집주인은 오른편에 앉는 것이 관습이다. 일부 예외는 있지만, 대부분의 경우 이 규칙이 지켜 졌다. 줄루 사회에서 오른손(편)은 남성/주인을 왼손(편)은 여성/손님을 상징한다. 제사를 지낼 때도 오른손은 아버지를, 왼손은 어머니를 상징한다. 따라서 외부에서 방문한 손님이 방 안의 왼편에 앉는 것은 줄루 사회의 오랜 관습이다.

남아공의 모든 줄루 사회에서는 여전히 '흘로니파' 관습이 유지되고 있다. 만나야 할 상대의 사회적 신분이 높을수록 흘로니파는 더욱 엄격하게 지켜진다. 오툴리니에서 가장 먼저 한 일 중 하나가 지역 추장을 만나는 것이었다. 사실, 이방인이 한 마을에 들어가면 가장 먼저 해야 할 일이 그 마을의 최고 지도자를 만나는 것이다. 그 자체가 마을을 존중하는 행위이다. 낯선 이방인이 신고도 하지 않고 마을을 휘젓고 다니는 것은 무례한 행위이다. 오툴리니는 현대와 '전통'이 공존하지만, 사회 질서만큼은 여전히 관습에 따라야하는 '견고한 위계'가 세워져 있다.

## "택시타고 가면서 소다 사 마시라고!"

마을의 아침은 조용함 속에 부산함이 묻어 나온다. 이른 잠자리에 드는 마을 사람들의 하루는 새벽 어스름에서 시작된다. 참으로 부지런한 사람들이다.

학교 갈 준비하는 아이들.
출근 준비하는 어른들.
외양간 문 여는 소리.
아침 식사 준비하는 소리.
홰치는 닭소리와 개 짖는 소리.

모두 분주히 움직인다. 티모시 선생 집도 다를 바 없었다.

달그락, 달그락.

티모시 선생 부인이 아침 식사를 준비하는 소리에 잠을 깼지만, 서늘한 방 안 공기는 몸을 더 이불 속 깊숙이 밀어 넣을 뿐이었다. 7월의 중순. 남아공 겨울의 한복판은 생각보다 추웠다. 한낮의 햇살은 따가웠지만,

경제적으로 여유 있는 집안의 아침 식사. 티모시 선생 집의 아침식탁이다.

서늘한 겨울바람에 손발이 오그라들었다. 군데군데 솟아있는 구릉 사이로 불어오는 겨울바람은 우리나라 한 겨울의 체감온도를 느끼게 했다.

현지조사를 마치고 더반으로 돌아가는 날이었다. 짧은 기간이었지만 티모시 선생 가족과는 나름 정이 들어 있었다. 티모시 선생은 우리 일행을 정성껏 돌봐주었다. 현지조사에 어려움이 없도록 모든 일정을 조정해 주었고, 생활에 불편함이 없도록 세심하게 배려해 주었다. 선생은 당신이 한국에서 생활하는 동안 받았던 은혜를 갚을 뿐이라고 했다.

티모시 선생은 우리가 남아공으로 조사를 들어간다고 하자 한사코 자기 마을로 와야 한다며 일행 전부를 초청했다. 우리 일행은 세 명. 티모시 선생은 기꺼이 아이들의 방을 우리에게 내주었다. 아침과 점심, 저녁을 정성껏 차려주었고, 한겨울에 감기에 걸리지 않을까 따뜻한 물로 샤워할 수 있도록 배려해 주었다.

모든 것이 감사했고 이에 대해 답례를 하고 싶었다. 예산이 넉넉지 않았지만, 우리에게는 현지조사 체재비가 있었다.

그러나 작은 말다툼이 일어났다.

티모시 선생과 부인은 절대로 돈을 받을 수 없다는

입장이었고, 당신 가족의 호의를 금전으로 돌려받고 싶지 않다는 말도 했다. 우리는 나름대로 미안한 마음에 답례하고 싶었다. 어차피 숙박비와 식비로 배정된 예산이었기에 이 돈을 티모시 선생과 부인에게 건네주고 싶었다. 하지만, 우리가 티모시 선생의 입장이었어도 돈을 받지 않았을 것 같기는 했다. 그렇다고 이대로 떠날 수도 없는 노릇이었다.

솔로몬의 지혜가 필요했다. 이때 '번뜩' 머릿속을 스치고 지나가는 생각이 있었다. 마을 사람들에게 금전만큼 중요한 것이 무엇이 있을까? 현금은 아니지만, 금전만큼 가치 있는 것을 선물하면 어떨까? 오랜 현지조사 경험에 의하면, 가축★은 마을 사람들에게 현금 이상으로 중요한 재산이었다. 마을에서 재산이 좀 있는 사람들은 예외 없이 작지 않은 규모의 가축을 가지고 있었다. 가축★중에서 으뜸은 단연코 황소였다. 하지만 황소는 우리 예산 범위 밖에 있었다. 티모시 선생의 집에도 소 몇 마리와 염소, 돼지 몇 마리가 있었다. 티모시 선생은 특히 돼지를 정성껏 관리했다. 매일 여기저기에서 썩은 호박과 감자 등을 얻어와 돼지 먹이로 주었다. 이 돼지들을 잘 키워 시장에 내다 판다는 것이다. 남아공에서 돼지고기는 소고기보다 비싸게 팔리는 육류이다. 우리 일행은 티모시 선생 집에 가축을 사 드리기로 했다. 소를 사기에는 비용부담이 되었다.

'감사를 표하는 의미에서 염소를 사 드리는 것이 어떨까?'

★ 염소와 돼지는 현금가축에 가깝다. 은행접근이 쉽지 않은 마을 사람들은 은행에 예금하기보다 가축에 투자하는 것을 선호한다.

우리 일행은 티모시 선생에게 우리를 돌봐 주신 것에 대한 감사의 뜻으로 염소를 선물하고 싶다고 했다. 선생은 이 제안은 기쁜 마음으로 받아주었다.

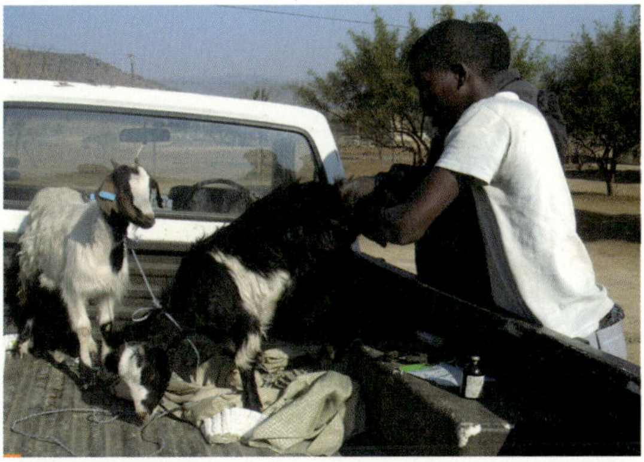

'봉고', '룰루룰루' 그리고 '미소'. 우리 일행이 선물한 염소에게 예방주사를 놓는 것을 큰 아들 봉고가 돕고 있다(사진 제공: 설병수)

작은 다툼이 있었던 날 오후. 우리 일행은 선생에게 2천4백 랜드(rand)를 건네주었고, 선생은 가까운 읍내로 나가 염소 세 마리를 사왔다. 티모시 선생의 낡은 트럭 뒤에 실려 온 염소를 보면서 우리는 작은 환호성을 질렀다. 튼실해 보이는 염소였다.

우리는 염소에 티모시 선생의 세 아들의 이름을 붙여줬다. 첫째 아들 '봉고(Bongo)', 둘째 아들 '룰루룰루(Lulu Lulu)' 그리고 아직은 어린 막내아들 '미소(Miso)'.

티모시 선생과 아이들은 손뼉을 치며 박장대소를 했다. 티모시 선생의 두 아들은 덩치는 산처럼 컸지만, 성격은 염소처럼 순하고 착한 아이들이었다. 자식들에게 엄격했던 티모시 선생도 막내아들은 귀여워 어쩔 줄 몰라 했다.

티모시 선생은 염소에게 예방주사를 놓은 뒤 전부 우리로 몰아넣었다. 우리는 아이들의 이름을 딴 염소가 새끼를 많이 낳아 번성하기를 빌었다.

이 모든 소동이 끝난 다음 날 아침, 우리는 음싱가를 떠나야 했다. 짐은 다 꾸려 놓았기에 서두를 필요는 없

티모시 선생(오른편에 앉아 있는 사람)과 형님 아벨. 티모시 선생이 돼지 먹이로 썩은 호박을 썰고 있다. 뒤편으로 새로 짓고 있는 현대식 오두막이 보인다.

었다. 따뜻한 침대 속에서 몇 분을 더 뒤척이고 있는데 부엌에서 찾는 소리가 들렸다. 서늘한 방 안 공기를 들이마시며 외투를 거치고 부엌으로 나갔다.

"사우보나!"(Sawubona)
"예보, 사우보나!"(Yebo, Sawubona)

가벼운 아침 인사를 나누고 식탁에 앉았다. 식탁에는 이미 계란프라이와 소시지, 채소와 햄을 넣은 샌드위치와 따뜻하게 김이 오르고 있는 아마헤우(amahewu, 시큼하게 발효시킨 수수죽)가 놓여 있었다. 따뜻한 밀크티도 한 잔 놓여 있었다.

더반으로 나가기 위해서는 음싱가에서 약 30분가량 걸리는 그레이타운(Greytown)까지 차를 타고 나가 다시 더반까지 나가는 미니 택시로 갈아타야 한다. 말이 택시이지 봉고차를 개조해 14명가량을 태우고 운행하는 작은 버스였다. 그레이타운에서 더반까지 나가는 택시 편수는 그리 많지 않았다. 티모시 선생과 아침 식사를 하면서 차 시간을 확인하고 있었다.

그 때 선생의 부엌문을 열고 들어서는 사람이 있었다. 티모시 선생의 형 아벨(Abel)이었다.

형님은 멀지 않은 곳에 홀어머니를 모시고 살고 있었다. 형님은 줄루 사회에서는 보기 드물게 미혼으로 어머니와 당신이 받는 **노령연금**★으로 생계를 유지해 나가고 있었다. 남아공에서는 60이 넘은 노인층에 매달 노령연금을 지급한다. 2010년도에 노령연금으로 받을 수 있는 최대한도는 매달 1,420랜드. 형님은 어머니와 함께 노령연금을 받아 생활하고 있었다. 두 분이 살기에 적지 않지만 많지도 않은 돈이었다.

형님은 우리가 머무는 동안 거의 매일같이 찾아왔고 이런저런 이야기를 나누며 친해진 관계였다. 우리가 티모시 선생 집을 떠난다니 일부러 아침부터 찾아온 것이다. 식사를 같이하자고 초대했지만, 한사코 거절했다. 그저 더반을 거쳐 한국으로 귀국하는 여행길, 편한 여행길이 되라는 인사를 하고 싶어 왔다고 했다. 참 감사했다. 우리 일행을 배웅하기 위해 이른 아침부터 식사도 하지 않고 찾아 와 준 것이 고마웠다.

그런데. 형님이 머뭇거렸다. 무슨 말을 하고 싶어 하

★
2010년 기준 남아공에서 노령연금(old age pension)은 60세 이상이면 매월 1,420랜드까지, 75세 이상이면 1,440랜드(약 100달러)를 받을 수 있다.

는 것 같았다. 물끄러미 바라보자 시선을 슬쩍 외면하면서 주머니 속에서 무엇인가를 꺼내 식탁 위에 '툭~' 던졌다.

"이게 뭐예요?"
"택시 타고 가면서 소다(soda) 사 마시라고……."

남아공에서 소다는 환타와 사이다 등의 청량음료를 말한다. 식탁 위에는 꼬깃꼬깃 구겨진 50랜드짜리 지폐가 덩그러니 놓여 있었다. 순간, 머릿속이 멍해지면서 가슴 한가운데 뜨거운 무엇이 올라왔다.

"저도 소다 사 마실 돈이 있어요."
"나도 알아. 그래도 내 성의니까 받아 둬."

더는 거절할 수 없었다. 50랜드는 더반 같은 대도시에서는 저녁 식사를 하면 간단히 없어질 돈이다. 하지만 형님에게는 매달 받는 노령연금의 1/20가량이 되는 적지 않은 돈이었다. 이 돈이면 아마도 며칠 분 식량을 살 수 있을 터였다. 하지만 형님은 동생의 손님이 먼 길을 떠나는데 그냥 모른 척할 수는 없었던 것이다. 형님은 돈을 서둘러 부엌을 빠져나가면서 한 번 더 돌아보고 인사를 해 주었다.

"몸 건강히 잘 돌아가도록 해."

티모시 선생은 옆에서 너털웃음을 웃고 있었다. 가슴이 먹먹했다. 처음 뵈었을 때부터 밝은 얼굴로 우리를 살갑게 맞아 주셨던 형님. 마을을 떠날 때까지 우리에게 따뜻한 마음을 내보여 주셨다.

아주 사소하고 순간적인 경험이 평생 잊지 못할 기억으로 남아있는 경우가 있다. 내 기억의 저장소에는 아프리카 이곳저곳을 다니면서 경험했던 따뜻한 추억이 차곡차곡 쌓여 있다. 음싱가를 떠나는 날 아침이다. 그 중 아벨 형님의 모습은 언제나 먹먹하고 가슴이 따뜻해지는 기억으로 남아 있을 것이다.

이 글의 퇴고를 준비하던 중, 전화가 걸려왔다. +27-xxxx-xxxx으로 찍힌 번호였다. '+27-이면, 남아공인데, 스팸인가?' 전화를 받을까 말까 망설이다가 통화 버튼을 눌렀다. 티모시 선생이었다. 호탕한 웃음과 괄괄한 목소리는 여전했다. "언제 남아공에 올 거야? 언제 음싱가에 다시 올 거냐고?"를 물으셨다. 가족의 안부도 묻고, 학교의 안부도 묻고. 당신도 건강하게 교장 생활을 계속하고 있다고 했다. 헤어진 지 몇 년이 지났는데도 잊지 않고 전화를 주셔서 감사했다.

STORY

05

# 베르베르 문화의 중심, 알제리를 가다

임 · 기 · 대

내 기억속의 알제 ‘카스바’

알제시의 복잡한 교통문화

베르베르의 본 고장 ‘티지우주’

사하라의 첫 관문, ‘비스크라’

# 알제리
(Algeria)

비스케이 만
포르토
Porto
포르투갈
리스본
Lisboa
마드리드
Madrid
스페인
발렌시아
Valencia
세빌
Sevilla
그라나다
Granada
지브롤터
말라가
Málaga
안도라
모나코
플로렌스
Firenze
이탈리아
로마
Roma
티레니아 해
튀니스
몰타
알제
라바트
페스
카사블랑카
모로코
마라케시
튀니지
트리폴리
알제리
리비
서사하라
모리타니아
말리
니제르

Casbah
Les Forces Navales
Gare d'Alger
Larbi Ben M'hidi
Alger, DZ - Alicante, ES
Alicante, ES - Alger, DZ
Marseille
LES TAGARINS
Hotel Aurassi
알제 썽뜨흐
Tafourah
DEUX ENTETES
TELEMLY
Parc de Beyrouth
Rue Didouche Mourad
Khelifa Boukhalfa
Hopital Mustapha Bacha
Musée national du Bardo
Place du 1er Mai
Mole de SKIKDA
MUSTAPHA SUPERIEUR
Aissat Idir
Gare les Ateliers
EL HAMMA
Djenane Maheddine
CITÉ MAHIEDDINE
Hamma
N11

## 내 기억속의 알제 '카스바'

알제시에서도 가장 위험하다는 '카스바★'(Casbah)에 꼭 가보고 싶었지만 늘 마음뿐이었다. 알제리 수도 알제시에서 길가를 혼자 걸을 때 누군가에게 시선을 함부로 주지 말아야 한다는 것은 그곳에 가본 사람이면 다 아는 상식이다. 그만큼 알제시를 혼자서 돌아다니는 것은 위험하기 그지없는 일이다.

2005년부터 2007년까지 2년 동안 카스바 인근의 알제대학교에서 근무한 적이 있다. 학교 가는 출근길과 퇴근길에 카스바 앞을 지나치고는 했는데, 동료 교수 및 현지 친구들은 늘 그곳은 '혼자서는 절대 가면 안 되는 금지구역'이라고 조언하고는 했다. 그 사람들은 카스바 인근을 지날 때는 특히 몸에 신경을 쓰라고 주문하기도 했다. 소매치기가 많아서였다. 주변의 조언 덕분에 그곳을 지나칠 때는 무심해지려 노력했지만, 온몸의 신경을 주머니에 쏟으며, 긴장의 끈을 놓지 않으려 했던 기억이 난다.

하지만, 사람 마음이란 게 '하지 말라고 하면 더 하고 싶고, 가지 말라고 하면 더 가고 싶은 법' 아닌가. 게다가, 카스바는 알제시에서도 카빌인(수도 알제에서 동쪽으로 약 80km 떨어진 곳에서 거주하는 베르베르족의 일파이다.)이 많은 지역으

★ 카스바는 알제시의 옛 도심 지역으로, 아랍어 어원은 우리말로 '성채'를 뜻한다. 아랍어 표기는 'القصبة'로, 영어는 'Al-qaṣabah'로 표기한다.

로도 유명하다. 당시나 지금이나 늘 알제리 내 베르베르인에 대한 관심이 많았던지라 점점 더 그 지역에 호기심이 생겼다.

2015년 2월 알제시를 방문하면서 다시 카스바 앞을 지나게 되었다. 8년 전 알제대학교에서 근무하던 당시가 떠올랐지만, 이번만큼은 카스바에 들러 카빌인과 대화를 나누고 싶었다. 사실 카빌인과의 만남은 진행하던 연구를 위해서도 꼭 필요했고, 이번 방문목적의 가장 큰 부분을 차지하기도 했다.

금지 구역인 '카스바' 아래의 지중해와 해변은 이다지도 아름다운데, 왜 저 산 중턱의 '카스바'는 다들 가지 말라고 하는 걸까?

알제리 역사를 접하다 보면 카스바는 알제리인에게는 상징적인 투쟁의 공간이었다. 영화 <알제리 전투★> (The Battle of Algiers)에서도 나오듯이 카스바는 프랑스의 식민지배 시절 저항과 투쟁의 장소였다. 이런 의미 있는 공간에 올라가 보고 싶은 마음이 드는 것은 지극히 당연한 일 아닌가. 게다가 <카스바의 여인>이라는 국내 가요를 떠올리며, 실제 카스바에 가면 노래 가사에 나오는 '카스바'의 여인이 있을까? 있다면 어떤 모습을 하며 살아갈까 궁금하기도 했다.

담배 연기 희미하게 자욱한 카스바에서
이름마저 잊은 채 나이마저 잊은 채
춤추는 슬픈 여인아

- <카스바의 여인> 가사 중에서-

★ <알제리 전투>는 알제리가 독립하고 4년 후인 1966년 제작된 영화이다. 그해 베니스 영화제에서 최고상인 황금사자상과 국제영화평론가협회상을 포함한 3개 부문에서 수상했지만, 프랑스에서는 상영이 금지되었다.

카스바는 내가 가고 싶다고 갈 수 있는 그런 곳이 아니었다. 일단 카스바로 향했다. 처음 카스바에 올라가려 할 때 입구에서부터 경찰관이 다가와 혼자 오르려는 것을 말렸다. 알고 보니 외지인이 이곳을 거닐 땐 사복 경찰이나 길을 잘 아는 현지인을 대동하지 않으면 들어갈 수 없다고 한다. 허가증까지 받아야 한다니 참으로 난감하기 그지없었다. 그만큼 미로와 같은 이곳에 들어가면 위험하기도 하고 길을 헤매기 때문에 다시 찾아 나오기도 쉽지가 않다.

초행길을 사복경찰과 같이 걸으며 카스바 가는 길에 대해 별 흥미를 느끼지 못하고 있던 차에, 경찰을 대동하지 않고도 카스바를 향해 걷는 외국인 관광객들이 보였다. 문득, 사복경찰과 가는 길은 형식적인 코스라서 제대로 된 카스바를 경험해 볼 수 없겠다는 생각이 들었다. 차라리 조금 위험하더라도 현지인 '함마디'에게 부탁하는 게 어떨까 하는 생각이 들었다.

현지조사를 할 때마다 늘 함께하는 함마디는 나의 든든한 친구이다. 그와 같이 카스바를 본다면 제대로 볼 수 있겠다는 확신이 들었다. 흠이라면 나이가 많은 데다 겁도 많은 편인데, 그래도 그 친구와 함께라면 서민들이 많이 사는 이 지역을 내 눈으로 구석구석 확인할 수 있겠다는 생각이 들었다. 솔직히 2년이나 매일 출근길에 이 동네 앞을 오르락내리락했으면서 카스바를 보지 못했다는 게 말이 되는가 말이다. 그러면서도 노래 <카스바의 여인> 가사에 담긴 춤추는 카스바 여인은 대체 어떤 모습일까 궁금해했다. 그러나 나의 기대와 달리 믿었던 현지인 친구 함마디는 카스바를 둘러보는 데 많은 시간을 허비하길 원하지 않았다.

"후야★, 이번에는 카스바에 꼭 같이 가자!"
"대체 넌 왜 만날 때마다 저길 가려고 하는데? 저긴 아무나 갈 수 있는 곳이 아니야. 그리고 난 저런 곳은 가고 싶지 않단 말이야!"

카스바의 골목. 좁디좁은 카스바 골목 틈으로 어렴풋이 지중해가 보인다.

아무리 위험지역이라도 거칠 것 없는 친구 함마디도 카스바 돌아보기는 별로 달가워하지 않은 것처럼 보였다. 외국인인 나에게 자국민의 열악하고 궁핍한 생활모습을 보여주고 싶지 않았는지도 모르겠다. 그러나 훗날 안 사실이지만 함마디는 두려움이 꽤 많은 친구였다.

카스바는 알제시에서도 매우 복잡한 역사를 가진 공간이다. 1992년 유네스코 세계문화유산으로 등재된 이후 이곳은 문화재적인 가치를 인정받았지만, 그와 동시에 도심의 기능은 신도심에 빼앗기고 우범지대로 전락하고 말았다. 현지인들이 특별한 일이 없는 이상 카스바에 들어가기 싫어하는 것도 그런 이유 때문이다.

알제리 독립전쟁의 상징 공간인 카스바는 잦은 지진과 홍수로 피해를 보면서 도심 속의 흉물로 전락하고

★
'후야'(Houya, 아랍어로 '형제'라는 의미)라는 호칭은 알제리에서 친밀한 사람들끼리 사용한다.

카스바에서 바라본 옥상 풍경. 이곳은 카스바에 사는 여성들의 삶의 공간이자 휴식 공간이다. 한편, 옥상은 과거 프랑스와의 독립 전쟁 당시 자국민을 숨겨주거나 도피시켰던 공간이기도 했다.

말았다. 보수관리가 잘 안 되어 건물이 곧 쓰러질 듯 보인다. 관광산업에 신경을 쓰지 않는 나라다 보니 정부는 카스바의 건물 보수나 관리에 비용을 투자하지 않는다. 그래서 밖에서 보면 카스바는 늘 음산하고 칙칙한 모습이다.

함마디와 카스바에 다녀온 후 내가 가르쳤던 학생에게 부탁해서 카스바에 간 적도 있다. 또 가끔은 순진해 보이는 현지인을 소개받아 사례비를 주고 가 본 적도 있다. 카스바를 한 바퀴 돌고 나면 긴장한 탓에 등에 땀이 흐를 정도로 오싹함이 느껴진다.

알제의 카스바를 어떻게 보는가는 개인의 자유이다. 하지만 모로코 라바트의 '카스바'나 페스의 '카사바', 또는 스페인 알함브라 궁전의 '알카사바' 등과 비교했을 때 알제 카스바는 확연히 다른 느낌이 든다. 화려함과 접근성의 용이, 관광 상품화가 되었다는 측면에서 다른 나라의 카스바는 알제 카스바와 비교가 되지 않을 정도로 멋진 곳이다.

하지만 알제 카스바는 다른 곳에서는 느끼지 못하는 긴장감이 있다. 긴장감이야말로 내가 현지조사를 할 때 최고로 꼽는 매력 포인트다. 적어도 카스바를 오르고 내려오는 동안은 긴장의 끈을 놓을 수가 없다. 걸어도 걸어도 사람은 보이지 않고 미로와도 같은 길이 끊임없이 펼쳐질 때의 오싹함을 상상해보라. 특히 경찰을 대동하지 않고 갈 경우에는 더욱 그런 상상을 하게 된다.

어쨌든 카스바도 사람 사는 곳 아니겠는가? 카스바에서 일상적으로 마주치는 것들이 있다. 상인들, 작은 가게, 우리의 PC방과 같은 사이버 카페, 목공소, 이발소, 우물, 시멘트 바닥으로 된 작은 축구장, 낡은 가옥의 내부 모습, 옥상, 창문과 옥상에 널려 있는 빨래, 카페, 심지어 오밀조밀하게 건물 상부를 뒤덮고 있는 접시 안테나, 자유분방한 어린아이들 등은 모두 카스바를 지날 때 마주칠 수 있는 장면들이다.

흔해 보이지만 이 장면들이 유독 카스바에서 더 강렬하게 느껴지는 이유는 간단하다. 미로처럼 이어지는 골목들이 협곡을 이루며 그 좁은 공간에서 이 모든 일상이 자연스럽게 조화를 이루고 있기 때문이다. 옥상의 빨래와 협곡을 이루는 골목길, 그 틈으로 보이는 지중해의 모습을 상상해보라. 허름한 하얀 집들이 늘어선 산 중턱의 동네 풍경은 그들의 고달픈 삶과는 달리 오히려 아름답게 느껴진다. 카스바에서 보는 지중해의 모습은 마그레브 도시 중에서도 가장 이채롭다. 커다란 반원 모양의 지중해 해안선을 따라 도심이 형성됐고, 그 중심에 카스바가 자리하고 있어 자연스럽게 멋진 풍경을 연출한다.

프랑스식 건축물. 카스바 아래로 내려오다 보면 여기가 프랑스인지 헷갈릴 정도로 프랑스식 건물들이 도심 한복판을 장식하고 있다.

아름답고도 가장 알제리다운 삶의 모습을 간직한 장소를 감추기 위해 프랑스는 식민 지배를 하며 카스바 앞을 프랑스식 근대 건물로 장식한다. 그래서 지중해 바닷가와 카스바 사이 도심 가를 프랑스식 건물이 가득 메우고 있다. 마치 일제가 우리의 혼이 서린 의미 있는 장소들을 자신들의 신사참배지로 썼던 방식과 하등 다를 게 없다. 식민지 경영을 하는 사람이라면 누구나 피식민지배인들의 정신을 지워버리고 싶어 하지 않는가.

'카스바 사람들은 세상과 어떤 소통을 하며 살아갈까?'
'카스바 내부 구조는 대체 어떻게 생겼을까?'

카스바를 걷다 보니 그 안에 사는 사람들의 모습, 삶의 공간이 궁금했다. 일단 외부에 노출된 접시 안테나와 사이버 카페가 바깥세상과의 연결고리 역할을 하고 있다는 것쯤은 상상할 수 있다. 집집이 전부 접시 안테나를 보유하고 있고, 이를 통해 1,000개 이상의 외부 채널을 시청할 수 있다고 한다. TV뿐만 아니라 인터넷을 통해서도 외부 세계와 만날 수 있다. 카스바와 같이 폐쇄된 곳에서 세계 곳곳의 방송을 다 볼 수 있다는 것은 실로 놀라운 일이다. 한국의 KBS나 Arirang TV 채널을 통해 한국의 가수나 연예인, 음식 등을 이곳 카스바에서도 쉽게 접할 수 있다. 알제리는 아랍 이슬람을 지향하지만, 알제리인이 서구적 사고관을 많이 갖는 이유도 가만히 들여다보면 늘 가정에서 서구의 미디어를 일상으로 접하고 있기 때문일지도 모른다.

카스바의 젊은 친구들은 시멘트 바닥으로 된 허술한 축구장에서 축구를 즐기며 미래의 지네딘 지단★과 같은 축구선수를 꿈꾼다.

비록 나에게는 격투기장보다 조금 넓어 보이는 그 공간에서 젊은이들은 늘 공을 차고 동네 사람들은 늘 같은 장면을 구경한다. 시멘트 바닥에서 동네 젊은이들이 모여 열광적으로 축구를 하는 모습은 여느 북아프리카 국가와 달라 보이지 않는다.

바깥에서 여성들은 거의 볼 수가 없다. 여성만의 공간인 건물 안과 옥상이 그녀들의 주된 소통 공간이자 교류 장소이다. 여성들은 커튼으로 가려진 창문 틈으로 젊은 남자들이 축구하는 모습을 훔쳐보기도 하고,

★ 프랑스의 전설적인 축구 선수이자 현 레알 마드리드 감독이다. 부모가 알제리인인 이민자 2세이고, 알제리 젊은이들의 우상이다.

가끔은 골목으로 난 창문을 통해 외지인이 지나가는 것을 바라보기도 한다. 옥상은 특히 여성만의 휴식 공간으로, 외부에 모습을 잘 드러내지 않는 여성들에게는 집안에서 가장 자유로운 곳이기도 하다.

카스바 건물 내부. 허름한 가옥에서 여러 세대가 살고 있다. 3층에서 낯선 이방인을 맞이하는 남성과 아이의 모습이 정겨워 보였다.

카스바의 건물 구조는 독특하다. 건물은 대개 3~4층 구조로 이루어졌고, 입구에 화장실(물론 공동화장실이다)이 있다. 문을 열고 안으로 들어가면 마당과 같은 형태의 넓은 공간을 중심으로 곳간과 방이 있다. 주로 남성들이 거주하는 공간이다. 2층에는 여러 사람이 함께 사는데, 대개 나이 든 분들이 이곳에 머문다. 외부인 출입 및 사진 촬영이 통제되는 곳이지만, 카스바에서 안면을 익힌 동네 분들의 안내로 어렵게 2층에 있는 어느 노파의 방을 들여다본 적이 있다. 비록 좁은 방이었지만 손님에 대한 예우는 극진했다.

3층에는 주로 아이들이 있는 가족이 거주한다. 내가 방문했을 때 여성들은 쏜살같이 자신만의 공간으로 사라졌고, 어린아이와 아버지로 보이는 남자가 낯선 이방인을 반갑게 맞이했다. 가장 꼭대기 층에는 주로 여성들이 거주한다. 여성들은 방을 혼자 사용하기도 하지만, 자매간 혹은 사촌 간에 방을 함께 사용하기도 한다. 옥상으로 올라가면서 여성의 방을 지나쳤지만 들어 갈 수는 없었다. 금남(禁男)의 공간인 것이다. 여성뿐만 아니라 이곳에 사는 사람들은 모두 자신들의 공간이 잘 모르는 사람들에게 노출되는 것을 꺼린다. 마치 우리나라에서 달동네의 벽화 마을을 구경한답시고 방문해 사진을 찍는 걸 주민들이 탐탁지 않게 생각하는 것과 같은 이치일 것이다.

프랑스와의 독립전쟁 당시 이곳의 독특한 건물구조로 알제리 남성들은 보호를 받을 수 있었다고 한다. 그때도 여성들은 지금처럼 주로 맨 위층에 거주했는데, 여성들은 쫓기고 있는 자국(알제리) 남성을 몰래 창문으로 지켜보다가 숨겨주기도 했다는 것이다. 때로 옥상으로 대피시키거나, 옥상에서 또 다른 옥상으로 피신시켜주기도 했다는데 이 때문에 알제리인에 대한 프랑스인의 체포활동은 거의 불가능했다고 한다. 아마도 남성의 공간이 아닌 여성의 공간이었기에 가능한 일이었을 것이다. 이런 사연을 듣고 보니, 여전히 낙후된 지역이지만 이곳에서 만난 알제리인들의 자긍심을 조금이나마 이해할 수 있었다.

무수히 많은 이야기와 사연을 품고 있는 '카스바'. 카스바는 수도 알제의 역사를 기억하는 공간이면서 동시에 서민의 공간, 문화의 공간이기도 하다. 지상에서 150m 정도의 높이에서 지중해를 바라보고 있는 이 지역은 많은 사람에게 교류와 투쟁의 장소로 남아 있다.

2015년 2월 나는 또다시 카스바에 도착했다. 가요 <카스바의 여인> 속의 카스바와 여인은 각각 어떤 모습일까? 그리고 이 노래의 작사가는 카스바에 와 보았을까? 그런 궁금증을 가지고 찾았던 카스바였는데 작사가는 아마 카스바에 한 번도 와보지도, 그리고 와볼 수도 없었을 거라 결론을 내리면서 알제리 백성의 서글픈 삶을 떠올려본다. 더불어 노래와는 상관없이 금남의 공간인 카스바 건물 내부도 떠올려본다.

'카스바' 하면 언급하지 않을 수 없는 알제리 출신의 세계적인 가수가 있다. 수아드 마씨(Souad Massi, 1972~ )라는 가수인데, 카스바 태생이다. 서방에서는 '아랍이슬람권의 조안 바에즈*'라고 불리는 카스바의 여인 수아드 마씨. 가수로서 그녀는 여성 차별에 저항하고, 정치 사회 문제에 자신의 정체성을 드러내고자 했다. 그녀는 여성의 삶을 노래했으며, 안달루시아 음악과 서양의 클래식을 접목해 어릴 적 자신이 자란 카스바 여인의 모습을 노래 속에 담아내려 애썼다. 카스바 출신의 수아드 마씨를 생각하며, 기억 속에 남아 있는 알제의 '카스바'를 다시금 떠올려본다.

★
조안 바에즈(Joan Baez, 1941~ )는 미국출신의 가수이며 인권운동가, 반전 평화운동가이다. 특히 미국의 베트남 전쟁 반대 운동에 앞장섰으며, 종전 후에는 인권과 평화를 위한 활동 및 음악에 전념하고 있다.

## 알제시의 복잡한 교통 문화

알제리 수도 '알제'(Alger)는 다른 대도시와 마찬가지로 프랑스 식민지배 당시 계획되었다. 도시 자체가 100여 년 전의 도시계획(알제리는 1882년에 최초로 대중교통 서비스를 시작하였다)에 맞추어 지어지다 보니 현재는 거의 포화상태에 이르렀다. 사실 신도심을 짓고 도심의 주요 기능을 인근 지역으로 옮기지 않으면 생활할 수 없을 정도이다. 프랑스의 남부 도시인 마르세유(Marseille)와 비슷한 구조인 이 도시는 해안지대와 산 중턱에 걸쳐 형성되어 특히 일방통행 도로가 많다. 도심의 도로가 오르락내리락하여 도로 구조도 복잡하고 대중교통도 잘 정비되어 있지 않아 교통체증이 심각하다. 그러다 보니 웬만한 인내력이 없으면 일반인은 대중교통을 이용할 엄두조차 내지 못한다. 한국의 대중교통도 문제가 없는 것은 아니지만, 알제시의 대중교통은 보통 심각한 것이 아니다. 그나마도 몇 해 전에 생긴 전철과 경전철 덕분에 교통체증이 약간 줄었다고는 하지만, 근본적인 문제 해결에는 별 도움이 되지 못하고 있다.

어쨌든 상황이 이렇다 해도 그 지역을 연구하는 연구자 입장에서는 이런 여건도 때론 이점이 될 때가 있다. 때로는 현장의 악조건 속에서 재미있는 상황과 이야깃

거리를 찾을 수 있기 때문이다. 그렇다 해도 알제시를 혼자 걸어 다니는 것은 불량배의 표적이 될 수 있으므로 위험한 일이니 늘 주의해야 한다. 2005년 알제리에 처음 도착할 때부터 친구 함마디는 나에게 늘 이렇게 말하곤 했다.

> "림★, 여기서는 절대 혼자 돌아다녀선 안 돼! 특히 알제 시내를 가려면 나 아니면 내 아들을 불러. 같이 돌아다닐게. 여하튼 자네 혼자는 절대로 돌아다니지 말게!"

그때나 지금이나 현지인 친구 함마디가 걱정하는 이유는 길을 걷다 보면 소매치기를 비롯해 젊은 불량배들이 늘 이방인을 노리기 때문이다. 알제시 길가에는 하는 일 없이 서 있는 젊은이들이 언제나 많다. 실업률이 높은 알제리에서 딱히 할 일이 없는 그들은 길거리에서 누군가를 지켜보거나 자기들끼리 대화하는 것으로 시간을 때운다. 알제시의 길거리는 단언컨대 남자만의 공간이자, 누군가를 훔쳐보는 공간이다.

이런 상황에서 한국인뿐만 아니라 외국인이 집 밖을 나와 홀로 걸어 다니기란 보통 배짱이 아니고는 쉽지 않은 일이다. 혼자 걷노라면 길거리에서 서성대는 남성들이 던지는 말에 일일이 대꾸할 수도 없고, 대꾸하다 보면(대개 종교, 즉 이슬람 이야기이다) 한 두 시간은 길가에서 그냥 흘려보내기 일쑤이다. 중국인이 가끔 보이지만 이들은 혼자가 아닌 무리를 지어 다니기 때문에 크게 위험하지 않다.

★ 나의 성 '임'이 영문으로 'Lim'으로 표기를 해서 그런지 현지인들은 나를 부를 때 늘 '림'이라 부른다. 알제리에서 가장 유명한 담배 이름도 '림'이다.

프랑스나 미국인은 아예 바깥을 혼자 다니지 않는다. 설사 길가에서 그들을 마주치더라도 알제리인은 절대 서양인에게 말을 걸지 않는다. 대개의 중동 아랍인이 유럽이나 미국에 가진 감정과 마찬가지로 알제리인도 서구인에 대한 감정이 좋지 않기 때문이다. 알제시에서 혼자 걸어 다닐 정도가 된다는 것은 그 지역을 정확히 이해하고 사람들의 의식 구조를 잘 알고 있음을 의미한다. 즉, 시내에서 혼자 걷는다는 것은 수도 알제를 얼마나 제대로 알고 있는지에 대한 척도가 되고 현지상황을 얼마나 정확히 파악하고 있는지를 가늠케 해준다.

걷는 것 이상으로 수도 알제를 잘 보고 잘 이해할 수 있는 수단이 바로 대중교통이다. 한국인에게 알제의 대중교통 이용이 쉬운 일은 아니지만, 그럼에도 내가 알제시의 대중교통 이용방법을 소개하려는 이유는 대중교통 이용만으로 그곳 사람들의 일상의 모습을 쉽게 접할 수 있기 때문이다. 외부인으로서 현지인들의 일상을 체험하는 것은 그들 내부의 삶에 깊이 침투할 수 있는 좋은 기회이다. 평범한 알제리 사람들이 많이 이용하는 대중교통을 멀리한다면 알제리에 대한 표피적인 내용만 알게 될 것이며, 잠시 체류하는 관광객들처럼 '알제리는 위험천국이다', '알제리의 교통은 엉망이니 도심 관광은 하지 말라' 등의 상투적인 말만 하게 될 것이다. 대중교통을 이용해보지 않고 어떻게 알제리인의 일상의 삶을 이해할 수 있단 말인가? 위험 부담이 매우 크지만, 알제리를 제대로 들여다 볼 수 있는 매력적인 방법 중 하나가 바로 대중교통을 이해하는 것이다.

알제시의 대중교통은 크게 전철과 버스, 택시, 트램(노면전차)으로 구분되어 일반 다른 국가와 별반 차이가 없어 보인다. 완공된 지 그리 오래되지 않은 전철의 경우 십 년 이상의 공사 기간을 걸쳐 현재 운행되고 있다. 구도심의 중심에서부터 공항 방향의 대우건설 알제리 본사가 있는 **엘하라쉬★**(El Harrach)까지 운행하는 전철은 그동안 구도심의 교통체증에 어느 정도 숨통을 터주었다는 평가를 받고 있다. 하지만 알제시 전체의 교통체증 완화에 큰 도움이 되지 못하고 있다. 그럼에도 불구하고 외국인이 시내 관광과 '구도심'을 한번 둘러보는데 전철만큼 좋은 것은 없어 보인다. 전철이 없었을 때는 도심 한복판을 일반 외국인 혼자 관광한다는 것은 사실상 불가능했다. 치안이 늘 불안했기 때문이다. 요즘과 달리 2005년 알제시에 살며 도심을 돌아다니기란 참으로 힘들었던 기억이 있다. 하지만 지금은 전철이 있어 도심을 방문하기가 수월해졌다. 도심으로 진입하려면, 대개 한적한 도심 외곽 쪽이나 택시를 이용하기 편리한 곳까지 나가 전철을 탄다. 전철 노선이 하나밖에 없기 때문에 외곽 지대라고 해야 몇 군데 정해진 장소 외에는 없다. 내 경우 전철역과 멀리 떨어진 곳에 숙소를 잡더라도 알제시 끝자락에 있는 **후세인 데이★★**(Hussein dey)까지 가서 전철을 갈아타고 알제시 중심가로 진입하곤 했다(알제시 현지조사를 할 때 후세인 데이는 나에게는 늘 대중교통을 이용하는 거점 지역이었다).

알제시 중심가에는 차로는 구경할 수 없는 역사적 장소와 문화예술의 숨결을 간직하고 있는 장소가 제법

★
알제시에서 가장 위험하다는 지역 중 하나이다. 수도 알제에서 약 12km 떨어져 있으며, 숲과 하천이 많다. 현재 오랫동안 방치된 숲과 하천을 도심 정비 차원에서 재정비하고 있다.

★★
알제시로부터 약 5km 동쪽에 위치해 있다. 이곳은 공항과 알제 도심 중간에 있고, 서민들의 거주지여서 알제리인의 일상의 삶을 직접 눈으로 확인할 수 있다.

시내 도롯가의 흔한 풍경. 프랑스식 도로와 건물, 길가에는 사람들이 가득하다. 시내 한가운데를 걷다 보면 일없이 거리를 배회하는 젊은이들을 많이 만날 수 있다.

많기에 전철을 이용하면 그런 곳들을 방문하기가 쉽다. 내가 근무한 알제대학교도, 그리고 서민의 공간 '카스바'도 이곳 구도심에 있다. 10년 전만 하더라도 대중교통을 이용해 구도심 한복판을 나가는 일이 쉽지 않아, 한번 밖에 나가면 집으로 다시 돌아올 일이 늘 걱정이었다. 그런 것을 생각하면 지금은 꽤 편리해진 것이다. 단점이라면 역이 10개밖에 되지 않는다는 것이다. 요금은 버스 요금의 두 배인 40디나르(한화 오백 원)이다. 우리에겐 저렴한 요금이지만 알제 서민에게는 저렴한 게 아니다.

또 다른 알제시 교통수단으로 트램(노면전차)이 있다. 전철과 함께 최근의 교통체증을 극복하기 위해 알제리 정부가 내놓은 대책 중 하나가 트램이다. 알제시가 포화 상태에 이르자 외곽지대에 신도심 건설로 대규모 아파트가 생겨나면서 트램은 지역 주민들의 도심 진입을 원활하게 해주었고, 외곽에서 외곽으로의 이동 또한 자유롭게 해주었다. 트램의 여러 기능 중 도시 미관에 끼치는 긍정적인 영향을 빼놓을 수 없다. 트램이 운행되면서 알제리의 미관이 많이 개선되었고, 시민들의 교통의식 또한 성숙해졌다. 전철과 트램이 없던 10년 전만 해도 교통수단은 버스뿐이었는데, 버스의 포화 상태나 청결 문제, 그리고 각종 소매치기 문제가 늘 골칫거리였다. 하지만 트램이 운행되면서 적어도 외곽 지대에서만큼은 이런 문제가 해결되었다. 특히 트램이 없었을 때는 여성들의 이동이 자유롭지 못했다.

"림! 이제 알제리 여성들은 밖에 돌아다니기 참 편해졌지 않아?"
"그러게, 도시 미관도 나아졌고, 여성들이 이동하는데 이전보다 아주 편해 보이는군!"

친구 함마디는 트램을 볼 때마다 극찬을 아끼지 않는다. 게다가 알제리 정부가 여성에게 무슨 대단한 혜택을 베푼 것처럼 의기양양해 한다. 하긴 전에는 직장인 여성의 경우 승용차가 없으면 어딜 다니기가 여간 불편한 게 아니었다. 그래서 트램은 외곽지역 여성들의 도심 진입 어려움을 어느 정도 해결해주었다는 긍정적인 평가를 받고 있다. 단점이라면, 알제시 동편과 공항 쪽에서만

새로운 교통수단 트램. 트램이 등장하면서 도시 외관이나 사람들의 모습이 한결 여유로워졌다.

운행되고 있다는 것인데, 시내 한복판을 제외한 알제 동편의 외곽 지역을 방문하고 싶다면 트램을 이용하는 것이 좋다. 조사를 위해 해안가와 새로운 상업 지구에 살고 있는 베르베르인을 만나야 할 경우 나는 늘 트램을 이용한다.

전철과 트램이 도심의 교통문제 개선에 어느 정도 이바지했다고 할 수 있지만, 서민들이 가장 많이 이용하는 도심 내의 버스 운행 상황은 여전히 심각하다. 버스 타는 방법이 어렵다고 그때마다 늘 현지인을 대동할 수도 없는 노릇이고, 쉬운 교통수단을 이용해 알제리를 깊이 이해하려면 결국 이 문제는 스스로 해결해야 한다. 쉽지는 않지만, 이 방법을 깨닫는 순간 알제의 버스 이용에 관한 특별한 노하우를 가지게 된다는 사실을 잊지 말자.

시설도 시설이지만 제때에 오지 않는 버스, 늘 만석인 버스에 탑승하기란 쉬운 일이 아니다. 특히 외국인의 경우 버스를 이용하는 일은 여간 힘든 게 아니다. 가장 큰 문제는 아주 극소수의 버스를 제외하고는 노선이 모두 아랍어로만 표기되어 있다는 것이다. 웬만한 관공서에 아랍어와 프랑스어가 병기된다는 점을 상기하면 버스노선의 아랍어 단독표기는 불편하기 짝이 없는 노릇이다. 때로는 어떻게 이런 식의 제도를 만들었을까 하는 생각마저 들게 한다. 한편, 큰 버스정거장에는 여러 대의 버스가 있다 보니 타야 할 버스를 구분하는 게 쉽지 않다. 사실상 현지인을 동반하지 않고 외국인 혼자 버스를 타는 일은 불가능에 가까운 일 일지도 모른다. 사정이 이렇다 보니 외국인이 버스를 외면하는 건 어쩌면 당연한 일 일지도 모른다. 게다가 버스를 제대로 타지 못해 당황해하는 외국인의 모습은 가뜩이나 즐거운 일이 없는 현지인의 눈에 웃음거리가 되기에 십상이다. 나도 현지인의 웃음거리가 된 적이 여러 번 있었다. 그래도 버스를 탈 때마다 이런저런 노하우가 생기면서 이용은 점점 쉬워지고, 버스 안에서 자연스럽게 현지인의 삶을 들여다볼 기회가 많이 만들어진다.

내가 체득한 버스 타기 노하우는, 우선 버스를 타기 전 버스 정거장 인근의 가게(특히 담배 혹은 신문 판매대)에 들러 자기가 가고자 하는 지역명과 함께 버스가 정확히 오는 시간을 물어보는 것이다. 나는 현지인에게 아랍어와 프랑스어로 행선지를 문의할 때 아래 문장을 자주 이용하곤 했다.

"**살람 앗살람마레꿈 무슈**★, 사하 렐 알제 상트르?

(Salam es-salam alekoum Monsieur, SaHHa lel Alger centre)"

(안녕하세요 선생님, 알제시 중심가를 가려면 어떻게 가는지요.)

가려는 곳의 지명만 바꾸면 되니 더할 나위 없이 쉬운 방법이다. 이런 질문은 버스 정거장에서 버스를 기다리고 있는 남성 중 젊은 사람보다는 나이가 지긋한 사람에

★ 알제리 사람들은 아랍어(표준 아랍어가 아닌 방언 아랍어이다)와 프랑스어를 혼용해서 쓴다. 아랍어만 쓰는 것보다 프랑스어를 같이 사용하거나 지역에 따라서는 토착어인 베르베르어를 사용해주는 것도 좋다.

게 시도해보는 게 좋다. 대개 여성에게는 길을 묻지 않는다. 가뜩이나 많은 사람에게 외국인은 경계 대상인데 외국인이 말을 걸면 여성들은 불쾌해한다. 가려는 지역명과 버스탑승시간을 알아냈으면 버스도착 후 안내원에게 갈 곳을 확인하고 버스를 타면 된다. 가끔 사람들이 장난 하느라 엉뚱한 버스 노선을 알려주기도 하지만 그리 화낼 정도는 아니다.

알제리의 일반 대중 버스에는 지금도 안내원이 있다. 여성이 아니라 남성인데, 이런 안내원들과 안면을 터놓으면 다음 버스를 이용할 때 안내를 받을 수 있어 편하다. 현지에서도 얼마든지 친구를 만들 수 있으므로 버스 안내원과 친구가 되면 버스 이용이 한결 수월해질 것이다. 불법이긴 하지만 가끔 버스 요금을 면제해 줄 정도로 기분파인 버스 안내원을 만날 때도 있다. 무엇보다 버스 안에서 불의의 사고 발생 시 안내원 친구는 나를 보호해줄 수 있는 유일한 사람일지 모른다. 대중교통 수단으로 이용하기에 버스는 편리한 점도 많지만 불편한 점도 많다. 그중 하나가 바로 소매치기이다. 특히 사람이 많은 버스 안에서 소매치기는 빈번하게 발생하는데, 될 수 있는 대로 버스를 이용할 때는 중요한 물건은 집에 두고 나오는 게 좋다.

나는 버스를 타거나 내릴 때 동네의 버스 종점을 정류장으로 이용하고는 했다. 버스 종점의 경우 일반 정류장보다 커서 사람들의 시선을 피하기가 쉽다. 동양인은 현지인들의 시선을 한몸에 받는 경우가 많은데 나는 그게 무척이나 싫었다. 그래서 선글라스라스를 꼭 쓰는데 그렇게 하면 알제리인인지 동양인인지 구분하지 못하는 것 같아 마음이 편해진다. 여기서 '편하다'는 것은 현지인들이 나에게 말을 걸지 않는 것을 의미한다.

버스 종점 모습. 맑은 날씨와 황량한 버스 종점 모습이 좋은 대조를 이룬다. 버스 종점에는 여러 지역으로 가려는 버스가 무질서하게 주차되어 있어 초행이면 목적지의 버스를 타는 일이 여간 어려운 게 아니다.

택시의 경우 상황은 조금 더 복잡하다. 버스든 택시든 알제리의 교통시스템을 오랫동안 주의 깊게 관찰하지 않으면 이용하기가 쉽지 않고, 운행 방식도 알 수가 없다.

알제시의 택시는 크게 일반 택시와 공동택시(taxi collectif)로 나눌 수 있다. 일반 택시는 가격이 저렴한데, 구도심에서 공항을 가더라도 100디나르(한화 천이백 원 정도) 정도면 이용할 수 있다. 미터기를 사용하기 때문이다. 25~30km를 늘 이 정도 요금에 갈 수 있다면 택시를 이용하겠지만, 문제는 이렇게 미터기 사용 택시를 만나기가 쉽지 않다. 일반 택시 요금은 정해진 금액이 없어 흥정이 필수다. 택시 안에 미터기가 있어도 사용하지 않기 때문에 탑승 전 반드시 요금을 흥정해야 한다. 흥정은 게임과 다를 게 없어, 누가 흥정을 잘하는지에 따라 목적지까지 저렴한 요금으로 가는지, 바가지요금에 가는지가 판가름난다.

택시가 이렇게 불법적으로 운행되는 이유는 허가를 받지 않고 영업행위를 하는 택시가 많기 때문이다. 실제

나도 자가 영업 차량을 이용해 알제시는 물론 알제리 다른 도시까지 다닌 적이 많다. 주요 버스 정류장과 광장 등 사람들이 많이 드나드는 곳에는 자가 영업 차량이 늘 손님을 기다리고 있다. 자가 영업 차량 또한 요금을 흥정해야 하는데, 공정 시가라는 게 따로 없어 운임은 흥정하기 나름이다. 지름길 이용과 상관없이 30분 정도의 거리를 간다고 가정할 때, 요금은 200~1,000디나르로 정말 천차만별이다. 일반 택시와 비교했을 때 요금차가 엄청나다. 운전기사는 손님이 흥정을 어떻게 하느냐에 따라, 그리고 그날 대중교통 상황이 어떠한가에 따라 다른 요금을 요구한다. 알제리 서민의 임금수준과 기름 가격을 고려한다면 상당히 비싼 교통수단이지만, 외국인으로서는 편하게 이용할 수 있다는 장점이 있어 나도 현지조사를 할 때 이런 택시를 많이 이용하는 편이다.

알제시에 머물 때 택시 표지판을 달고 지나가는 차량을 많이 목격했다. 그때마다 택시들을 세워보려 애를 썼지만, 택시는 늘 내 앞을 지나쳐 다른 사람만 태우고 가버리는 게 아닌가.

"이건 뭐지? 동양인이라 무시하는 건가? 아니면 돈을 더 준다고 소리치며 태워달라고 했어야 했나?"

혼자 씩씩거리면서 안타면 그만이지 하고 말았던 적이 한두 번이 아니었다. 이렇게 공동택시(taxi collectif) 시스템을 이해하고 이용하기까지 무려 일 년 이상의 시간이 걸렸다. 공동택시의 가장 큰 장점은 운임이 저렴하다는 것이다. 어느 거리를 가든 30디나르(한화 4백 원)만 내면 된다. 전철보다도 저렴하다. 하지만 문제는 택시라고는 하지만 버스처럼 정해진 정거장에서만 탈 수 있는 게 아니고, 게다가 정거장이 어디에 있는지를 알 수가 없다는 것이다. 내가 표지판 단 택시를 보고 태워달라고 했을 때 그냥 지나친 것도 이런 이유에서이다. 공동 택시를 이용할 수 있는 장소를 아는 데까지 일 년 이상의 시간이 걸렸는데, 공동택시를 한마디로 말하면, 알면 탈 수 있고, 모르면 탈 수 없는 택시이다.

공동택시의 또 하나의 특징은 목적지까지 혼자만 타는 게 아니라 다른 사람과 합승을 해야 한다는 것이다. 운전사는 남은 자리에 사람이 다 찰 때까지 목적지 사이의 여러 정거장을 들른다. 그래서 이름도 공동택시 아닌가! 특이한 교통수단이라고 할지 모르겠지만 알제의 서민은 공동택시를 많이 이용한다. 특히 공동택시를 이용하는 여성들이 많은데, 안전하고 요금이 저렴하기 때문이다.

수도 알제시의 대중교통 시스템은 너무 복잡해 모르는 사람들에게는 머리가 아플지 모르겠지만, 이용방법만 잘 알면 타는 재미가 쏠쏠하다. 대중교통으로 알제시를 다니기에 여전히 불편한 점이 많지만, 이런 불편함이 알제리를 더 잘 이해하고 알제리 사람들에게 더 친근하게 다가갈 수 있는 좋은 방법이 될 수 있지 않을까? 다양성이 매력인 것처럼 복잡한 것도 때로는 매력일 때가 있다. 단, 이 복잡한 것을 잘 이해하고 있다는 전제하에서라면 말이다.

## 베르베르의 본 고장 티지우주'

'카빌리(Kabylie)'는 이슬람 테러 집단 '알카에다 마그레브 지부'(AQIM)와 전 세계를 공포에 몰아넣은 이슬람 국가 IS의 마그레브 지부, 준드 알 킬라파★(Jund al khilapha)가 탄생한 곳이다. 그러나 무엇보다 이 지역을 잘 드러내는 특성은 마그레브 지역의 토착민인 베르베르인이 가장 많이 사는 곳이라는 것이다. 당연히 이곳에서는 토착어인 베르베르어가 아랍어와 프랑스어보다 더 많이 사용된다. 많은 사람은 내가 베르베르어와 문화에 대해 연구한다고 하면 늘 다음과 같은 질문을 하곤 한다.

"도대체 '베르베르'가 뭐죠? <개미>를 쓴 소설가 베르나르 베르베르를 말하는 건가요? 왜 마그레브★★ 지역을 말할 때 늘 '베르베르'라는 이름이 나오는지 알 수가 없네요. 심지어 인터넷을 검색해도 소설가 이름으로만 꽉 채워져 있다고요."

'베르베르인'은 프랑스의 소설가 이름이 아니라 마그레브 지역에 사는 토착민을 일컫는다. 국가 단위의 삶을 영위한 적이 없는 베르베르인은 늘 외부인의 침입을 받

★ 준드 알 킬라파는 '칼리파의 병사들'이란 의미의 아랍어이다. 2014년 9월 알제리에서 창설된 후 전 세계인의 주목을 받았지만, 현재는 알제리 보다 리비아와 튀니지에서 더 많이 활동하고 있다.

★★ '마그레브'(maghreb)는 아랍어로 "해가 지는 쪽"을 의미하며, 주로 모로코, 튀니지, 알제리, 리비아, 모리타니를 일컫는다.

으며 살아왔다. 그 유명한 한니발 장군의 페니키아 문명이 이 지역을 점령한 적도 있다. 그 후에는 오랫동안 로마의 지배를 받았다. 7세기 이후에는 아랍에 정복당했고, 1830년을 기점으로 프랑스의 식민 지배를 받았다. 프랑스로부터 독립한 이후에 들어선 정부는 아랍 이슬람교를 국가 정체성의 전면에 내세웠다. 이런 와중에 베르베르인은 차별은 물론 배제의 대상이 되었다. 마그레브 전체가 베르베르인이 살던 지역이었지만, 아랍의 지배와 아랍 이슬람화 정책으로 뿔뿔이 흩어져 살아야만 했다. 많은 지역이 아랍 이슬람에 동화되었지만, 카빌리는 아랍에 맞서 끝까지 저항하며 베르베르 정체성 회복 운동을 하고 있다.

아랍 이슬람에 굴하지 않는 자긍심 강한 지역 '카빌리'. 베르베르어와 베르베르 문화를 연구하는 내가 십년 이상 거의 해마다 이 지역을 찾는 데는 특별한 이유가 있다. 수많은 외지인의 침입에도 불구하고 이들이 어떻게 고유의 문화를 지켜내고, 마그레브는 물론 프랑스에 이르기까지 자신들의 영역을 넓혀 갔는지를 파악하고 싶어서이다.

카빌리의 지리적 형태는 일반적으로 산악지대와 해안지대로 나뉜다. 카빌리는 아랍어 카바일(qabā'il)에서 파생한 말로 우리말로는 '종족'을 의미한다. 아랍 이전에는 마그레브 전체 지역이 '카바일'이었다고 할 정도로 알제리의 베르베르인은 지역과 종족에 대한 자긍심이 대단한데, 아랍에 저항하는 이 지역민의 기질은 지금까지도 정부 당국의 골칫거리다. 흔히 베르베르 문

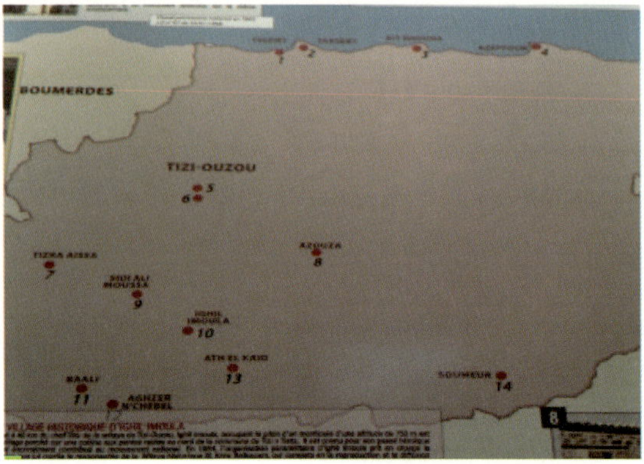


티지우주 주(州)의 지도. 티지우주 시는 서쪽 중앙 지점에 있다. 2015년 2월 티지우주 박물관을 방문해 산악지대인 이곳의 지형을 촬영할 수 있었다.

학, 정치인, 스포츠 선수, 예술가 등을 말할 때 거론되는 인물이 가장 많은 지역도 카빌리이다. 축구선수 지네딘 지단, 가수 에디트 피아프, 영화배우 이자벨 아자니, 최근 사망한 알제리 독립 영웅 **호친 아이드 아흐메드**★(Hocine Aït Ahmed) 등 수많은 유명 인사들이 이 지역과 직·간접적인 관련을 맺고 있다. 카빌리 출신의 경제계 거물들은 관광과 외식업 분야에 특히 많은데, 단일 국가가 아닌 특정 지역 출신으로 프랑스에 가장 많은 이민자(약 150만 명)를 배출한 곳도 이곳이다.

이런 이유로 프랑스와의 관계가 많을 수밖에 없고, 카빌리는 알제리와 프랑스의 관계를 이어주는 중요한 역할을 하고 있다.

카빌리 **윌라야**★★(Wilaya)의 주도는 '티지우주'(Tizi Ouzou)이다. 수도 알제에서 자동차로 1시간 조금 넘게 걸리며, 인구규모는 120만 명(2010년 기준) 정도다. 인구밀도가 매우 높고 산세가 험한 지형에 위치해 외지로 빠져나가려는 젊은이들이 많다. 그 때문에 알제리에서 각지로 빠져나간 이민자를 논할 때 이 지역이 빠지지 않는다. 현재 수도 알제시 인구의 70~80%가 카빌인이라고 한다. 알제시뿐만 아니라 알제리 전역, 심지어, 모로코, 튀니지, 프랑스에 이르기까지 이들의 삶은 그야말

★
호친 아이드 아흐메드(1926~2015)는 카빌인 출신으로 알제리 독립에 가장 크게 공헌했으나 정권을 쟁취하지 못했고, 스위스 로잔으로 망명, 2015년 사망했다.

★★
'윌라야'는 알제리 지방 행정구역 단위로 우리의 도(道)에 해당한다. 알제리에는 현재 48개의 윌라야가 있다.

로 21세기 유목민의 삶을 그대로 보여준다.

카빌리는 알제리를 비롯한 마그레브 전체에서 베르베르인이 차지하는 비중이 단일 지역으로 가장 높다. 카빌리 출신들이 곳곳에서 가장 왕성한 활동을 하는 곳인 티지우주를 찾아가는 길은 뜻밖에 까다롭다. 수도 알제에서 가까우므로 쉽게 갈 수 있을 거로 생각하지만, 현지인들조차 가기를 꺼리는 곳이 바로 티지우주이다. 이는 역사적으로 볼 때, 티지우주에 반정부·반아랍 세력이 가장 많았고, 이곳이 주요 테러 집단의 거점 지역이었기 때문이다. 그래서인지 타지인이 이곳에서 혼자 돌아다니기란 쉬운 일이 아니다. 2014년 프랑스 니스 출신의 프랑스 등산객 에르베(Hervé)씨가 IS 대원에게 체포되어 참수되는 장면이 공개된 이후 외지인이 이 지역을 찾기란 더욱 어려워졌다. 특히 베르베르어를 전혀 모르거나 아랍어만 할 줄 아는 사람이 이 지역을 돌아다니며 관광하기란 쉽지가 않다. 오히려 어느 정도 프랑스어를 구사할 줄 아는 사람에게 더 호의적인 것이 이 지역의 일반적인 정서이다.

알제리에서 가장 매력적이고도 이질적인 곳 중 하나인 카빌리의 '티지우주'. 사하라의 '투아레그족'이나 모로코의 '리프족' 등 수많은 베르베르인을 만나보았지만, 카빌인 만큼 독특하고 강한 개성을 지닌 종족을 보지 못했다. 그런 강한 성격이 외지인인 나를 조금은 두렵게도 했지만, 동시에 그들에게 큰 매력을 느끼게 해주었다. 덕분에 티지우주를 방문하는 일이 그리 두렵거나 어려운 일이 아니라는 생각마저 하게 되었다. 10

년 동안 현지를 다니면서 느낀 바로는, 방문하기 전에 지역에 관한 정보를 사전에 잘 숙지하고, 안전만 고려한다면 이곳에서 많은 것을 체험해볼 수 있지 않을까 싶다.

그러나 이번 방문에 내 발목을 잡은 건 친구인 함마디였다. 함마디는 내 앞에서도 카빌인을 증오하는 표현을 자주 사용하는데, 카빌리 같은 인종차별주의자가 사는 지역은 가지도, 만나지도 말라고 조언하는 게 아닌가. 친구 함마디는 자신과 같은 아랍인을 싫어하는 자들은 모두 인종차별주의라고 말하곤 했다. 철저히 '아랍중심주의자'라고나 할까.

"후야! 나 이번에는 꼭 카빌리를 가보고 싶어. 같이 가줄래?"

"……."

"대답이 없네? 같이 못 가면 나 혼자라도 가고 싶은데……. 정 바쁘면 티지우주에서 직접 만나는 것도 괜찮으니, 혼자라도 먼저 출발할게."

나의 강경한 태도에도 함마디는 별로 내키지 않는 표정을 지었다. 이번만큼은 절대 양보하지 않겠다는 다짐을 거듭 이야기했는데도, 함마디의 반응은 싸늘했다.

"림! 자네 마음대로 하게. 대신 카빌리 가서 사고가 나도 난 모르니까 모든 위험은 혼자 감수하도록 해!"

내가 계속해서 의견을 굽히지 않자 함마디는 화를 내고 그 자리를 떠났다. 일정상 미룰 수도 없고, 사정이 이렇다보니 카빌리에 혼자 가기로 했다. 그런데 떠나기로 하자 만난 첫 난관이 '어떻게 거기까지 갈 수 있을까?'였다. 버스를 탈까, 택시를 탈까, 아니면 자가 영업용 차를 탈까 고민하다 결국 버스를 타고 가기로 했다. 고민했던 교통수단 중 가장 불편할지 모르지만 그래도 늘 현지에서 자주 이용하던 차량이 아니었던가. 시외버스 터미널은 수도 알제에서 공항 방향의 쿠바★(Kouba)라는 곳에 있다. 이곳에서 보통 버스 타듯이 표를 끊고 티지우주 행 버스에 올랐다. 함마디한테 몇 시 차로 떠나는지 묻는 전화 연락이 여러 번 왔다.

도착하기까지 1시간이 조금 넘는 동안 버스는 정적에 잠긴다. 이슬람 국가이고 버스 안에 여성들도 있다보니 승객들은 거의 말을 하지 않는다. 버스 창가로 보이는 풍경은 알제리의 자연을 있는 그대로 보여준다. 창밖의 푸른 산과 평야, 정적에 잠긴 사람들 사이에서 시선을 움직이다가 문득 펜을 꺼내 노트에 이것저것 적기 시작했다. 기대하지 않았지만, 정적이 감도는 버스 안에서 연구자에게 소중한 기록의 시간을 얻을 수 있었다. 조금은 삭막하게 느낄 수 있는 분위기이지만 티지우주에 갈 때는 버스 여행도 괜찮겠다는 생각이 들었다. 더군다나 티지우주에서 동부 지중해 도시와 사하라 사막의 도시로 이어주는 교통편(일주일에 4번)은 알제리에서 가장 잘 발달하여 있다. 급기야 시외버스로 튀니지를 가봐야겠다는 생각도 하게 되었다.

★ 쿠바 지역은 알제 시내 중심과 외곽 사이에 있다. 150m 정도 높이에 있고 거주 지역으로 주목받는 지역이다. 대개 알제시에서 중상류층의 사람들이 거주하고 있다.

드디어 목적지인 티지우주에 도착했다. 터미널에서 여기저기 구경을 하는 데 전화가 왔다. 친구 함마디였다.

"림! 잘 도착했나? 난 자네 속을 도통 모르겠단 말이야. 왜 카빌리에 가려는지 이해가 안 가. 그냥 나와 멋진 곳을 방문하고, 사람들을 만나고, 즐거운 시간을 보내다 떠나면 그만일 텐데. 그 먼 한국에서 여기까지 와서 고작 방문한다는 곳이 카빌리야?"

함마디의 비아냥거리는 투의 이야기를 듣는 게 이번이 처음이 아니라 아무런 대꾸도 하지 않았다. 그러다 핸드폰 수화기를 대고 고개를 돌리는데 터미널 저편에 함마디가 보이는 게 아닌가! 반갑기도 했지만, 한편으로 미안하기도 했다. 함마디는 자기가 잘 아는 호텔이 있으니 일단 그곳으로 가자고 제안했다. 짐부터 내려놓고 다시 나오자는 그의 제안에 흔쾌히 승낙했다. 대신 혼자서는 절대 돌아다니지 말라고 신신당부를 했다. 함마디는 내가 알제리와 마그레브 지역에 대해 연구한다는 것은 알지만 베르베르어와 베르베르 문화도 연구하는지는 잘 모른다. 그동안 어떤 현지인에게도 나의 연구 분야를 제대로 이야기한 적이 없다. 이유가 여러 가지지만, 무엇보다 함마디를 비롯해 알제리인이 베르베르인, 그중에서도 카빌인을 싫어하기 때문이다. 단순히 싫어하는 것 이상으로 카빌인을 증오한다는 말까지 들은 적이 많아 나도 굳이 더는 이야기를 꺼내지 않았다. 오로지 '아랍 중심'으로 자기네 나라를 봐주길 바라는 마음을 이해 못 하는 바는 아니지만, 연구자로서의 나는 생각이 달랐다.

일단 같이 시내를 한 바퀴 돌기로 했다. 낯선 지역을 가면 내가 늘 하는 방법이다. 시내를 한 바퀴 돌다 보면 현지의 거리 모습, 현지인의 복장, 말하는 방식 등을 유심히 관찰할 수가 있다. 걷다 보면 가끔 현지인이 나에게 말을 걸기도 한다. 그럴 때는 나도 지나치지 않고 대꾸를 해준다. 상대방의 반응을 보면서 다른 지역 알제리인과의 차이는 물론 그들의 말하는 방식을 관찰할 수 있기 때문이다. 내가 현지인과 대화를 나눌 때 친구 함마디는 신기해하지만, 늘 그랬듯이 이번에도 별로 좋아하는 표정은 아니었다. 알제리인이지만 카빌인에게는 전혀 관심이 없던 친구가 아닌가. 나는 호기심에 이것저것 좀 더 관찰해보려는 데 함마디는 긴장한 모습까지 보였다. 나이 60세가 다 되어가는 함마디의 긴장한 모습을 이곳 카빌리에서 보게 된 것이다. 거칠 것 없어 보이던 그가 겁먹은 표정을 보이니 당황스러웠다.

우리는 티지우주 역사박물관과 베르베르인 전통 옷 가게로 유명한 시장, 그리고 베르베르어 연구에 강한 물루드 맘무리 대학교를 차례대로 방문했다. 역사박물관에서는 티지우주의 역사를 한눈에 확인할 수 있었다. 다른 어떤 곳보다도 티지우주대학교를 방문한 것이 나에게는 커다란 행운이었다. 이 대학 이름은 카빌리 출신의 인류학자이자, 언어학자, 작가이기도 한 물루드 맘무리★(Mouloud Mammeri)의 이름에서 따왔다. 워낙 베르베르 전통이 강한 대학이기 때문에 마그레브의 특수성과 지역성을 이해하고자 하는 사람들은 이 대학교를 방문해보는 것도 좋을 것 같다. 폐쇄적인 알제리 사회 모습과는 달리 서구식의 캠퍼스와 학생들 모습이 일반 알제리 대학과는 확연히 달라 보인다. 대학 내에서 반정부 시위 활동과 베르베르의 정체성을 내세우는 동아리 활동도 곳곳에서 볼 수가 있었는데, 알제리 내의 또 다른 대학의 모습을 들여다보고 이해하는 데 많은 도움이 되었다.

물루드 맘무리 대학교를 나와 도심을 걷다 보면 다양한 언어의 표지판들이 눈에 들어온다. 베르베르어, 아랍어, 프랑스어 표지판을 읽어가는 재미가 있는데, 물루드 맘무리 대학교 안은 대부분의 안내 표시판이 베르베르어와 프랑스어로만 되어 있다. 이 대학의 정체성을 보여주는 것이다. 알제대학교에서도 근무 경험이 있던 나 이지만 알제리의 어떤 지역의 대학교와도 비교할 수 없는 강렬한 인상을 물루드 맘무리 대학교에서 받았다.

길거리 표지판이야 그렇지만 일반 상점의 베르베르어는 서양의 알파벳으로 표기해놓았다. 길거리 간판은 자신들의 문자로, 일반 상점은 알파벳 표기로 해놓은 것이 이해가 안 가기는 하지만 생각하기에 따라 재미있을 수 있다. 공적인 표지판은 베르베르어 문자로, 사적인 공간은 베르베르어★★의 알파벳 표기로 해놓은 이유가 무엇일까. 이 고민이 내내 머리를 떠나지 않았다.

★
물루드 맘무리 (1917~1989)는 카빌리의 작가이자 언어학자, 인류학자이다. 베르베르어는 물론 카빌어를 널리 보급하는 데 힘썼고, 베르베르 정체성을 강하게 주창했던 인물이다. 알제리에서는 베르베르 운동과 저항의 아이콘이다.

★★
마그레브의 토착민 언어이다. 모로코와 알제리에 가장 많은 화자가 있고, 리비아, 말리, 니제르, 프랑스 등 전 세계적으로 약 3,500만 명 이상의 화자가 있다.

티지우주의 도로 표지판. 아랍어, 베르베르어, 프랑스어로 표기된 만큼 이 지역의 정체성이 복잡해 보이지만, 읽는 재미도 쏠쏠하다.

티지우주를 벗어나 외곽지역을 돌아보고 싶은 생각이 들었다. 티지우주 도심의 모습과 인근 외곽지역은 그야말로 엄청난 차이가 있다. 사하라 일대를 돌아다니는 것보다 더 긴장감이 돌며 위험한 곳이 티지우주 주변 산악지대라는 생각이 들 정도다. 현지인조차 동행하길 원하지 않을 정도로 티지우주 외곽으로 빠져나가면 지리적 환경도 완전히 달라진다. 지대가 너무 험준해 혼자 걸어 다닐 수도 없다. 프랑스 산악인이 이슬람 국가 IS 지부 '준드 알 킬라파' 대원에게 잡혀 무참히 참수당하는 장면이 공개된 이후 알제리에서 티지우주를 홀로 여행하거나 외국인이 현지인과 함께 가더라도 산악 지대를 돌아다니다 사고가 발생할 경우는 같이 동반한 현지인도 징역에 처한다고 정부 당국은 발표하고 있다. 상황이 이렇다 보니 현지인들도 외국인과 티지우주 도심 주변의 산악지대를 돌아다니길 원하지 않는다. 게다가 티지우주 도심을 벗어나 카빌리의 험준한 산악지대에 근접하면 늘 테러리스트가 잠복해 있다고 한다. 이곳 어딘가에 있을 이슬람 테러리스트나 반정부주의자들이 외지인이 어디 있는지를 지켜보고 있음을 간과해서는 절대로 안 될 것이다. 하지만 카빌리 지역의 멋진 모습을 그냥 지나치기는 아깝지 않은가! 자연환경도 그렇지만 2,000m 이상의 고지대에서 끝까지 이민족의 침입에 저항하며 살아가는 이들의 모습을 어찌 지나칠 수 있겠는가!

하지만 이번에도 친구 함마디가 발목을 잡았다. 이왕에 여기까지 왔는데, 며칠은 힘들더라도 산악지대는 한번 들어가 봐야 하지 않겠느냐고 나는 주장을 굽히지 않았고, 함마디도 고집 피우지 않고 이번에는 나의 주장을 따르겠다고 했다. 걱정은 앞섰지만, 그동안 마그레브 지역에서 여기저기를 혼자 다닌 게 몇 년인데, 이런 여행을 두려워하나 그런 생각도 들었다. 그동안 잘 해냈던 방식대로 다시 해보자고 마음을 다졌다.

산악지대는 안전을 고려하지 않을 수 없으므로 며칠을 머물며 현지 동향을 잘 파악하고, 현지인과 친해지는 게 가장 중요하다. 함마디를 설득해 며칠을 머물기로 합의를 한 상태였다. 티지우주에는 민박할 수 있는 곳이 없으므로 일단 둘이 호텔에서 머물며 필요한 정보를 얻기로 했다. 알제리 도시 호텔의 대부분은 카빌인이 운영하고 있다. 티지우주의 모든 호텔도 당연히 카빌인이 운영한다. 프랑스어를 잘 구사하지만(베르베르어야 그들의 모국어이기 때문에 너무도 당연한 일이다) 아랍어는 잘 사용하지 않는 점이 다른 지역과는 많이 다르다. 설사 아랍어를 사용한다 해도 아랍어 사용자에게는 그다지 호의적이지 않다. 나는 새벽에 일찍 일어나는 습성이 있으므로 밤샘을 하는 호텔 직원과 많은 이야기를 나눌 수 있었다. 이들은 딱히 할 일 없는 시간대에 말하기 좋아하는 동양인인 내가 한두 마디 건네는 베르베르어에 신기해하며, 안전과 관련된 티지우주의 상황을 자세히 설명해주었다. 그러나 친구 함마디는 오히려 죽을상이다. 함마디가 아랍어로만 이야기하니 응대하는 카빌인 종업원의 인상은 차갑기 그지없었고, 말투 또한 퉁명스럽기 이를 데 없었다. 그럴 때마다 함마디는 긴 한숨을 내쉬었는데, 솔직히 얼마나 티지우주를 벗어나고 싶었겠는가!

함마디를 살살 달래며 시내의 서민식당에 나가 같이 식사를 하자고 제안했다. 어차피 뭔가를 먹어야 한다는 생각이 드니 이 친구도 따라 나왔다. 내가 시내의 서민식당에 가려는 이유는 몇 가지 이유 때문이다. 종업원을 잘 사귀어 놓으면 좋은 정보를 얻어낼 수 있고, 이동하려는 장소가 위험한지 아닌지도 알 수 있기 때문이다. 서민식당에서는 현지어를 많이 사용할 수 있는 장점도 있다. 이곳에서 카빌인을 만나면 프랑스어, 혹은 간단한 **베르베르어★**로 말을 건네면 소통도 잘되고 사람들과 쉽게 친해질 수 있다. 특히 동양인이 이런 표현을 해주면 자기들을 알아주는 것처럼 느껴서인지 상당히 호의적이다. 실제로 거의 속을 다 내줄 것처럼 친절함을 보이기도 한다. 그러나 티지우주에서는 저녁식

★ 간단한 베르베르어 표현. 아줄(Azzul, 안녕하세요), 피싸(Fissa, 빨리요), 딸무르트(Talmrit, 감사합니다), 켑엘할(Kef elhal, 안녕히 계세요) 등이 있다.

사를 위해서 외출을 삼가는 게 좋다. 이슬람 국가에서는 술 취한 행인을 볼 수가 없지만 이곳 티지우주에서는 아주 쉽게 볼 수가 있어 저녁 시간에 시내를 돌아다니는 것은 위험하기 짝이 없는 일이다. 게다가 이들 취객을 누구도 뭐라 하지 않는다.

현지인과 친해지고 현지 환경에 어느 정도 익숙해지니 버스나 택시를 타고 산악지대로 가보고 싶은 생각이 들었다. 함마디에게 버스로 가보자고 했더니, 선뜻 동의했다. 멀쩡한 자기 차가 있는데도 버스를 타고 가겠다고 하는걸 보니 그도 대중교통이 낫다고 생각한 것 같다. 대중교통은 주민과 도심의 치안을 어느 정도 고려해 운행하기 때문에, 비록 산악지대로 가는 버스지만 그리 위험하지 않을 것 같다는 생각을 했다. 함마디도 그런 생각에서인지 버스로 가는 것에 특별히 반대하지 않았다.

티지우주는 수도 알제 방향을 제외하고 거대한 산자락이 에워싸고 있는 곳이다. 산악지대로 가는 길은 아프리카라고 느끼기 힘들 정도로 수목과 원숭이가 길가에 가득하다. 원숭이는 무리를 지어 다니기 때문에 장난을 치다가 위험한 상황에 빠질 수도 있으므로 조심해야 한다. 가끔은 집단으로 덤벼들어 사람을 해칠 수도 있다. 이슬람 국가 알제리에서 티지우주 인근의 산악지대를 지나다 보면 간혹 크리스마스트리를 볼 수 있다. 다른 지역과 달리 이 지역에는 기독교인이 (정확한 통계는 알 수 없지만) 살기 때문이다. 기독교에 적대적인 친구 함마디가 또다시 말을 내뱉는다.

"후야! 저 카빌인들을 봐. 이슬람 국가에서 기독교를 믿고 있다니 너무 야만적인 거 아닌가? 난 저 친구들이 아주 못마땅해."

이번에도 기독교라면 치를 떠는 함마디가 짜증을 냈다. 결국, 산악지대 중턱까지 올라갔다 다시 내려오고 말았다. 수년 전 알제리에서 학생들을 가르칠 때 들르곤 했던 티지우주는 그때 보다 돌아다니기가 훨씬 어려워졌다. 아마도 국가의 신뢰도와 테러 척결을 강조하는 알제리 정부의 정책 때문이 아닐까하는 생각이 든다. 특히 산악지대는 군 병력은 물론 일반 국민조차 잘 돌아다니지 않는다. 최근 튀니지나 말리, 리비아 등지에서 대형 테러가 발생하는 것과 비교하면 알제리의 테러 발생이 현격히 줄어든 건 우연이 아니다.

산악지대로 가는 걸 포기한 대신 숙소로 돌아와 카빌인 호텔 직원과 최근의 이곳 정세와 상황에 관해 이야기를 주고받을 수 있었다. 호텔 직원에 따르면, 최근 티지우주에 자금 유입이 많아졌다고 한다. 특히 프랑스에 이민을 간 카빌인들이 돌아와 이곳에 땅과 건물을 사들이고 있다는 것이다. 알제시를 비롯한 다른 대도시에 나가 있던 카빌인들도 고향으로 돌아와 집을 많이 짓는 추세라고 했다. 호텔 직원은, 이들이 최근 티지우주의 경제에 큰 보탬이 되고 있고, 아마도 머지않아 알제리의 중심이 이곳 '티지우주'가 될 거라는 다소 과장된 발언도 서슴지 않았다. 어쨌든 타지우주 산악지대 곳곳은 공사 중이었고, 실제 새로운 건축물들이 많

산 정상의 마을. 티지우주 도심 중앙을 지나다 보면 도심이 사방으로 산으로 둘러싸여 있음을 알 수 있다. 산 중턱과 정상에는 많은 주택이 있고 이런 모습은 30km를 지나면 도달하는 지중해 근처까지 이어진다.

이 들어선 것이 눈에 확연했다.

티지우주에서 산악지대를 30km 정도 넘다 보면 지중해 근처까지 나아갈 수 있다. 하지만 바닷가를 가기 위해 거쳐야 하는 카빌리의 산악지대는 그야말로 험난하고 위험해서 될 수 있으면 피하는 것이 상책이다. 그냥 차량으로만 지나갈 테니 한번 시도해보자고 함마디에게 부탁했더니 별 대꾸 없이 순순히 응했다. 어차피 수도 알제시로 돌아가는 길이니까 가는 길에 경치 감상이라도 하게 도와주고 싶었던 걸까. 산악지대에서 해안지대로 넘어가는 험준한 지역은 될 수 있는대로 사람들의 시선에 노출되지 않는 것이 좋다. 대개 주민들은 순박하지만 어딘가에 있을 테러리스트를 염두에 두지 않을 수가 없기 때문이다. 함마디도 이런 사실을 알고 있어서인지 그냥 차를 타고 지나치기로 했다. 티지우주 남부의 산악지대, 즉 사하라 일대로 향하는 산악지대는 현재도 테러가 빈번한 지역으로 악명이 높다. 그 반대인 해안 방향으로 가자고 했더니 함마디가 반색을 했다.

카빌리의 티지우주를 보는 것은 마그레브에서 비록 소수이지만 문화적 정체성에서는 가장 목소리를 높이는 베르베르 문화를 압축적으로 볼 수 있고, 이들의 삶과 자연환경, 전통 공예 등을 눈으로 확인할 수 있다는 장점이 있다. 게다가 이슬람 국가인 알제리가 어떻게 중동의 다른 이슬람 국가, 심지어 모로코, 튀니지와도 어떻게 차별화가 되는지 확실히 느낄 수 있다.

이 지역은 현재까지도 정부에 대항하며 베르베르의 문화적 정체성을 마그레브 전 지역에 확산시켜가고 있다. 이슬람 지역인 마그레브에 대한 시각을 달리하게 해주는 이곳 카빌리의 '티지우주'. 그 어떤 지역보다 언어와 문화가 교차하며 섞이는 이곳을 나는 마그레브의 '숨은 보석'이라 말하고 싶다.

## 사하라의 첫 관문, '비스크라'

카빌리 지역에 충분히 있지 못해 아쉬워하는 나에게 친구 함마디가 머리도 식힐 겸 사하라 사막 인근 지역을 다녀오자고 제안했다. 마음이 뒤숭숭할 때면 훌쩍 떠나던 곳이었기에 망설이지 않고 동행하기로 했다.

보통 사하라를 가기 위해서는 많은 사람이 모로코, 튀니지, 리비아를 경유지로 선택한다. 하지만 많이 알려진 지역과 달리 조금은 생소하면서도 색다른 지역이 있다. 알제리의 '비스크라(Biskra)'가 그곳이다. 이곳은 내가 사하라에 갈 때면 늘 선택하는, 일종의 전진기지와도 같은 곳이다. 과거 알제리에서 살았을 때도 종종 들르곤 하던 비스크라는 역사적, 지리적 배경만큼이나 사하라로 넘어가기 전에 꼭 한번 거쳐 가볼 만한 매우 흥미로운 곳이다. 수도 알제에서 자동차로 450km 정도에 있는 비스크라는 아랍이 이슬람을 마그레브 내륙에 전파하기 위해 전략적으로 선택한 지역이다. 마그레브 지역 중 토착민인 베르베르인이 최초로 이슬람으로 개종한 곳이며, 이곳을 거쳐 수많은 아랍 대상들이 사하라로 향해 갔다. 나에게는 프랑스의 대문호 앙드레 지드★(André Gide)의 <배덕자>를 읽을 때 등장했던 도시였기에 기억에도 남는다. 가는 길이 만만치 않지만 자주 방문

★ 앙드레 지드(1869~1951)는 프랑스의 소설가이자 비평가이다. 그는 1947년 노벨문학상을 받았으며, 아프리카의 알제리와 콩고 기행에서 영감 받은 내용을 책에 많이 남겼다.

하다 보니 현지인을 대동하지 않고도 자신 있게 갈 수 있게 되었다. 하지만 이번에는 친구 함마디와 동행했다.

2015년 2월 19일 비스크라로 향했다. 10번 이상을 간 길이지만 비스크라 가는 길은 언제나 매력적이다. 바다에서 산으로, 산에서 고평원으로, 고평원에서 다시 사막으로 펼쳐진 길은 문명을 집요하게 부정한다는 느낌이 든다. 거대한 바위와 바위로 이루어진 산과 협곡을 지나 오아시스 마을을 거쳐야만 도착할 수 있는 곳. 많은 사람은 이곳 비스크라를 '사하라의 문' 혹은 프랑스의 지중해 휴양도시 '니스'를 연상시킨다 하여 '사하라의 니스'라 부르기도 한다.

비스크라 가는 길. 거대한 협곡과 고평원 지대를 지나다 보면 나타나는 곳 사하라. 비스크라 가는 길은 저 멀리에 있는 사하라를 보게 된다는 기대를 하게 한다.

마그레브 사하라의 거대 복판을 차지하는 알제리에서 비스크라를 거쳐 가는 동안 사하라에 끝없이 펼쳐진 사구를 감상할 수 있다. 그러나 사구 감상도 잠시, 이곳은 더위가 맹위를 떨치는 곳이라는 사실을 잊어서는 안 된다. 이곳에서 한여름의 더위는 사하라 어느 지역과도 비교할 수가 없다. 비스크라를 둘러보면, 역사 속에서 얼마나 많은 사람이 문화를 섞고, 인종을 섞어가며 사하라의 구석구석으로 흘러들었는지 가늠해 볼 수 있다. 이곳은 베르베르인 중에서도 샤우이★(Chaoui)족이 많

★ 샤우이는 '목동'이란 의미로 알제리 동부 지역에 거주하는 베르베르인을 말한다. 리비아, 튀니지, 알제리의 경계에 있고 전체 인구 규모는 약 2백만 명 정도다.

기로도 유명하다. 내가 베르베르인을 연구하기에 늘 자주 찾는 곳 중 하나이기도 하다. 하지만 여타 베르베르인과는 달리 아랍화가 많이 되어 다른 지역과 큰 차이를 보인다. 비스크라에는 오스만 터키 병사 후손인 쿠루글리(Kouloughlis), 아프리카 노예 후손인 하라티니(haratini, 북서 아프리카의 오아시스에 사는 흑인을 말한다)도 살고 있다. 무엇보다 아라비아 반도에서 건너온 아랍인 '촴바'가 비스크라에 많이 몰려 살고 있다. 촴바★(Chaâmba)는 알제리의 베르베르어권 지역에서 아랍의 우월성을 내세우며 많은 문제를 일으키곤 한다. 어쨌든 사막의 다른 도시처럼 정적인 듯이 보이지만 인종의 다양성이 주는 이미지 때문인지 도시는 열기 속에서도 늘 북적거리며 동적인 이미지를 보여준다. 현지 조사를 하면서 잠시 머리를 식히고 다양한 문화를 볼 수 있는 곳으로 이곳만 한 곳이 없다.

그 옛날 사하라로 향해가는 여행객들은 이 지역의 다양성이 주는 매력에 빠져 비스크라를 반드시 거쳐 가려고 했을 것이다. 비스크라를 식민지 삼았던 유럽 사람들뿐만 아니라 이슬람학자까지 이곳을 방문했다. 이슬람 역사학자 이븐 할둔★★(Ibn Khaldun)은 비스크라에 머물면서 사하라 대상의 삶과 이슬람 전파 과정을 관찰한 대표적인 인물이다. 프랑스의 대문호 앙드레 지드도 이곳에 머물면서 체득한 경험들을 소설 <배덕자>에 많이 등장시켰으며, 그의 자유로움에 대한 갈망은 작품 속에 잘 드러난다. 그런 이유에서 유럽의 관광객이 이곳을 많이 찾는다고 들었는데, 아이러니하게도 내가 만난

★
알제리에 거주하는 아랍인을 말한다. 주로 사하라 일대와 오아시스에 거주하며 유목 생활을 한다. 베르베르인이 거주하는 지역에 들어가 종족 분쟁을 일으키기도 하며, 알제리에 100,000명 정도 살고 있다.

★★
이븐 할둔(1332~1406)은 중세 시대 이슬람의 역사가이자 사상가이다. 많은 기간을 알제리에서 거주하여 그와 관련된 학문적 발자취가 많다.

비스크라 사람 중 앙드레 지드를 알고 있는 사람은 아무도 없었다. 역사의 주인공이 이슬람으로 바뀌어서 그런 것인지도 모르겠다. 서구인의 흔적은 이 도시에서 폐허가 되거나 방치되고 있었다. 도심 속의 많은 유적은 더 이상 사람의 접근을 허용치 않는다.

비스크라로 가는 길에 제일 먼저 발견하는 것은 오아시스이다. 험준한 고평원 지대를 가다 느닷없이 만나게 되는 오아시스는 한마디로 장관이다. 여기에서 말하는 오아시스는, 흔히 우리가 상상하는 사막 한복판의 작은 우물만 하나 있고 사람도 거의 없는 오아시스가 아니라 열대야자수가 끝없이 펼쳐져 있고, 20만 명이 넘는 사람이 사는 도시 모습을 하고 있다. 친구 함마디가 우쭐대며 몇 마디를 던진다.

> "림! 봤어? 저 거대한 오아시스에서 생산되는 '다뜨(대추야자)'는 최고의 품질을 자랑하지. 미국이나 유럽에서 최고로 치는 '다뜨'가 바로 이곳에서 생산된다네."

친구 함마디가 목에 연신 힘을 주며 자랑한다. 이 친구가 이곳에만 오면 힘이 솟는 이유가 있다. 이곳은 함마디의 고향이면서 아랍적 정체성이 매우 강한 지역이기 때문이다. 이런 지역에서 태어나고 자라다보니 카빌리 지역과 같이 반 아랍적 정체성이 짙은 지역의 사람들을 아주 싫어한다.

어쨌든 비스크라의 오아시스는 보기만 해도 입이 딱 벌어질 정도의 크기이고, 이 지역이 세계 최대의 '대추야자(다뜨)' 생산지역임을 알 수 있다. 이곳에서 출시되는 상표는 **데그렛 누르 드 톨가★**(Deglet nour de Tolga)이다. 아랍 이슬람 국가에서는 이 상표가 찍힌 대추야자를 많이 파는데, 아는 사람은 상표만 보고도 최고의 품질로 인정한다. 그 옛날 사막의 대상들이 이 지역을 지나가며 피로회복제로 대추야자를 먹지 않았을까. 대추야자에서 대개 단맛을 느끼는 게 보통이지만, 현지에서 더운 날씨에 여행을 하다 보면 대추야자는 중요한 간식이나 요깃거리가 되기도 한다. 아직도 전통적인 방식으로 제조하는 비스크라 지역만의 대추야자 제조 방식은 먹는 것 이상으로 그 생산과정을 지켜보는 재미가 있다. 대추야자는 한 해의 농사를 마감하는 9월경에 수확하는데 그 모습이 진풍경이다. 농장주와 동네 사람들, 아이들까지 모여 다들 잘 익은 대추야자에 흐뭇해한다.

수십 킬로에 달하는 대추야자 생산지역은 걸어서 보기에는 불가능하다. 굳이 구경하려면 비스크라 지역에서 많이 볼 수 있는 작은 오토바이를 이용할 수 있다. 실제 오토바이는 오아시스에서 생활하는 지역민들의 필수품인데, 젊은이들이 멋을 내는 도구로도 이용된다.

대추야자 재배 모습을 보면 물이 많이 필요하다는 것을 느낄 수 있다. 최근에 사막을 가보면 관개 시설이 좋아진 덕분에 물 공급에 그리 어려움이 없어 보인다. 한때는 물이 부족해 사람들이 제대로 화장실 물조차 사용할 수 없던 시절이 있었다. 실제 내가 비스크라 현지인 집(함마디의 친척 집)에 머물 때만 해도 물이 모자라던 시

★ '톨가 지역 빛의 대추야자'라는 의미이다. 대추야자 중 유럽과 북미로 가장 많이 수출된다.

대추야자를 재배하는 농민. 대추야자의 수확 철에 농민들의 마음은 들뜬다. 어린 아들과 친척들이 대추야자를 정성스럽게 다듬고 흐뭇한 마음으로 마무리 손질을 하고 있다.

절이라 화장실에서 사용할 수 있는 물이 기껏해야 한 바가지 정도였다. 하지만 지금은 일반 가정집에서도 물을 자유롭게 사용할 수 있다고 한다. 주변에 새로 건설된 댐이 아마도 사람들이 물을 자유롭게 사용할 수 있는 주요 요인일 것이다.

숙소에서 좀 쉬고 싶은데 친구 함마디가 나가자고 한다.

"어딜 가려고 하는데? 피곤한데 오늘은 좀 쉬지?"

"여기까지 와서 안갈 수가 없지. 림, '함맘'에 가자. 림도 잘 아는 곳이잖아."

오아시스 안의 온천욕탕. 허름해 보이지만 온천수는 최고의 수질을 자랑한다. 온천탕 옆 건물 뒤로 여인들을 위한 온천욕탕이 있다.

몸이 무거워 쉬고 싶을 때는 사우나 생각이 간절해진다. 이곳 비스크라는 무엇보다 '함맘'(Hammam, 온천목욕탕)이 유명하다. 거대한 땅에 인위적인 공사를 해놓지 않은 건물에 들어가, 수도꼭지 장치도 없는 곳에서 자연수가 철철 흘러나오는 그런 온천욕을 즐기는 기분은 어떨까. 내 고향이 온천으로 유명한 유성인데, 유성온천보다 비스크라 함맘의 온천수 질이 훨씬 높게 느껴진다. 온천수가 수도꼭지 없이 나오는 것을 보노라면 물 공급이 얼마나 원활한지 가늠할 수 있다. 그렇다고 해서 우리나라에서처럼 풍족하게 물 사용을 할 수 있을 것이라는 상상은 금물이다. 목욕은 가정이 아닌 공공장소에서만 할 수 있다. 보통 현지 가족들은 일주일에 한 번 정도 이곳에서 사우나를 하고는 한다. 비스크라를 방문하는 여행객에게도 '함맘'은 필수 코스이다. 아마 그 옛날 사하라로 향하는 대상들도 이곳에서 쉬며 며칠씩 사우나를 즐겼을 것이다. 대상들은 비스크라에 오기 전까지 쌓인 피로를 이곳에서 풀며, 사하라로 떠날 준비를 했을 것이다. 류마티즘에 특효라고 해서 나이 드신 분들이 많이 찾는 함맘에서는 43~45도의 온천욕이 가능한데, 뜨거워도 찬물로 샤워를 못 하고 바로 나와야 한다. 안에 수도꼭지도 없고 찬물로 헹굴 수 있는 물이 따로 없기 때문이다. 안에 20분만 머물러도 땀이 흠뻑 나지만, 그대로 옷을 입고 나올 수밖에 없는 구조이다. 입구에서 제공하는 것은 탕 안(개별 탕)의 열쇠가 전부이며, 수건이나 기타 필요한 물건은 모두 개인이 챙겨야한다.

비스크라의 강한 햇빛을 받으며 야외 온천욕을 즐기는 것도 이색적인 체험이 된다. 특히 날씨가 좋은 날에는 온천과 햇빛을 보기만 해도 좋다.

남녀가 유별이라 함께 야외 온천욕을 즐길 수는 없다. 남성은 자유롭게 탁 트인 야외 온천에서 온천욕을 즐길 수 있지만 여성은 그럴 수가 없다. 그래서 야외 온천탕 옆에 여성을 위한 별도의 밀폐된 공간이 마련되어 있다. 뭐가 그리 즐거운지 여성을 위한 온천 쪽에서는 늘 웃음소리가 끊이질 않는다.

비스크라만의 특별함은 바로 길가에 이런 온천수가 많다는 것이다. 대추야자 농사를 지으면서, 유목민이 당나귀를 끌고 먼 길을 오갈 때, 또는 장사하는 이들과 여행객이 잠시 지나면서 길가 한 모퉁이에서 흘러나오는 온천수에 손과 얼굴을 씻기에 부족함이 없다. 온천수의 수증기가 내뿜는 열기와 비스크라의 더위가 맞물려 더 덥게 느껴지기도 하지만 온천수에 손과 얼굴을 씻다 보면 피부가 부드러워지고 촉감이 좋아진다. 특히 대추야자 나무 아래로 흐르는 물과 토담 아래로 흐르는 물은 우리네 인생과도 같다는 생각을 한다. 손을 씻을 때 인근 꼬마 녀석들이 몰려와 동양의 한 중년이 물을 음미하는 모습이 신기한지 주변을 에워싸고 힐끔

쳐다보기도 한다.

비스크라는 태양의 지역이다. 사하라 사막 중앙을 제외하곤 마그레브에서도 가장 덥기로 유명하다. 이곳은 여름이 아닌 봄과 가을에도 빛이 너무 강렬해 낮에도 햇빛을 보며 눈을 제대로 뜰 수 없다. 흡사 날 좋을 때의 지중해 바닷가 햇빛과도 같은 느낌을 받는다. 그 때문인지, 열대야자수, 햇빛, 물, 음식 등이 조화를 이루고 있는 이곳을 사람들은 프랑스 지중해 휴양도시 니스에 빗대어 사하라의 '니스'라고 부른다.

여타 사막 지역과 마찬가지로 이곳 사람들의 생활에서도 낮잠은 필수이다. 사람들은 저녁 늦게까지 일하고 밤늦은 시간까지 카페에서 대화를 나눈다. 알제리의 다른 지역과 달리 비스크라 카페에서는 '시샤'(물담배)를 물고 있는 사람을 흔히 만날 수 있다. 차 문화를 살펴보면 비스크라 사람들은 알제리인이 즐겨 마시는 커피 대신 차를 즐겨 마신다. 차는 이들에 하루의 더위를 날려주고 따뜻한 온기까지 더해줄 수 있는 음료이다. 더위에 건조한 기후 조건, 쇠고기와 양고기를 주식으로 하는 식생활, 술을 금하는 이슬람 문화 등이 이 지역민이 차를 더 선호하게 하였다고 한다.

오랫동안 수많은 사람이 오간 비스크라는 이슬람의 전통이 뿌리 깊은 곳이기도 하다. 이유는 마그레브에 이슬람을 전파한 사람이 비스크라 인근에서 순교했기 때문이다. 이븐 오크바★(Ibn Oqba)는 오늘날의 튀니지 카이루안(Kairouan)을 세운 인물이다. 그는 사하라 전역의 이슬람 전파와 마그레브를 거쳐 스페인까지 정복해가

★ 이븐 오크바(622~670)는 이슬람 초기 우마이야드 왕조(661~750)의 무아위야 1세가 마그레브에 이슬람을 정복하기 위해 총독으로 임명한 인물이다.

기 위한 중요한 거점 지역으로 비스크라를 선택했다. 치열한 전투가 벌어지고, 결국 베르베르인에게 암살된 오크바의 이름을 딴 '오크바'라는 도시가 비스크라 인근 20km 지점에 있다. 이슬람을 전파하기 위해 온 오크바의 순교는 이 지역을 순교의 지역으로 만들었으며, 지금도 사람들의 행렬이 오아시스 도시로 이어지게 한다.

이렇듯 비스크라는 다양한 문화가 교차해 왔지만 기본적으로 이슬람에 충실하면서도 보수적인 색채가 강한 도시이다. 대추야자 재배지역이라 전통적으로는 농업에 종사하는 이가 많았지만, 현재는 사하라에서 지중해로 이어지는 송유 가스 파이프라인이 비스크라를 관통한다. 그러다 보니 전통적인 농업이 아닌 자원 관련 업종에 종사하는 이가 많아졌다. 최근 비스크라는 함맘을 이용한 관광업으로도 새롭게 조명을 받고 있다. 전통 농업과 자원 관련 산업, 알제리에서는 보기 드문 관광산업, 게다가 보수적인 이슬람 색채까지 이방인인 나에게 비스크라는 낯설지만 다양한 사람의 숨결을 느낄 수 있는 곳이다. 역사 속에서 얼마나 많은 대상이 이곳을 지나 사하라에까지 이르렀을까를 이 지역을 보며 다시 생각하게 된다. 그래서인지 지금도 마그레브 지역을 방문할 때면 잠시라도 이곳의 숨결을 느끼고 싶어 잊지 않고 꼭 들르게 된다.

STORY
06

# 아프리카의 심장,
# 콩고민주공화국 이야기

김 · 광 · 수

콩고 여자들의 헤어스타일

킴방구 교회에서 겪은 일

콩고의 복잡한 대중교통 시스템

가장 긴 하루, 가장 비싼 사진

# 콩고민주공화국
(Democratic Republic of the Congo)

## 콩고 여자들의 헤어스타일

아프리카 여자들이 몸을 치장할 때 가장 정성을 들이는 부분은 어디일까? 화장이나 옷맵시라고 할 수도 있지만 헤어스타일인 것 같다. 남자의 헤어스타일은 머리를 짧게 깎는 '박박머리'로 비교적 간단하다. 그러나 과거 전통사회에서는 전사인 남자도 여자 못지않게 세심하게 공들여 머리를 장식해야 했다. 예를 들어 동아프리카의 마사이(Maasai)나 삼부루(Samburu)족 전사는 동물지방과 진흙을 사용해 머리를 정교하게 땋거나 꼰다. 마른 상태의 머리를 만져보면 마치 무슨 투구를 쓴 것 같기도 하고 영화 <스타워즈>에 나오는 다스베이더 가면처럼 느껴지기도 한다.

아프리카를 다니면서 여자들이 헤어스타일에 아주 많은 정성을 들이는 것을 자주 본다. 그러나 콩고민주공화국(이하 콩고)에서처럼 다양하고 풍부한 헤어스타일을 만나지는 못했다.

아프리카인이 생각하는 가장 아름다운 헤어스타일은 어떤 모습일까? 여자들은 바람에 출렁이는 긴 생머리를 선호해 가능하면 긴 머리의 헤어스타일을 만들려고 노력하는 것 같다. 이런 미적 기준이 식민지배 시기 백인들의 헤어스타일의 영향으로 생겨난 것은 사실이지만, 그것이 아프리카인들이 가질 수 없는 헤어스타일이기에 더 큰 열망의 대상이 되었음은 쉽게 짐작할 수 있다. 아프리카인은 일반적으로 검은색의 곱슬머리인데 조금 자라면 돌돌돌 말려 덥수룩하게 된다. 그래서 머리를 기르면 마치 오랫동안 감지 않은 더벅머리처럼 보인다. 이런 머리카락을 펴서 우리처럼 곧게 뻗은 머리카락으로 만들려면 정말 어렵다.

그래서 아프리카인은 머리를 꼬거나 땋았으며, 가는 실을 이용하여 가발을 만들었다. 과거에는 아프리카 사회에서 가발을 한다는 것은 일반 사람은 생각할 수도 없는 일이었다. 시간도 반나절 이상 걸릴 뿐만 아니라 2명 이상이 도와주어야 했다. 가지고 있는 머리카락으로 긴 머리로 땋아 내리거나 가발을 이용하는 것은 시간과 돈이 많이 드는 일로 아무나 할 수 있는 것이 아니었다. 추장의 부인이나 딸 또는 귀족만이 할 수 있었고 요즘에도 많은 돈을 들여야만 할 수 있다.

아프리카 여자들 역시 아름다움을 가꾸는 데에는 돈을 아끼지 않는다. 우리 돈으로 1만 원에서 3만 원까지 하는 거금★(?)을 가발을 하는 데 쓴다.

케냐의 나이로비나 탄자니아의 다르에스살람 시내를 걷다 보면 땋아 내린 머리를 하고 다니는 멋진 여자를 자주 볼 수 있다. 사실은 진짜 머리카락이 아니라 색깔이 있는 실을 머리카락에 연결하여 땋아 내린 것이다. 아프리카에서는 머리를 땋기 위한 실과 이런 실로 만든 가발이 아주 잘 팔리고 있다.

아프리카 여자들이 선호하는 헤어스타일을 볼 때마

★ 우리 돈 1만 원은 콩고의 가치로 환산하면 큰돈이라고 할 수 있다. 예를 들어 가장 힘든 부두의 노동자 일당이 우리 돈으로 약 5천 원이며 대졸자 평균 월급이 약 25만 원이다.

다 나는 아프리카에서 돈을 제일 많이 버는 방법은 단연코 머리 펴는 약을 개발하는 것으로 생각한다. 아프리카인의 머리카락은 매우 독특해서 웬만한 약으로는 펼 수 없다. 아프리카 도시에서 길을 가다 보면 가끔 머리를 곧게 편 헤어스타일을 만날 수 있다.

브레실리안 카벨로 헤어스타일. 내가 만난 그레이스(Grace)의 헤어스타일은 가발이라고 생각이 들지 않을 정도로 자연스러웠다.

이런 머리 형태는 정확히 말하면 모든 방향으로 펴서 무스나 스프레이로 머리카락을 단단히 고정한 것으로 곧게 편 머리카락도 20cm를 넘지 않아 부자연스럽다.

현지조사 중인 2015년 8월 3일에 킨샤사대학교에서 한 여학생을 만나 헤어스타일에 대한 인터뷰를 했다. 나는 그레이스(Grace)와 인터뷰를 시작하자마자 그녀의 헤어스타일이 너무나 예뻐 어떤 헤어스타일이냐고 물었다. 그녀가 한 헤어스타일은 브레실리안 카벨로(Bresilian Kabelo)로 머리를 한 지 1주일 밖에 안 되었다고 답했다. 나는 아프리카인의 머리카락이 자라는 특성을 잘 알고 있기 때문에 어떻게 이런 헤어스타일이 가능한지 궁금해서 묻지 않을 수 없었다.

브레실리안 카벨로는 얇은 실로 만든 인조 머리카락을 사용해 락(lock ; 레게머리)을 한 것이라고 설명해주었다. 특히 건기에는 건조함을 막기 위해 머리카락이 머리를 덮을 수 있도록 한다고 했다. 헤어스타일에 얼마나 돈

헤어브레이드 헤어스타일. 머리에서부터 땋고 엮어 내린 모습이 한눈에 정성과 시간이 들어갔다는 것을 느낄 수 있다.

리아나 헤어스타일. 마타디에서 만난 여대생의 곧게 편 헤어스타일은 정말 매력적이었다.

을 쓰는지 알고 싶어서 한 번 머리를 하면 어느 정도 지속되는지 물었다. 그레이스는 자신이 한 카벨로 헤어스타일은 사람마다 다르지만 약 1-3개월까지 지속된다고 한다. 그녀에게 왜 이런 헤어스타일을 좋아하느냐고 물었더니 이런 헤어스타일은 약 3달가량 지속되어 다른 헤어스타일에 비해 매우 오랫동안 할 수 있기 때문에 좋아한다고 했다.

어떤 헤어스타일을 가장 좋아하는지 질문했는데 그녀는 가모를 이용해 머리카락을 꼬거나 엮어서 땋아 내리는 헤어스타일을 좋아한다고 대답했다. 최근 콩고에서 가장 유행하는 패션은 위브 스타일(weave style)의 땋아 내린 헤어브레이드(Hair Braid)라고 답했다. 직장에 다니는 아가씨나 나이가 좀 든 대학생은 위브 스타일을 선호하는 편인데 스케일(scale)이라는 얇은 인조실을 이용한다. 콩고 여자의 약 20%가 이 헤어스타일을 하고 다니며 가격은 약 3,000프랑★(한화 약 3600원)이다. 이 헤어스타일의 단점은 오래 지속되지 않아 매주 새로 해야 할 뿐만 아니라, 매우 덥다고 설명했다. 그녀는 개인적으로 리아나(Rhiana)라는 헤어스타일도 좋아한다고 했다. 가느다란 인조머리카락을 이용하여 곧게 뻗은 헤어스타일을 만드는데 우리나라의 스트레이트와 같은 형태를 말한다.

마보코 헤어스타일. 마보코는 단정한 모습의 헤어스타일로 중등학교 학생이 주로 한다.

그레이스는 중등학교 여학생이 락 머리를 하는 것은 금지되어 있다고 했다. 여학생은 '마보코(Maboko)' 또는 '랍(Rab)'이라는 특별한 형태의 헤어스타일만 해야 하며 다른 스타일은 허락되지 않는다고도 이야기해 주었다. 그러니까 일종의 학생 헤어스타일인 셈이다. 그러나 학생은 방학 동안에는 어떤 형태의 헤어스타일을 해도 문제가 되지 않기 때문에 다른 헤어스타일을 하는 경우가 많이 있다고 한다.

특별히 세대 간 선호하는 헤어스타일이 다르지는 않다고 했다. 그러나 나이 든 여자나 어머니는 대개 자신만의 헤어스타일을 고집하는 경우가 있어, 어떤 여자는 위브 스타일만을 선호하는 데 반해, 다른 여자의 경우는 가발을 착용하기도 한다. 반면 젊은 여자들은 락 같은 헤어스타일을 더 좋아한다고 했다. 결혼식, 승진, 생일, 졸업식 등 특별한 날에 락 헤어스타일을 즐겨 한

★
콩고의 화폐는 콩고 프랑(Franc Congolais)이다. 2016년 1월 15일 현재 환율은 1달러당 930에서 940프랑이다.

단다.

얇은 인조 실을 이용해 머리를 할 경우 약 25,000프랑이 든다. 일반적으로 살롱에서 모두 할 수도 있지만, 자신이 좋아하는 색과 굵기의 실을 사서 살롱에 그것을 주면서 해달라고 한다. 보통 자신들이 가는 살롱은 바꾸지 않고 단골로 이용한다.

킨샤사에서 만난 30세의 살롱 직원 프랑신느(Francine)에게 왜 콩고 여자들이 헤어스타일에 신경을 많이 쓰는지 물어보았다.

"보통 여자들은 꾸미는 걸 좋아하지 않나요?"

"저희도 좋아하지요."

"특히 헤어스타일에 신경을 많이 쓰지요. 이유는, 저희는 화장해도 티가 잘 나지 않아요. 긴 생머리는 예뻐 보이고 싶어서 하는 것 아니겠어요?"

그녀는 살롱에 찾아오는 여자는 비교적 경제적으로 여유가 있는 사람이고 대다수는 각자 집에서 친구를 불러서 머리를 한다고 이야기해 주었다. 살롱에는 가발회사에서 주고 간 카탈로그가 여러 개 배치되어 있어서 그중에 손님이 맘에 드는 색상과 모양을 고를 수 있다고 했다. 그러나 대부분 손님은 보통 자신이 어떤 헤어스타일을 할 것인지 결정하고 오는 경우가 대부분이라고 한다. 가격은 보통 가발의 양에 따라 다른데 5,000프랑에서 10,000프랑 사이로 다양하다.

프랑신느는 여자들은 보통 짧게는 2주에서 길게는

마시나(Masina)의 헤어살롱. 여자는 많은 시간과 돈을 들여 살롱에서 자신이 좋아하는 헤어스타일을 한다.

한 달 간격으로 가발을 바꾼다고 설명했다. 마음에 안 들어도 한 번 하면 최소한 2주 정도 하고 다녀야하기 때문에 헤어스타일을 바꾸는 데 아주 신중하다고 전해 주었다. 그리고 가발도 유행을 타기 때문에 최신 유행을 따르고 싶어 하고 싼 것을 하면 촌스러운 여자로 취급받을 수 있으므로 매우 신중하다고 말해 주었다.

하루 손님이 얼마나 되는지 물었더니 하루에 다섯 명에서 열 명이 온다고 했다. 손님 수가 너무 적은 것 같다고 물었더니 아무래도 아직은 살롱에 오는 것이 일반적이지는 않기 때문이라고 말해 주었다. 자신도 예전에는 친구들이랑 서로의 머리를 해주었지 살롱은 쉽게 갈 수 없는 곳으로 알고 있었다고 한다.

그녀의 말로는 가발도 다른 상품과 마찬가지로 중

국산이 제일 많고 값도 싸다고 한다. 중국산 가발의 가격은 1,000프랑에서 10,000프랑 사이다. 콩고 여자는 앙골라에서 수입한 가발을 제일 선호하는데 거의 100,000프랑 정도나 한다. 당연한 얘기지만 가격이 높을수록 가발이 진짜 머리카락 같다고 한다. 가발은 한 번 사용하면 재활용이 안 되어 반드시 버려야하기 때문에 사실 상당히 부담스러운 가격이다.

"왜 그렇게 헤어스타일에 많은 돈을 써요?
"남자에게 관심을 받고 싶어서죠! 예쁜 가발은 남자들의 관심을 끌기에 충분하거든요."
"언제 남자가 관심을 갖는다고 느껴요?"
"길을 가면 남자가 나를 바라보고 있는 것이 느껴져요"

이곳에서도 예쁘다는 말은 가장 좋은 말인 것 같다. 예뻐지고 싶고 관심을 받고 싶어 헤어스타일에 정성을 들이는 것은 당연하다는 생각이 들었다.

마타디★(Matadi)에서 만난 42세의 교사인 찰리(Chaly)에게 헤어스타일을 어떻게 관리하는지 물었다.

★ 마타디는 우리나라의 인천과 같은 항구도시로 수도인 킨샤사에서 약 365km 떨어진 콩고 강 하구에 있다. 콩고에서 가장 좋은 도로로 알려져 있으나 차량으로 약 7시간이 걸린다.

"얼마 만에 헤어스타일을 바꾸세요?"
"거의 한 달에 한 번씩은 머리를 바꿔요."
"한 달에 8,000프랑은 좀 비싸지 않아요?"
"여자는 다 예뻐 보이고 싶어 하니까 어쩔 수 없지요."
생각보다 비용이 많이 든다고 생각되어 왜 그렇게 자

주 헤어스타일을 바꾸느냐고 물었다. 돌아온 답은 남편이 젊고 예쁜 여자와 바람피울까 걱정되어 신경을 쓰고 있다는 의외의 답이었다.

“8,000프랑이 아깝다고요?

“남편이 딴 여자랑 살림 차리면 어떻게 해요? 그러면 저는 죽고 싶을 것 같아요. 아마 대부분의 여자가 저처럼 생각할 거에요.”

아름다운 헤어스타일을 유지하는 것이 가정을 지키기 위한 것이라는 그녀의 말을 듣고 생각을 바꾸게 되었다. 조사 하면서 헤어스타일을 바꾸는 일이 왜 중요한 ‘의식’처럼 생각하는지 좀 더 이해할 수 있게 되었다. 킨샤사에서 만난 40세의 회사원 몬도(Mondo)의 이야기는 위의 상황을 더 잘 설명해주는 것 같았다.

“당신은 아내의 헤어스타일에 대해 어떻게 생각하세요?”

“말도 마세요. 얼마 전에 가발 때문에 마누라랑 대판 싸웠어요.”

“왜요?”

“참 나! 머리를 3주 전인가 했는데 또 바꾸겠다는 거예요.”

여자들이 헤어스타일을 바꾸고 싶어 하는 것은 당연한데 왜 싸웠느냐고 물었더니 역시 돌아온 대답은 돈

때문이라고 했다. 그의 설명은 자신이 벌어오는 돈에 비해 비싼 가발을 하려는 것을 이해하지 못하겠다고 했다.

인간의 머리는 역사적으로 자신의 개성을 표현할 수 있는, 일종의 3차원 캔버스 같은 기능을 한다. 머리는 미적인 기능 외에도 공동체적이며 사회적인 가치를 표현할 수 있는 도구의 역할을 해 왔다. 머리는 복잡하게 디자인된 머리 장식, 가발, 보석으로 장식된 왕관 또는 조각품으로 치장되었다. 곱슬곱슬한 머리카락부터 자연스러움과 웨이브까지 다양한 질감과 농도를 가진 머리카락을 이용하여 다양한 머리 장식이 발전했으며, 아프리카 사회에서 머리 장식은 몸 장식의 또 다른 형태로 발전하였다.

유명한 음악가, 미술가, 예술가들이 아프리카 헤어스타일을 따라하면서 국경을 넘어 세계적으로 퍼져나가고 있다. 또한, 아프리카인의 헤어스타일은 패션과 예술분야에도 많은 영향을 주고 있다.

# 킴방구 교회에서 겪은 일

현지조사를 위해 매년 콩고를 방문하는데 길거리에서 예배나 신앙부흥회를 알리는 포스터를 많이 보게 된다. 그럴 때마다 이 나라 사람들은 정말 종교에 대한 열정이 대단하다는 생각을 하게 된다. 콩고에 체류하면서 기독교가 다양한 모습으로 존재한다는 것을 알았는데, 신기하게도 콩고 사람들과 이야기를 하면서 자신이 속하지 않은 종파에 대해 헐뜯거나 공격하는 모습을 본 기억이 없다. 아마도 이런 내 생각에 대해, 혹자는 현지조사가 현지인과 밀착해 깊이 있게 진행되지 못해서 내린 성급한 의견이라고 비판을 할 수도 있을 것이다. 그러나 내가 만난 콩고 사람들은 일반적으로 다른 종교에 대해 매우 관대한 태도를 보였는데, 이런 모습이 바로 아프리카 문화의 다양성을 반영하고 있는 것이 아닐까 생각하게 된다.

콩고에서 일요일에 많은 사람이 각자 자신의 교회에서 예배하는 모습을 본다. 예배가 끝난 후에 친구와 이야기를 나누면서 다른 사람의 종교나 종파에 대해 부정적으로 말하지 않고 존중하는 모습이 나에게 아직 익숙한 풍경은 아니다. 사실 르완다의 인종학살 현장에서, 케냐의 키베라 슬럼가에서, 말리의 사헬지역에서 인간의 목숨과 삶이 얼마나 하찮은 존재였는지 보아 왔다. 참혹한 모습을 볼 때마다 내가 인간이라는 것에 분노를 느끼며 많은 사람이 애타게 절규하면서 신을 찾을 때 '아프리카의 신은 어디에 있었는가?'라고 질문을 했던 기억이 있다. 콩고에서 이러한 생각을 살짝 이야기했을 때 돌아온 "신은 있으며 아프리카인을 사랑하고 있다"는 말은 사실 그다지 가슴에 와 닿지 않았다.

아프리카에서 가장 가난한 나라 중 하나가 바로 콩고인데, 콩고인들은 왜 그리도 열심히 신을 찾는지 궁금했다. 콩고의 기독교 영향력은 사회 전반에 걸쳐있다. 전체 인구 중 약 50%가 로마 가톨릭이고, 약 20%가 개신교다. 아프리카화 된 기독교의 일파로 아프리카 독립교회★(African Independent Churches: AICs)를 대표하는 킴방구 교회(Kimbanguist Church)에 다니는 사람들도 약 10%에 이른다. 즉 콩고 전체 인구의 약 80%가 기독교도라는 결론이다.

선교활동이 아프리카에 끼친 영향이 아무리 긍정적이라고 해도 아프리카의 기독교화는 식민지배의 부산물이다. 아프리카 민족주의자들이 볼 때 서구의 선교사들은 제국주의의 앞잡이였다.

케냐의 초대 대통령이었던 조모 케냐타(Jomo Kenyatta)는 "선교사들이 왔을 때 아프리카인들에겐 땅이 있었고 기독교도들에겐 성경이 있었다. 그들은 우리에게 눈을 감고 기도하라고 가르쳤다. 우리가 눈을 떴을 때, 그들에게 땅이 있었고 우리에게 성경이 있었다."라고

★
아프리카의 전통과 문화가 서구 기독교와 혼합되어 아프리카화 된 기독교라고 할 수 있다. 일부 종파에는 메시아 지도자(재림한 예수라고 주장하는 사람)도 있다.

주장했다. 내가 잠비아 리빙스톤 박물관을 방문했을 때 본 한 장의 그림이 너무나 가슴에 와 닿았다. 한 백인이 오른손에는 총을, 왼손에는 성경책을 들고 있는 그림이었다. 이 그림은 평화와 사랑으로 정의되는 기독교가 '성경과 총'이라는 이미지로 식민지배 시기에 아프리카인을 괴롭혔다는 것을 바로 보여주고 있었다.

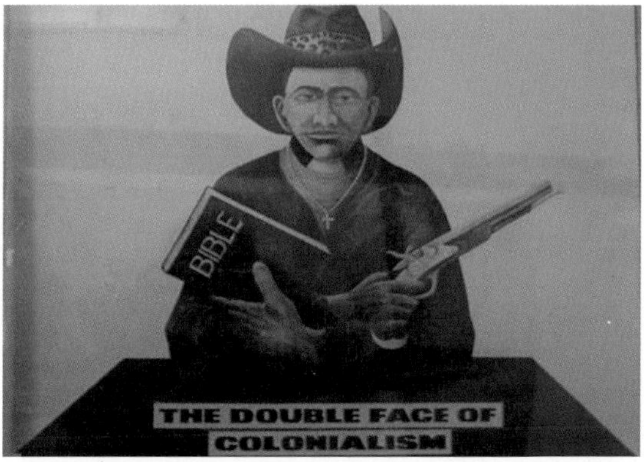


잠비아 리빙스톤 박물관의 그림. '한 손에는 성경을, 한 손에는 총을'. 아프리카인은 유럽인과 기독교를 침략자로 인식하고 있다.

도나 베아트리스(Dona Beratrice)라고 불렸던 킴파 비타(Kimpa Vita)는 1706년 7월 2일 포르투갈에 의해 산채로 불태워 살해되었다. 그녀는 성 안토니우스(St. Antony)의 영혼이 자신에 재림했다고 주장하면서 가톨릭 교회를 비판했다. 예수는 아프리카인이었으며 열두 제자들도 모두 아프리카인이라고 주장하면서 종말이 되면 예수가 콩고 왕국을 재건할 것이라고 주장했다. 그녀는 십자가가 마력을 지닌 부적처럼 사용되지 말아야 하며 아프리카에서 만나는 예수는 아프리카인의 모습을 해야 한다고 설교했다. 포르투갈의 식민 지배와 노예무역에 대한 저항으로 '경멸받는 아프리카인의 그리스도를 향한 깊은 갈망'이 그녀를 통해 최초로 나온 것이다. 킴파 비타는 포르투갈이 보여준 백인 그리스도 이미지, 즉 '착취자의 그리스도가 어떻게 고통받는 아프리

▣ 킨샤사 시내의 기독교 광고. 수도인 킨샤사뿐만 아니라 다른 도시에서도 자주 볼 수 있을 정도로 기독교 활동이 활발하다.

카인을 도울 수 있는가?'에 대한 근본적인 질문이었다.

콩고 사람들은 기독교와 유럽인의 침략에 대해 비판적 시각으로 바라본다. 유럽인의 배신과 위선으로 인해 고통받았다고 생각하며 유럽인이 도착하기 이전 위대했던 아프리카의 과거에 대한 향수가 있다.

왜 아프리카인은 선교사가 세운 교회에서 뛰쳐나와 아프리카화 된 교회를 세우려고 했을까? 백인 선교사는 아프리카인이 하느님께 기도하려고 하면 언제나 자신을 통해서 이야기해야 한다고 했고, 아프리카에서 나오지도 않는 포도주와 음식으로 세례를 하여 아프리카인은 이질감을 느낄 수밖에 없었다. 하느님이 아프리카인을 창조하였고 문화를 주었는데도 불구하고 아프리카인의 문화는 미개하고 야만적인 것으로 생각하는 백인 선교사를 보면서 근본적인 물음을 가질 수밖에 없었다. 아프리카인은 아프리카적인 상징과 이미지로 자신의 기독교 신앙을 표현할 수 있는 교회, 즉 자신들이 편하게 느낄 수 있는 교회를 원했다. 백인 선교사는 많은 전통적 믿음과 관행들을 그저 '이단'이라거나 '미신'으로 치부하였고, 금지하였다. 또한 아프리카인에 관한 한 선교사와 식민주의자는 한 패였으며 인종주의자적 인식을 공유했다.

콩고의 절대다수가 기독교를 믿게 된 것은 역사로부터 그 원인을 찾을 수 있다. 14세기에 콩고 강 유역에 가장 큰 왕국을 건설했던 콩고 왕국★(Kongo Kingdom)은 1484년 콩고 강 입구에 도착한 포르투갈 탐험가 디오구 캉(Diogo Cão)에 의해 알려졌다. 포르투갈과 접촉이 늘어나면서 가톨릭이 전해졌고 은징가 음벰바(Nzinga Mbemba) 왕은 1491년 아폰소(Affonso)라는 세례명을 받고 1506년 콩고의 왕 아폰소 1세로 즉위했다. 이에 따라 콩고 왕국은 사하라이남 아프리카에서 처음으로 가톨릭을 받아들이고 왕이 개종한 아프리카 왕국이 되었다.

그러나 현재 콩고에 기독교가 널리 퍼진 이유는 무엇보다도 포르투갈이 가톨릭을 소개할 당시 가톨릭 의식과 성물이 콩고의 전통 종교에 통합되었다는 점이다. 교역에 관심이 많았던 포르투갈이 가톨릭이 토착적 성격을 갖게 되는 것을 크게 문제 삼지 않았고, 이는 콩고에서 독특한 문화적 융합이 이루어질 수 있게 한 중요한 요인이 되었다.

★ 현재의 콩고민주공화국, 콩고공화국, 앙골라에 바콩고(Bakongo) 족이 콩고 왕국을 건설하였다. '콩고(Kongo)'라는 용어는 콩고 왕국에서 비롯되었으며 'Congo'와 'Kongo'는 사실 같은 의미다.

◪ 킴방구 교회 성전. 킴방구 교회 성전에서는 반드시 맨발로 다니는 규율을 따라야 하며 봉사도 해야 한다.

현지조사 중 만난 국립교육대학교(Université Pédagogique Nationale: UPN) 역사학과의 마투캉가 교수(Prof. Matukanga Mbalu Boniface)는 킴방구 교회가 콩고에서 종교적으로 가장 큰 아프리카 독립교회라고 설명했다. 킴방구 교회는 벨기에 식민지배에 대한 투쟁에 적극적으로 참여했기 때문에 콩고역사에서 중요하며 더 깊이 있는 연구가 필요하다고 조언했다. 현재 콩고에서 킴방구 교회의 역할은 이전처럼 강하지 않지만 여전히 중요한 종교로서 존중받고 있는데, 가령 대통령이 되면 은캄바(Nkamba)에 있는 킴방구 교회를 방문하여 파파★(Papa)를 만나는 것은 그 증거라 하겠다.

시몬 킴방구는 영국 침례교회에 다녔으나 1921년 위대한 치료사이며 예언자로 행세하며 콩고인의 교회를 만들었다. 그가 만든 킴방구 교회는 콩고와 중앙아프리카 국가에 신도를 가지고 있는 가장 큰 아프리카 독립교회다. 청교도적인 금욕주의 윤리를 따라 폭력·복혼·주술·음주·흡연 등을 금하고 있다. 시몬 킴방구는 하느님의 예언자로, 그 아들과 손자는 성령이 현세에서 부활한 것이라고 주장한다. 1921년 벨기에 식민정부는 혹세무민의 혐의로 그를 체포하였고 1951년 옥사하였다. 특히 그의 행적은 콩고 전역에서 이루어졌기 때문에 많은 사람이 그를 예언자이며 식민지배에 대한 저항의 상징으로 여기고 있다.

★
은캄바에서 파파는 교주를 지칭한다. 시몬 킴방구를 부를 때 파파라고 불렀다.

시몬 킴방구는 1951년 사망했으나 그가 이룩한 킴방구 교회는 종교적 성장을 계속했고, 그가 묻힌 음반자 응군구(Mbanza Ngungu)의 은캄바에 본부가 있다. 나는 킴방구 교회의 성전이 있는 바콩고 주의 은캄바를 꼭 방문하고 싶었다. 현지조사를 하던 중 2014년 7월 24일 필요한 준비를 한 후 드디어 은캄바를 향해 출발하였다.

은캄바를 가려면 킨샤사에서 바콩고 주의 주요 도시 중 하나인 음반자 응군구까지 가야 하는데 약 130km로 포장이 비교적 잘 되어 있다. 그러나 음반자 응군구에서 은캄바까지는 비포장 길로 약 65km 떨어져 있다. 이곳을 방문하려면 우선 음반자 응군구의 킴방구 교회에 가서 심사를 받고 허가서를 받은 다음 은캄바로 갈 수 있다. 이곳에 도착하여 성전에 들어가려면 모두 5곳에서 공항보다 더 철저한 검색을 받아야 한다. 입구에 걸려 있는 '은캄바 새로운 예루살렘(NKAMBA Nouvelle - Jérusalem)'이라는 간판을 보면서 왜 킴방구 교회가 예루살렘이라는 말을 사용하였는지 잠시 생각에 잠겼다. 킴방구 교회가 지향하는 이상향이나 목표를 제시하지 않고 '예루살렘'이라는 용어를 사용한 것은 킴방구 교회가 예루살렘의 권위를 이용하려고 하는 것은 아닐까 생각했다. 더 나아가 이상한 '사이비 종교 집단'처럼 보일 수도 있지 않을까 생각하게 되었다.

첫 번째 관문에서는 공항에서 경찰이 사용하는 검색기로 차량을 검사하였다. 여러 가지 조사를 마친 후 마지막 관문에서는 A4 1쪽 분량의 주의사항을 하나씩 들고 잘 지키겠다는 서약을 하고서야 들어갈 수 있었다. 이곳은 단순한 교회가 아니라 하나의 공동체로, 거대한 마을이나 도시의 모습을 하고 있다.

교회 내에서는 신발을 벗고 다녀야 했고 파파를 배알하고 허락이 떨어져야 돌아다닐 수 있다. 처음에는 절차가 너무 복잡하여 무척 짜증이 났으나 들어가서 보니 마치 하나의 왕국처럼 느껴졌다. 이곳에서 머무는 사람에게는 먹을 것이 제공되었다. 곳곳에서 많은 사람이 성전을 확장하기 위해 일을 하고 있었는데, 아주 열심히 그리고 성실하게 일을 하고 있었고 잘 조직화되어 있다고 느꼈다. 모두 친절하고 따뜻하게 맞아주었는데 이곳에 오는 외부 손님은 무료로 먹고 자고 할 수 있다고 했다. 나는 '종교를 통한 이상적인 왕국 건설'이 이런 모습이고 바로 이곳이 그런 곳이 아닐까 생각하게 되었다.

파파를 배알하기 위해 많은 사람이 예배실에서 기다리고 있었고 차례대로 나와 파파 앞에서 무릎을 꿇고 마치 세례를 받듯이 축복을 받았다. 함께 동행했던 음반자 응군구 교육대학(Institut Superieur Pedagogique : ISP) 영어과의 페페 교수(Prof. Matondo Pepe)도 무릎을 꿇고 축복을 받았다.

"기독교인이면서 왜 의식에 참여했어요?"

"나는 킴방구 교회 신자는 아니지만 파파와 킴방구 교회를 존중하기 때문이에요."

뜻밖에 매우 유연하게 대답하는 그를 보면서 서두에 제기했던 의문이 조금이나마 풀렸다. 다양한 종파의 기독교가 있음에도 불구하고 왜 콩고가 종교 갈등이나 분쟁이 없는지 이해할 수 있을 것 같았다.

파파는 내가 스와힐리어*를 할 수 있는 동양인이라는 데 놀라워하며 그의 집무실로 불렀고, 덕분에 파파와 개인적으로 인터뷰할 수 있는 시간을 가졌다. 파파는 어떻게 이곳에 오게 되었는지 자세히 물어보고 과거에 동양에서 아프리카를 잘 알고 스와힐리어를 하는 메시아가 온다고 했는데 파파는 내가 바로 그 메시아라고 했다. 그리고 어리둥절해 있는 나에게 킴방구 교회 방송팀에서 인터뷰했다. 스와힐리어로 약 5분간 진행했는데 어떻게 이곳에 오게 되었는지 킴방구 교회를 어떻게 생각하는지 물었다. 킴방구 교회를 현지조사하고 싶어 왔다는 설명과 함께 시몬 킴방구와 킴방구 교회가 콩고 역사에 얼마나 중요한 역할을 했는지 아는 지식을 총동원해서 '외교적' 발언을 열심히 하였다. 촬영이 끝나고 나서 이 화면을 누가 보느냐고 했더니 모든 킴방구 교회 신자들이 볼 것이라고 했다. 며칠 더 있다 가라는 '환대(?)'를 정중히 거절하며 빠져나오느라 애를 먹었다. 왜 그들이 나를 메시아라고 했을까? 자신의 종교가 위대하다는 것을 알리려고 했을까? 아니면 세계화된 종교로서 홍보하기 위한 것이었을까?

파파는 다음에 올 때 꼭 킴방구 교회 게스트하우스 숙소에서 며칠 머물고 가라고 권했다. 전해 들은 바로는 방문하는 중요한 손님이나 외국인이 묵는 이곳은

★ 콩고는 220여개 이상의 언어가 사용되고 있지만 4개의 주요 언어가 교통어로 사용되고 있다. 링갈라(Lingala)어, 키콩고(Kikongo)어, 칠루바(Tshiluba)어,스와힐리(Kiswahili)어가 사용된다.

호텔 못지않게 시설이 좋고 모든 것이 무료라고 했다. 그러나 킴방구 교회를 벗어나면서 비포장의 시골길에 초가와 움막을 짓고 살아가는 콩고인을 보면서 무언가 잘못되었다는 생각을 저버릴 수 없었다. 그럼에도 불구하고 콩고인의 종교에 대한 태도나 다른 종교에 대한 존중은 '정통'이냐 '이단'이냐의 논쟁을 떠나 나에게 시사하는 바가 컸다. 분명히 '평화로운 공존'이 가능하다는 생각을 가지기에 부족하지 않았다.

## 콩고의 복잡한 대중교통 시스템

아프리카에서는 높은 출생률로 인한 인구의 자연증가와 농촌인구의 도시 유입으로 인한 급격한 도시화가 진행되고 있다. 전 세계 다른 국가들과 달리 아프리카에서는 산업화로 인한 사회·경제적 변화가 아닌 빈곤이 도시화의 원인이 되었다. 게다가 가난으로 인해, 72%의 도시 거주자가 빈민가에서 살고 있다. 오랜 현지조사 경험에 의하면 아프리카 최악의 대도시는 콩고의 수도 킨샤사★(Kinshasa)가 아닐까 싶다. 킨샤사를 '도시 지옥'이라고 표현하는 사람들도 있을 정도다. 도시 생활이 얼마나 나빠질 수 있는지를 보여주는, 한마디로 망가진 도시로 묘사된다.

이 도시에서는 아마도 1달러 미만으로 하루를 살아가는 사람이 전 세계 그 어느 도시보다 많을 것이다. 킨샤사의 상황은 끔찍하고 이곳에서 살아가는 사람들의 고통은 상상하기조차 힘들다. 물과 전기는 아예 공급이 안 되거나 자주 끊기고 도시의 많은 부분이 말 그대로 쓰레기로 덮여 있다. 아주 낮은 소득으로 간신히 살아가고 있는 많은 사람이 계곡, 협곡, 비탈, 시내, 강기슭 그리고 도랑에 걸쳐서 시골에서처럼 살아가고 있다. 즉 인구밀도로 보면 도시라고 할 수 있지만 도시의 혜택은 전혀

★ 레오폴드 2세는 자신의 이름을 따서 레오폴드빌(Léopoldville)이라고 불렀다. 1966년 킨샤사로 이름을 바꾸었으며 이웃하고 있는 브라자빌과 콩고 강을 사이에 두고 있다.

◪ 킨샤사 시내의 도로 상황. 킨샤사 시내의 주요 도로는 최근 중국이 포장하였지만, 대부분 도로가 아직 비포장이며 비가 내리면 길에 물이 고인다.

누리지 못하는 것이다.

콩고의 대중교통은 시스템이 있다고 느낄 수 없을 만큼 불편하다. 특히 이곳에 사는 사람이 아니라면 더욱 심하게 불편을 느낄 수 있다. 수도인 킨샤사의 대중교통은 국가에서 운영하는 버스를 제외하고 모두 개인이 운영한다. 이렇게 설명하면 국가에서 운영하는 버스 노선이 잘 되어 있을 것 같지만, 사실은 정부청사 건물 주위에서나 정부가 운영하는 버스를 보았을 뿐 시내에서 그렇게 자주 보지는 못했다.

킨샤사를 제외한 전국의 버스, 택시, 오토바이 택시 등 모든 대중교통은 개인이 운영한다. 동부 지역인 고마(Goma)에 최근 정부가 운영하는 버스가 생겼다고 하지만 아직까지 원활하게 운영되고 있지 않다고 한다. 고마에서 가까운 부니아(Bunia)의 경우 다른 도시를 방문할 경우에 버스는 있지만 모두 개인이 운영하는 것이다. 이러한 상황은 콩고에서 일반적이다. 오토바이 택시는 콩고의 시골 마을에서 없어서는 안 될 유용한 교통수단이다. 예를 들어 부니아의 경우 시내를 다니는 버스는 없으며 시내에서 이용할 수 있는 유일한 대중교통 수단은 오토바이 택시가 전부다. 특히 길이 좋지 않거나 버스가 들어가기 어려운 시골길에서 아주 유용하게 이용된다.

오토바이 택시는 오토바이를 이용해서 이동하는 것

으로 택시라는 말을 붙여 사용한다. 오토바이는 이전에 킨샤사 시내에는 없던 교통수단이다. 최근에 시작된 오토바이 택시는 '웨와(wewa)'라고 부르는데, 칠루바★(Tshiluba)어로 '당신(you)'을 의미한다. 택시 이름이 칠루바어로 불리게 된 이유는, 루바(Luba) 족이 오토바이를 가장 먼저 교통수단으로 사용했기 때문이라고 한다. 오토바이는 교통체증이 심한 곳에서 제시간에 도착할 수 있는 가장 유용한 교통수단이다. 웨와의 요금은 가장 기본이 500프랑에서 시작하며 거리에 따라 비용이 다르다. 택시보다는 오토바이 택시가 싸지만, 손님을 1명밖에 태울 수 없으므로 단가로 본다면 오토바이 택시가 다른 운송수단에 비해서 비싼 편이라고 할 수 있다.

내가 조사한 바에 따르면, 오토바이 택시를 가장 잘 운용하고 있는 국가는 동아프리카의 르완다라고 생각한다. 르완다에서는 오토바이 택시 사업을 하려면 국가에 등록해야 하고 손님이 사용하는 헬멧을 반드시 갖추어야 한다. 헬멧에 보면 번호가 쓰여 있어서 등록되어 있다는 것을 알 수 있다.

킨샤사는 현재 인구가 약 1,100만 명이 넘는 대도시다. 킨샤사는 카이로와 라고스에 이어 아프리카에서 3번째로 큰 도시다. 그러나 콩고의 11개 주 중 하나인 킨샤사는 행정구역 중 90% 이상이 여전히 시골 지역이다. 킨샤사의 시민은 키누와★★(kinois) 또는 킨샤산(Kinshasan)이라고 부른다. 일반적으로 킨샤사 시내의 주요 교통수단은 대형 버스, 봉고 승합차와 같은 마이크로버스(microbus), 택시, 오토바이 등이다.

★ 루바어를 나타내는 단어는 칠루바로 '칠(Tshil)'은 언어를 의미하는 접두사이다.

★★ 프랑스어이며 여자 단수일 경우는 키느와즈(kinoise), 복수일 경우에는 's'가 붙지만 (kinoises) 발음은 키느와즈로 동일하다. 남성일 경우에는 키누와(kinois)라고 한다.

킨샤사 시내에서 만난 사람들이 자신들이 이용하는 버스에 대해 다음과 같은 특징이 있다고 설명하는 것을 듣고 고개를 끄덕였던 적이 있다. 킨샤사에서 운행하는 버스는 '죽음의 영혼 207(207 Les Esprit de Mort)'이라는 별명을 갖고 있다고 설명했다. 이 말은 글자그대로 해석하면 '죽음의 영혼(spirit of death)' 또는 '죽은 사람(dead man)'으로 번역된다. 교통사고로 인해 많은 사람이 죽는 것을 상징적으로 표현한 것인데, 2013년 BBC 다큐멘터리에서도 킨샤사의 교통상황을 사실감 넘치게 그려냈다. BBC는 방송에서 2012년 콩고에서 약 1,000여 건의 교통사고가 있었고 그로 인해 약 200명이 사망했다고 밝혔다. 킨샤사에서 주로 대중교통 수단으로 이용되는 차량이 메르세데스 207형이기 때문에 207이라는 숫자를 앞에 붙인 것이라고 한다. 이런 이름을 갖게 된 이유에 대해 어느 날 모여 있는 사람들에게 물었더니 이구동성으로 버스의 상태가 너무 나쁜데 자주 사고가 나서 많은 사람이 죽었기 때문이라는 설명을 해 주었다. 또 한 가지 놀라운 것은 운전사의 정신건강이 좋지 않아 자주 사고가 난다고 이야기 했다. 이 부분은 자세히 파악하지 못했지만, 운전사가 매우 열악한 환경에서 일을 하고 있다는 것을 알게 되었다. 마이크로버스는 대형버스에 비해 많은 사람이 즐겨 타는 일반적인 대중교통수단으로 대형버스에 비해 가격이 비싼 편이며 거리에 따라 다르게 책정된다고 했다.

마이크로버스에 타고 운전사 뒤에서 요리조리 운전하는 모습을 보면 가끔 내가 브레이크를 밟는 것처럼 힘

마타디 시내의 오토바이 택시 정거장. 국가나 시에서 오토바이 택시를 관리하고 있지도 않고 따로 정거장도 없지만 시민들은 어디에 주로 오토바이 택시가 모여 있는지 알고 있다.

이 들어가는 것을 느낄 때가 있다. 내 생각으로는 킨샤사에서 운전하는 것이 우리나라의 택시나 버스 운전보다 훨씬 어려울 것 같다. 한국에 초빙교수로 오셔서 생활하셨던 남아공의 은사인 두피사니(Kobus du Pisani) 교수가 만약 외국인이 한국에서 운전할 줄 알면 세계 어느 곳에서나 운전할 수 있을 정도로 위험하다고 걱정을 했던 생각이 떠올랐다. 마이크로버스를 처음 타면 소름이 오싹 끼치고 식은땀이 등에 밴다. 정말 빨리 달릴 뿐만 아니라 이리저리 앞지르기하는 것이 그야말로 곡예운전이나 다름없다. 경적소리는 차의 크기에 비해서 너무 크다. 한마디로 천둥소리다. 또 얼마나 자주 울려대는지 '빵빵빵!'소리가 차에서 내리고 나서도 여전히 귓가에서

맴돈다. 그런데도 현지인들은 아무 일 없다는 듯이 평화로운 얼굴이다.

마이크로버스에는 남자 차장★이 있다. 주로 앉아서 가는 시간보다 차에 매달려 가는 시간이 많다. 목이 터지라 목적지를 설명하고, 사람을 태우고, 돈을 받고 정차하여 사람을 내려준다. 현지인 차를 타려면 차장이 큰 소리로 사람을 안으로 밀어 넣으며 '빨리 타세요!(kota mbangu!)'라고 외치는 소리를 노래처럼 자주 들어야 한다. 현지인에게 물어보았더니 차장이 얼마나 유능한가에 따라 승객 수가 다르며, 수입도 차이가 크게 난다고 했다.

특히 외국인으로서 콩고에서 대중교통을 이용하려 할 때 가장 불편한 것 중 하나는, 버스 정거장에서 버스 노선에 대한 설명을 찾을 길이 없다는 것이다. 제일 좋은 방법은 버스를 기다리고 있는 사람에게 물어보는 것이다. 물어보면 어느 버스를 타야 할지 자세히 가르쳐준다. 물론 한 번에 목적지까지 가는 버스가 없는 경우가 많다. 그럴 경우에는 구역별로 나누어진 버스를 갈아타야 목적지에 갈 수 있다. 만약 A구역에 있는데 C구역으로 가려고 한다면 B구역을 거쳐 C구역으로 가야 한다.

콩고의 버스회사로는 트란스코(Transco), 뉴트란스(New Trans), 스피릿츠라이프(Spirit Life) 등이 있다. 트란스코는 정부에서 운영하는 회사버스다. 버스요금은 거리로 환산하여 부과하지 않고 어느 곳을 가든지 규정된 가격 500프랑만 받는다.

킨샤사 시내의 주요 버스 정거장은 킨샤사 시내의 교통 요충지★★인 빅투와르(Victoire), 롱 뿌왱 은가바(Rond Point

★
콩고에서 차장을 부르는 말도 여러 언어로 사용된다. 프랑스어로는 '르쓰뵈르(receveur), 링갈라어로는 '뭉숭가(munsunga), 영어와 불어가 혼합된 말로 '보이 쇼퍼르(boy chauffeur)'라고 부른다.

★★
교통의 요충지는 우리나라의 시외버스 정거장 또는 고속버스 정거장과 같은 역할을 한다. 버스노선이 잘 정비되어 있지 않기 때문에 킨샤사 시내를 벗어나려면 이곳에 가서 집 근처까지 가는 버스를 타야 한다.

Ngaba), 리메떼(Limete), 국립 교육대학교(UPN), 마가쟁(Magasin) 등이다. 이 정류장들은 모든 방향에서 버스가 오고 나가는 중요한 교통의 요충지로, 버스는 밤 11시까지 운행된다.

◪ 킨샤사 시내의 마이크로버스. 너무 노후해서 운행이 될까 싶지만 '썩어도 준치'라고 킨샤사 시내의 주요 교통수단으로 사용되고 있다.

일반적으로 택시는 오전 6시부터 저녁 8시나 9시까지 운행한다. 이전에 도로 상황이 좀 더 좋았을 때에는 버스보다는 택시가 더 중요한 교통수단으로 많은 사람이 이용했으나 도로상황이 나빠진 이후에는 택시가 빠르게 달릴 수 없어 오토바이나 버스가 더 좋은 교통수단이 되었다. 후미진 길은 버스도 택시도 달릴 수 없어 오토바이만 운용되기도 한다.

국가가 운영하는 공공버스와 택시의 색은 콩고 국기색인 노랑과 푸른색으로 칠한다. 그러나 모든 버스와 택시에 색이 칠해져 있는 것은 아니다. 아니 사실은 색을 칠한 버스나 택시를 찾기가 더 어렵다는 말이 맞을 것이다. 공항을 제외하고 콩고에서 택시를 잡는 데는 경험이 좀 필요하다. 대부분의 택시가 표시가 없기 때문이다. 그리고 국가에서도 이에 대해 단속을 하거나 계도를 하고 있지 않다. 혹시 교통경찰이 칠을 하지 않았다고 단속하는 경우에는 돈을 요구하는 것이다.

운전사의 태도는 매우 거만하고 불친절하다. 하루는 킨샤사에서 아는 사람에게 왜 그렇게 운전사가 매우 불친절하고 권위주의적이냐고 물었는데 돌아온 답은 매우 의외였다. 콩고에서 택시나 버스를 운전하는 것은 매우 자랑스러운 일이며, 고급 기술이 있어야 가질 수 있는 직업이기 때문이라는 것이다. 버스 운전사라는 직업이 콩고에서는 촉망받는 직업으로 생각되고 있으며, 더구나 자신의 차를 가지고 영업을 하는 경우 부자라고 설명했다. 그러나 운전사들은 혹시 발견되는 도로 표지판을 무시하기 일쑤며, 교통법규를 위반하고 처벌을 받지 않기 위해 교통경찰에게 뇌물을 주는 데 익숙하다. 너무나 심각한 교통체증과 도로상황 때문에 교통법규를 위반하는 것이 일반적이다.

킨샤사의 가장 중요한 문제는 도로 상황이 매우 좋지 않으며 교통체증이 아주 심하다는 것이다. 주로 아침 7시 30분부터 9시까지, 정오부터 오후 1시까지, 그리고 오후 4시부터 8시까지 가장 심하다. 그리고 시내에서 결혼식 같은 축하행사나 스포츠 경기가 있는 날은 그야말로 최악이다.

킨샤사에서 도로를 달리면서 차와 사람이 뒤엉키는 것을 보는 것은 정말 일상적인 일이다. 특히 공항 가는 길에 있는 마시나를 지나다보면 행인은 아무 곳에서나 길을 건너고 차 역시 아무 곳이나 서고 달린다. '이 나라는 차가 우선일까, 아니면 사람이 우선일까?'라며 혼란에 빠진 적이 있다. 정말 믿기 힘들지만 좌회전★을 아무 곳에서나 할 수 있으며 가끔 역주행도 만날 수 있다. 너무 엉망인 교통상황을 보면서 교통경찰이 왜 바로잡지 못하느냐고 물었더니 교통경찰은 대통령이나 정부 주요 인사들이

★ 콩고 도로는 우리나라와 마찬가지로 왼쪽에 운전대가 있는 차량에 맞추어 만들었다. 그러나 수입된 차의 경우, 운전대가 왼쪽에 있는 경우도 있고 오른쪽에 있는 경우도 있어 그야말로 혼란스럽다.

지나갈 때나 교통정리를 잘 하고 평소에는 뇌물을 주어야 교통정리를 한다고 했다. 즉 도로상황이나 차량흐름에 따라 교통정리를 하고 있지는 않다는 것이다.

킨샤사 시내의 로봇 신호기. 인건비가 싼 가난한 개발 도상국가에서 왜 로봇 신호기를 설치했을까 항상 의아해했다.

교통정리를 위해 수도인 킨샤사와 바콩고 주의 마타디의 주요 거리에 로봇 신호기가 설치되어 있다는 사실에 콩고가 발전하고 있다고 생각할 수도 있으나 이는 대표적인 예산 낭비라고 생각된다. 인건비가 아주 싼 콩고에서 로봇 신호기를 설치할 필요가 있었을까? 그나마 킨샤사에서만 제대로 작동되고 있고, 마타디에서는 고장이 났는지 비닐로 덮어씌워 놓았다.

콩고 마타디의 택시기사인 34세의 쟝(Jean)은 택시를 임대해서 영업하고 있었다.

"하루에 수입이 얼마나 돼요?

"사납금과 기름값 빼고 보통 하루에 10,000프랑은 벌어요."

"택시 주인에게는 얼마를 주나요?

"차량임대료는 하루에 25,000프랑이에요."

쟝은 손님이 많은 날에는 20,000프랑에서 30,000프랑까지도 벌 수 있다고 했다. 수입이 많은 날은 정원을 초과하여 손님을 태우기 때문이라고 한다. 그는 합승은 선택이 아니라 필수이며, 승객이 오히려 더 좋아한다고 했다.

"정원을 초과해서 태운다고요? 그런 때는 손님이 안 타려고 하겠군요!"

"아니요. 가끔은 트렁크에도 태워요. 손님이 먼저 타려고 하죠. 택시가 없어서 집에 못 가는 것보단 나으니까요."

쟝의 말로는 보통 저녁 9시 전후로 택시는 영업을 마치고 이후에는 오토바이 택시가 영업한다고 한다. 오토바이 택시는 보통 새벽까지 영업하며, 손님을 태우는 장소는 시청 앞이나 큰 사거리 그리고 주유소 등 누구나 알 수 있는 곳이라고 했다.

쟝은 택시영업을 할 때 반드시 여러 명의 손님을 태워 합승하지만 제일 처음 탄 손님의 의견을 존중한다고 말했다. 예를 들어 벨베데르(Belvedere)로 간다고 하면 그 이후로는 그쪽으로 가는 손님을 태운다고 한다. 그 방향으로 가는 손님이 오지 않으면 어떻게 하느냐고 물었더니 조금만 있어도 만차로 벨베데르를 향해 출발할 수 있다고 대답했다.

"'만차'는 몇 명을 의미해요? 많이 태우면 손님이 싫어하지 않아요?"

"보통 여섯 명까지 태울 수 있어요. 불평이라니요. 오히려 손님이 몸을 밀착해 함께 타는걸요."

장에게 혹시 체중이 많이 나가는 사람이 타면 어떻게 하느냐고 물었더니, 택시 안에서는 자기가 대장이라고 하며 다음과 같은 에피소드 하나를 들려주었다. 하루는 은잔자(Nzanza)로 가는 길이었는데 딱 한 자리가 남았었고, 마침 한 승객이 합승하게 되었다고 한다. 늦은 밤이어서 그 남자가 어떤 사람인지 잘 모르고 태우려고 했는데, 자세히 보니 몸집이 너무 커서 한 자리로는 갈 수 없는 상황이었다고 한다.

"그래서 어떻게 했어요?"
"문이 열린 상태로 태웠죠."
"그게 가능해요?"
"자리는 두 석 차지하고 요금은 한 명분만 내면 제가 손해 잖아요?"

아프리카의 길은 정말 다양하다. 남아프리카공화국처럼 시원스럽게 잘 뻗은 고속도로도 있고, (중국이 건설한 도로처럼) 잘 포장된 곳도 있다. 하지만 아프리카 국가의 도로는 대부분 2차선이 기본이고 주요 도로를 벗어나면 도로 상태가 정말 열악하다. 곳곳이 패여 있으며 보수가 제때 이루어지지 않고 있으며, 보수를 한다고 해도 깨끗하게 보수가 되지 않았거나 흙으로 메우는 경우도 많다.

철도가 발달해 있지 않은 아프리카에서는 대부분의 물자수송을 트럭으로 하고 있는데, 이 트럭들은 성능도 좋지 않지만 화물을 너무 과중하게 실어 거의 걸어

◪ 마시나의 복잡한 도로상황. 이곳은 교통의 요충지로 항상 차와 사람이 많다. 도로에 횡단보도나 건널목이 따로 없어 그야말로 뒤죽박죽이다.

가는 수준이거나 경보수준이다. 좋은 차를 타고 있다고 할지라도 앞에 거대한 트럭이 거북이처럼 가고 있다면 영문도 모르고 뒤따라오는 차가 2-3km씩 늘어서 있기가 일쑤다.

노후화된 차량을 사용하다 보니 아프리카 국가의 도시는 매연★이 아주 심한 편이다. 케냐의 나이로비는 출퇴근 시간 교통체증에 막혔다하면 30분 정도는 지체되기 일쑤인데, 머리와 목이 아프고 코를 닦으면 시커먼 게 묻어 나온다.

아프리카인은 자신이 이용하는 그 어떤 교통수단이 되었든지 자신이 운반할 수 있는 것이라면 무엇이든지 종류를 가리지 않고 싣고 무게나 부피도 개의치 않는다. 사람은 구겨서(?) 타고 짐은 차 안의 공간이 모자라 차의 위에 싣고 간다. 닭, 염소, 바나나를 비롯한 과일, 옥수수를 비롯한 곡물 등등. 가다 보면 차 안은 승객과 온갖 종류의 짐으로 뒤섞인다.

많은 사람이 아프리카를 말하면서 '오지'라고 자주 이야기하는 것을 듣는다. 그러나 아프리카인들은 오지라는 말을 싫어한다. 아프리카인은 모든 곳에 길이 있다고 생각한다. 사람이 살지도 않고 갈 수도 없는 곳이 오지라면 아프리카 그 어느 곳에도 오지는 없다. 오지는 오직 외부인의 마음속에 있을 뿐이다!

★
킨샤사 역시 교통체증으로 장시간 도로에 있어야 하는 경우가 많아 차에서 내릴 때는 머리가 아프거나 속이 메슥거리기도 한다. 날씨가 덥고 에어컨이 없으면 정말 견디기 힘들다.

## 가장 긴 하루!
## 가장 비싼 사진!

콩고에서 현지인과 대인관계를 맺으려면 정말 신중하게 접근해야 한다. 아무리 콩고 현지인과 친한 관계를 만들었다고 생각해도 마음을 놓아서는 안 된다. 내가 현지에서 들은 이야기는 정말 그런 일이 일어났을까 싶을 정도로 믿고 싶지 않은 내용들이 대부분인데, 7년 이상 가사 도우미로 일했던 사람이 집에 있는 모든 것을 훔쳐서 도망가는 경우도 있다. 한 유통회사에서는 17년 동안 일하던 경리직원이 어떤 일로 인해 해고 통지를 받았는데, 그날 회사에 입금된 8천만 원 상당의 프랑을 모두 훔쳐간 사건도 있었다. 일용직 노동자가 감시가 소홀해지면 물건을 주머니에 넣고 훔치는 행위도 비일비재하고, 관리자는 자신의 지위를 이용해 수단과 방법을 가리지 않고 이익을 챙긴다. 물건을 정상 무게보다 낮게 장부에 적고 차익을 챙기는 경우도 부지기수고, 오래되거나 상태가 좋지 못한 물건을 싼 값에 싸서 비싸게 팔아넘겨 차익을 챙기는 경우도 있다. 가격을 정해준 대로 팔지 않고 비싸게 팔아 차익을 챙기는 경우도 있으며 회사 돈을 횡령해 자신의 집을 건축하는 비용으로 사용하는 경우도 있다.

콩고인은 '예★'라는 대답을 정말 쉽게 한다. 일단 무슨

★ 콩고에서 '예'는 프랑스어로 '위(oui)', 링갈라어로 '낭디미(nandimi)', 키콩고어로 '잉가(yinga), 칠루바어로 '에요(eyo)'라고 한다.

일을 시켜도 대부분은 '예'라고 답한다. 심지어 하늘이 할 수 없는 일도 천연덕스럽게 할 수 있다고 할 정도다. 대개 "조금만 기다려", "내일이면 될 거야!"라고 대답한다. 마치 자동응답기가 아닌가 싶을 정도로 똑같은 대답이다. 그러나 그 '내일'은 빠르면 일주일 혹은 오지 않는 경우도 많다. 일처리를 위해서는 선금을 내야 하고 추가금을 내고, 나중에 추가금을 다시 내야 하는 경우가 다반사며 그나마 일이 해결되면 다행이라고 할 수 있다.

너무 심하다고 생각할 수 있지만, 콩고에서 도둑은 일상적인 손님이다! 사실, 콩고에서는 도둑을 잡을 때도 모든 비용을 피해자가 내야 한다. 물론 경찰의 수사비용을 신고한 사람이 내야 하는 법은 없지만, 신고한 사람이 너무나 답답한 마음에 경찰이 돈이 없다고 하면 돈을 주어 수사를 독려해야 한다. 도둑이 내 돈을 훔쳐갔을 경우, 경찰은 나중에 도둑을 잡으면 다 받을 수 있다고 하지만 그런 경우는 들어본 적이 없다. 도둑을 잡아도 돈은 받기 힘들다. 검찰은 우리가 준 돈을 받고 도둑을 잡고 도둑을 다시 협박해 돈을 또 챙긴다. 우리가 검찰에 항의하면 또 돈을 요구하고 그 돈의 가치에 따라 다시 도둑을 잡아들일지 그냥 놓아둘지를 판단한다. 감옥에 도둑을 집어넣어도 한 달 이내에 돈을 주고 감옥에서 나오는 경우가 있다는 이야기를 들은 적이 있다.

아프리카인은 도둑에 대해 어떤 생각을 하고 있을까? 남아공에서 유학할 때 1주일에 한 번 청소를 하러 가사 도우미가 집에 왔었다. 그런데 한 일 년이나 지났을까 부엌에 있던 나의 유일한 사치품인 커피 잔 세트와 티스푼을 꺼내다가 이빨 빠진 것처럼 두 세트가 비어 있는 걸 발견했다. 누가 왔다 간 사람도 없었고 부엌 살림을 제일 잘 아는 사람은 가사 도우미밖에 없었다. 불러서 엄중히 추궁했지만, 완강히 부인하니 소용없는 일이 되고 말았다.

아프리카인들은 남의 물건을 가져다 쓰는 것을 이상하게 생각하지 않는 것처럼 느낄 때가 많다. 세상의 물건은 돌아다니는 것이고, 우리는 잠시 빌려 쓰는 것일 뿐. 그러니 헤지거나 없어져도 그만이라고 생각하는 게 아닐까?

콩고에서 있었던 일은 아니지만 다른 아프리카 국가에서 겪은 개인적인 경험은 이런 생각을 가지기에 충분했다. 운동화를 들고 가는 흑인을 길거리에서 만났는데 내 것과 같아 이상해서 추궁하였더니 배시시 웃으면서 도로 가져다 놓은 일도 있었다. 전혀 훔쳤다는 죄의식이 없는 얼굴이었다. 한번은 지인이 자전거가 없어져서 속상해하고 있는데 어떤 흑인이 비슷한 자전거를 타고 가고 있다고 하는 게 아닌가! 당장 함께 가서 확인했더니 그 흑인은 무조건 자기 자전거라고 우겼다. 자전거 차체에 한글로 써놓은 증거를 내밀자 머리를 긁적이면서 웃고 그냥 놓고 가긴 했는데, 이렇게 잃었던 물건을 다시 찾는 경우가 많지는 않다.

2015년 7월 30일 목요일 오후 2시 마시나의 반둔두(Bandundu) 64번 길에서 나는 엄청난 사건에 휘말렸다. 마시나는 킨샤사 시내에서 가장 큰 시장으로 반둔두 주와 바콩고 주★로 이어지는 교통의 요충지에 자리 잡고

★ 수도 킨샤사를 합해 모두 11개 주로 구성되어 있으며 바콩고인들은 바콩고 주에 주로 살고 있다. 2015년 말 콩고 정부는 11개 주를 26개 주로 확대하였다.

있어 사람과 차가 항상 많이 다니는 복잡한 곳이다. 그 당시 현지 보조원이던 킨샤사대학교의 학생인 매튜(Matthew)와 운전사 데디(Dady)가 나를 돕고 있었다.

킨샤사 식당의 푸푸. 사진처럼 카사바로만 만들면 부드럽고 맛있다. 그러나 옥수숫가루로 만들면 거칠고 맛이 그다지 좋지는 않다.

우리는 항상 점심 식사를 함께 했다. 원래는 운전사는 따로 식사하는 게 일반적이지만, 원활한 현지조사를 하려면 이들의 도움이 아주 중요하기 때문에 친구나 가족처럼 함께 식사를 했다. 하지만 언제나 비싼 외국인 식당보다는 현지인들이 가는 식당에서 현지 음식으로 식사를 하였고 돈은 모두 내가 냈다. 이날은 일이 늦어져서 점심식사 때를 놓쳤다. 아침 8시에 매튜와 숙소에서 만나 킨샤사대학교로 가서 현지조사 과정에서 입수한 자료의 번역에 대해 이야기를 나누었다. 영어과의 겔러(Guelor)와 루벤(Ruben)을 만나 상의하였고 특히 키콩고어 자료의 번역에 대해 논의하였다.

2016년 7월 26일 콩고에 입국한 한 회사의 사회봉사단 22명이 디브아 디아 디툼바(Dibua Dia Ditumba) 중등학교에서 1주일 동안의 봉사활동을 마치고 폐회식을 한다며 초청을 했다. 그 행사에 가는 길이었다.

킨샤사대학교에서 약속이 늦게 이루어져 오후 1시경에 출발하였고, 1시 40분경 도착하였는데 배가 너무 고팠다. 약속 시간까지는 아직 20분이 남아서 시꽝

(Chikwang)이나 푸푸★(fufu)로 간단히 점심을 해결하려고 골목길로 들어가 음식점을 찾는 중이었다.

겨우 차가 다닐 정도의 아주 좁은 길을 천천히 지나면서 식당을 찾고 있었는데 다른 골목에 사람이 모여 있었고 선글라스를 끼고 기관총으로 중무장한 경찰 10여 명이 부산히 움직이는 것이 보였다. 사람에 가려 잘 보이지도 않았지만, 이런 일은 가능한 관심을 두지 않는 것이 상책이라는 것을 알고 있었기 때문에 그냥 지나쳤다. 길거리에서 적당한 식당을 찾고 있었는데, 점심시간이 많이 지나서 그런지 파는 곳을 발견할 수가 없어 한 5분 정도를 더 돌아다녔다. 골목길을 지나다가 골목이 왁자지껄하여 보니 경찰이 한 여자를 체포하여 나오고 있었다. 많은 경찰이 출동한 것으로 보아 강력범죄를 저지른 피의자를 체포하는 것 같았다, 그러나 분위기를 보니 울고 있는 중년의 여자로 그렇게 위험한 인물이라는 생각이 들지는 않았다. 무슨 죄로 잡혀가는 것이냐고 매튜에게 물었더니 아마 도둑인 것 같다고 했다.

마침 큰 도로에 차를 세우고 있던 우리 앞쪽으로 그들이 오고 있었다. 카메라를 든 채, 체포되어 이동 중인 여자를 지켜보면서, 몇 번이나 사진을 찍을까 말까 망설였다. 불법인 줄 알지만 이런 장면을 만나는 것도 힘들거니와 이렇게 좋은 위치에서 사진을 찍을 기회가 없었기 때문이다. 점점 그들이 앞으로 다가오는 모습을 보면서 약 7~8m 거리에 근접했을 때 망원렌즈가 장착된 카메라를 들어 급히 두 컷을 찍었다. 그러나 옆에 있던 경찰

★ 콩고인의 주식은 시꽝과 푸푸다. 시꽝은 카사바 가루로 만든 음식으로 바나나 잎에 싸서 판다. 푸푸는 카사바나 옥수수가루를 섞어서 만들기도 한다.

이 나의 사진 찍는 모습을 목격하고 말았다.

"저 차에 있는 사람이 우리가 하는 일을 카메라로 찍었다!"

한 경찰이 소리를 지르자 다른 경찰들이 소리를 지르며 몰려들었다.

"이봐 당신! 정지, 정지, 정지!"

경찰들은 소리를 지르며 우리가 탄 차를 둘러쌌다. 그리고 경찰 오토바이를 차의 앞뒤로 세워 우리 차가 움직이지 못하게 했다. 사실은 사람이 많아서 차를 몰고 빠져나갈 수 있는 상황은 아니었다. 그들은 계속해서 차에서 내리라고 요구했고, 우리 일행이 이에 응하지 않자 창문을 두드리며 창문을 내리라고 했다. 창문을 조금 내리면서 무슨 일이냐고 물었더니, 조사할 것이 있으니 무조건 내리라고 요구했다. 그들은 왜 사진을 찍었느냐며 언성을 높였고, 사진을 찍는 것이 법으로 금지되어 있으니 사진을 지워야 한다고 소리쳤다. 그들은 창문을 열라고 다그치며, 법을 존중해야 한다고 소리쳤다. 사람들이 순식간에 우리 쪽으로 몰려오고 있었다. 구경꾼들이 합류하면서 우리 주변은 그야말로 아수라장이 되었다.

나는 체포해오는 장면에 집중하느라 근처에 경계를 서고 있던 경찰을 보지 못했다. 큰 실수를 한 것이다.

이전에도 이미 콩고에서 현지조사를 하면서 여러 번 경험한 바가 있기 때문에 이 경우에도 문을 절대 열지 않았다. 만약 문을 열면 내리게 한 후, 체포하여 경찰서나 연락을 할 수 없는 격리된 곳으로 데리고 가서 상황을 아주 어렵게 하는 경우가 일반적이기 때문에, 절대 열어주지 말아야 한다. 경찰이 아주 거칠게, 격앙된 목소리로 소리를 지르면서 차를 부술 듯이 두드리고 있는데 내가 나서서 해결할 문제가 아니었다. 통역인 매튜에게 물으니 벌금을 1,000달러를 내야 한다고 전해왔다.

콩고는 여행이 자유롭지 않은 나라다. 관광비자제도★가 따로 없다. 이곳에 들어온 외국인은 UN이나 NGO 등의 비영리기구, 비즈니스 등 특수한 목적으로 온 사람들로 콩고에서 지내는 동안 황당한 일을 많이 겪는다. 시장, 공공장소, 길거리 할 것 없이 사람이 많은 곳에 가면 어김없이 사복차림의 젊은 사람들이 몰려와서 소리를 지르면서 '증명서'를 내라고 한다. 이런 요구를 받으면 일단 겁이 덜컥 나고 당황하여 이들이 누구인지 확인하려는 생각도 못 하고, 가지고 있는 여권을 내어 보여준다. 그러면 여권을 빼앗기고 반드시 어느 정도 돈을 주어야 사태가 진정된다. 대부분 이들은 경찰이나 군인이 아닌 경우가 많다. 아니 경찰이나 군인도 사복 차림이 많으며 사태를 해결하는 방법은 똑같다. 돈을 주어야 그 사태가 종료된다!

운전사와 상의한 후 우리 힘으로는 해결할 수 없다는 결론에 도달했다. 도저히 해결이 안 될 것 같아 승강이

★ 콩고는 관광비자제도뿐만 아니라 도착비자제도도 없다. 비자를 받으려면 반드시 초청장을 받아 대사관에 신청해야 한다.

여자 범죄자의 체포 장면. 한 명의 울고 있는 여자를 경찰이 체포하여 호송하고 있다

를 벌이다가 도움을 받고 있는 현지회사의 지인에게 전화 하고 또 회사 매니저에게 사정을 설명했더니 조금만 기다리라고 했다. 마시나에 있는 지사장에게 연락 하면 아마 10분 안에 도착하여 도와줄 것이라고 했다. 짧은 시간이었지만, 아주 긴 시간(?)을 보낸 후 매니저가 오토바이 택시를 타고 와서 협상에 돌입했다.

그는 마시나의 지사장으로 사업상 이곳 경찰서 및 관공서에 근무하는 사람들과 잘 알고 지내고 있었으며, 그들과 긴밀한 관계에 있다고 했다. 협상을 시작하자마자 주어야 할 돈이 300달러로 내려갔다. 1차 협상 후, 나에게 300달러로 벌금을 조정했다고 알려왔고, 나는 가지고 있는 돈이 그렇게 많지 않아 줄 수 없다고 했다. 결국, 협상은 50달러까지 내려갔다. 지사장이 제시

한 가격이었지만, 마지노선이라고 생각했다. 50달러의 현찰을 넘기자마자, 그 즉시 경찰 오토바이는 치워졌고, 아무 일도 없던 것처럼 그 자리를 벗어날 수 있었다. 그렇게 당당하고 위압감을 주던 경찰이 단 50달러에 합의를 하고 포위를 풀어주었는데, 기쁘기보다는 오히려 씁쓸했다.

돈을 받은 경찰은 내가 찍은 사진에 대해서 단 한마디도 하지 않았다. 처음부터 사진을 지우겠다는 생각은 아예 없었던 것이다. 내가 콩고의 법을 어긴 것이 문제가 아니었다. 외국인으로부터 돈을 얼마나 받아 내는가가 관건이었던 것이다. 법이 중요한 게 아니었고 돈이 더 중요했던 것이다.

그 자리를 벗어난 후 매튜와 운전사에게 나의 심정을 토로했다. 공무 집행 중인 경찰의 사진을 찍은 것은 분명 잘못한 것으로 벌을 받아 마땅하다고 설명했다. 콩고의 법을 존중하지 않으려는 것이 아니라 지역전문가로서 사진을 찍겠다는 욕심 때문에 이 사달이 난 것이라고 사과했다. 그러나 일이 잘 해결된 것에 대한 안도감보다는 경찰이 보인 태도에 무척 실망했다고 말했다. 법을 철저히 집행하든지 아니면 모든 일이 끝난 후 사진을 확인하여 삭제하거나 CF 카드를 압수하는 것이 맞는 것이 아니냐, 그들은 법을 집행하겠다는 생각보다는 외국인에게 돈을 뜯어내겠다는 생각밖에는 없어 보인다고 지적했다.

일이 다 끝나고 "조사 잘 마치고 잘 가!"라는 말을 하면서 떠나는 그들을 보면서 정말 콩고에 희망이 없다는 많은 사람의 이야기가 맞는 게 아닐까라는 생각을 처음으로 하게 되었다.

그러나 나는 아프리카를 다니면서 겪었던 여러 경험을 통해 아프리카인이 도덕적으로 문제가 있기 때문에 훔치는 일이 빈번하게 일어나는 것이라고 생각하지 않는다. 남아공에서 박사과정을 하고 있던 한 짐바브웨 친구에게 아프리카에 도둑이 많다고 했더니 부연설명 없이 자기 은사가 로마에 갔었는데 아프리카보다 도둑이 더 많았다고 답변한 기억이 난다.

무엇보다도 아프리카의 범죄는 가난 때문이다. 가난하다고 반드시 많은 범죄가 발생하는 것은 아니라고 반론을 제기할 수 있지만, 가난과 높은 실업률은 범죄가 더 빈번하게 발생하는 데 영향을 주고 있다. 콩고의 부정부패와 범죄는 인종이나 특수한 사회적 문제로 이해하기 보다는 매우 일상적인 하나의 '현상'이나 '문화'로 이해하고 받아들이는 일이 중요하다. 콩고가 직면한 문제를 해결하기 위해서는 법을 강화하고 경찰력을 늘리는 것도 중요하지만, 경제발전을 이룩하는 것이 무엇보다도 시급하고 중요한 사안이라 생각한다.

STORY

07

# 태양의 나라, 케냐를 가다

양 · 철 · 준

모방과 영감, 그 애매한 경계 사이에서
빅토리아호의 비스마르크 바위를 바라보며
빅토리아호에서 만난 '보령머드축제'의 비밀
커피, 그 악마의 유혹에 드리운 그림자

# 케냐
(Kenya)

케냐
나이로비
Nairobi
Kidepo Game Reserve
로키코지오
Lokichogio
Kaaling
Kakuma
키타굼
Kitgum
로드워
Lodwar
터크웰
Turkwel
모룬가
Moruinga
리라
Lira
오바랑
Obalang
Marsabit
Namunyak Wildlife Conservation Trust
엠베일
Mbale
키테일
Kitale
엘도레트
Eldoret
키수무
Kisumu
나쿠루
Nakuru
올렌구루온
Olenguruone
니에리
Nyeri
보스타
Bosta
미고리
Migori
Makuyu
키투이
Kitui
아티 리버
Athi River
Tarime
세렝게티 국립공원
Serengeti National Park
므완자
Mwanza
Maswa Game Reserve
시낭가
Shinyanga
Haidom
아루샤
Arusha
마랑구
Marangu
우산이
Usangi
차보 이스트 국립공원
Tsavo East National Park
차보 웨스트 국립공원
Tsavo West National Park
Voi
몸바사
Mombasa
말린디
Malindi
와타무
Watamu
음페케토니
Mpeketoni
라무
Lamu
가리사
Garissa
다다앱
Dadaab
리보이
Liboi
Hosingow
와지어
Wajir
듀스
Duse
El Wak
Lafey
만데라
Mandera
모얄레
Moyale
Ade
허댓
Hudat
네겔
Negele

나이로비
Nairobi
루이루
Ruiru
Tatu City
AIESEC Kenyatta University
키암부
Kiambu
카눙가 빌리지
Kanunga Village
바나나 힐스
Banana Hill
Nyathuna
은덴데루
Ndenderu
무차사
Muchatha
루아카 타운
Ruaka Town
왕이지
Wangige
Githurai
Village Market Water Park
Karura Forest
지에코
Chieko
Ngomongo Village
기타루
Gitaru
키쿠유
Kikuyu
Silanga
조모 케냐타 국제공항
Jomo Kenyatta International Airport
Ngong Road Forest
나이로비 국립공원
Nairobi National Park
응공
Ngong
Oloolua Forest
기라프 센터
Giraffe Centre
옹가타 롱가이
Ongata Rongai
투알라
Tuala
므롱고
Mlolongo
키세리안
Kiserian
림파 에스테이트 로드
Rimpa Estates
아티 리버
Athi River

# 모방과 영감, 그 애매한 경계 사이에서

광활하게 펼쳐진 사바나 초원을 가로질러 차가 한참이나 질주했다. 차창 밖으로 끝없이 펼쳐진 초원을 달리던 차가 평지를 지나 어느새 오르막길을 오르고 있다. 그러다 다시 드넓은 평원이 시야에 들어왔다. 관목이 무성한 사바나 초원이다. 관목★의 가시는 건기에 수분 증발을 막고 가뭄에도 견딜 만큼의 수분을 저장하는데, 자연의 놀라운 생명력은 경이로움 그 자체이다.

오랜 건기가 끝나고 우기가 찾아오면 언제 그랬냐는 듯 대지는 초록의 바다로 변한다. 살아 있다는 것이 이런 것인가 하는 느낌과 함께 척박한 땅에서도 모질게 살아남는 생명의 강인함을 저절로 느끼게 된다. 동행했던 케냐인 친구도 나와 같은 느낌을 받았을까?

"와무뉴(Wamunyu)에 가볼까?"

"무슨 특별한 볼거리가 있어 많이 알려진 명소도 아닌데, 와무뉴에는 왜?"

"보고 싶은 것이 있거든."

와무뉴를 한번 다녀온 이후 그곳에 갈 기회가 여러 번 있었다. 와무뉴는 케냐의 캄바인들(Akamba)이 비교적 동

★ 관목이란 낮게 자라는 나무로 사바나 기후의 전형적인 식생대를 이룬다.

질적 공동체를 이루어 살아가고 있는 곳이다. 와무뉴는 현지어로 '소금이 나는 곳'이라는 뜻이다. 캄바인 장인들이 주로 야생동물이나 마사이 인물상을 조각하는 곳으로 오래전부터 알려진 곳이다. 이들은 협동조합을 결성하여 자신들이 생명을 불어넣은 조각품들을 수도 나이로비, 해안 도시 몸바사 등지의 관광지에서 주로 판매한다. 그래서 케냐 주요 도시의 기념품 가게, 노천 시장, 관광지 근처의 키오스크★(kiosk), 갤러리 등에 가면 캄바 조각품들을 흔히 볼 수 있다. 와무뉴가 캄바족 목각 공예의 중심지가 되는데 무티샤 무게(Mutisya Muge)를 빼놓을 수 없다. 그는 캄바인들이 주로 사는 곳인 우캄바니(Ukambani)에서 최초로 목각 공예를 시작했다고 한다. 제1차 세계대전에 참전한 군인들에게 목각 기념품을 만들어 팔기 시작했고, 그가 죽고 나서 고향인 와무뉴에 묻히게 된다.

케냐의 여러 종족사회와 공동체를 방문하면서 궁금한 게 많았다. 왜 이 사람들은 다양한 형태와 스타일의 조각작품은 많이 만들어내는데, 회화작품으로 만든 창작물은 거의 없을까? 회화작품은 이들의 삶의 방식, 생태 환경과 직접적 관련이 없기 때문이 아닐까?

나의 단편적 판단일 수도 있을 거라는 느낌은 들었다. 목축을 위주로 하는 마사이족이나 농경으로 생계를 유지하는 캄바족 모두는 조각을 주로 만든다. 약간 다른 점이 있다면 캄바족은 나무에 조각하지만, 마사이족은 나무와 동물의 뼈에 조각한다는 점이다. 그리고 마사이족 여인들은 구슬로 형형색색의 장신구를 만들어 여행

★ 주로 채소와 생필품을 파는 소규모의 가게로 노상이나 마을 혹은 도시의 모퉁이에 흔히 있다. 관광지 부근의 키오스크에서는 공예품을 주로 판매한다.

동물 목각을 만드는 케냐의 캄바인들

객들의 눈길을 끈다.

'아프리카 미술(African Art)'을 집필한 프랭크 윌릿트(Frank Willet)는 "오늘날까지 아프리카가 인류의 문화유산에 가장 크게 기여한 것은 다양한 조각이며, 아프리카 미술이 서구미술에 끼친 영향은 헤아릴 수 없다"고 헌사에 가까운 높은 평가를 내린 바 있다. 또한 "아프리카 조각은 고도로 발달된 예술이며 아주 정교한 예술 형태인데, 그 조각에는 수천 년의 세월이 응축되어 있다"고 극찬했다. 이처럼 아프리카의 조각예술이 서구 미술에 끼친 영향은 익히 잘 알려져 있다.

우리는 현대 회화 작품 속에서도 특별한 사회적 의미를 담아낸 작품들을 종종 보게 된다. 대표적인 예가 '걸개그림'이다. 그러나 아프리카에서는 오래전부터 전통

◪ 케냐국립박물관 입구. 케냐의 여러 종족 집단의 미술과 조각을 관람할 수 있으며 이곳에는 동아프리카가 인류의 요람이란 명성에 걸맞게 선사시대의 유물도 다수 소장되어 있다.

조각의 사회적 의미가 서구 사회보다 상대적으로 강했다. 아프리카 조각품이 오늘날처럼 상품화되기 이전에는 장례, 결혼, 족장 즉위식, 통과의례, 마을 축제 및 풍요기원 등에 주로 필수불가결하게 사용되었다.

탄자니아의 상황도 별반 다르지 않았다. 2011년 1월 현지조사를 수행하기 위해 탄자니아의 다르에스살람에 간 적이 있었다. 다르에스살람은 90년대 초반부터 여러 번 다녀온 곳이라서 그런지 그다지 낯선 느낌이 들지 않는 항구도시다. 적도 아래에서 그다지 멀지 않은 곳에 있을 뿐만 아니라 해발고도도 낮아 비교적 고온다습한 날씨가 펼쳐진다.

다르에스살람에 갈 때마다 즐겨 찾는 곳이 있는데 바로 시내 북서쪽에 있는 음웽게(Mwenge)다. 음웽게는 시내와 다른 지역을 연결해주는 교통의 요충지이고 여행객들의 발길을 끄는 명소로도 많이 알려져 있다.

음웽게에는 마콘데인들이 흑단, 마호가니, 티크, 장미목, 망고나무 등의 목각 재료를 사용하여 다양한 형태의 조각을 한다. 무척 흥미로운 것은 케냐의 캄바인들이 주로 동물 조각을 많이 하는 반면, 마콘데인 조각가들의 주요 소재는 사람들이다. 죽은 나무에 여러 가지 형상의 인물들을 조각해서 생명을 불어넣는 것이다. 특히 마콘데인들의 비대칭적 인물상을 보노라면 스위스 출신의 조각가이자 화가였던 알베르토 자코메티(Alberto Giacometti)가 만든 '걸어가는 사람(L'homme qui marche)'과 너무나 유사한 느낌이 든다. 마콘데인들은 주로 사람들을 소재로 조각하는데 캄바인들은 주로 야생동물을 조각한다.

케냐와 탄자니아, 특히 서부 아프리카의 조각 미술이 서구예술에 끼친 영향은 지대했다. 특히 유럽의 식민지 쟁탈전이 본격화되는 19세기 말부터 아프리카 미술은 본격적으로 유럽에 알려지기 시작하였고, 서구 미술에 지대한 영향을 미쳤다. 고갱과 피카소가 상당한 영향을 받았고 이들의 화법에 획기적인 전환점이 되기도 했다.

피카소를 비롯해 앙리 마티스, 브랑쿠시, 자코메티, 엡스타인, 블라맹크 등 서구 미술사에서 커다란 족적을 남겼던 작가들이 아프리카 미술에 깊은 영향을 받았다는 것은 널리 알려진 사실이다.

케냐에서 많은 조각들을 보면서 창작활동의 영감과 모방의 경계가 무엇인지에 대한 생각이 머리를 떠나지 않았다. 2015년 8월 말 기리아마족(Giriama)이 비교적 동질적인 공동체를 형성하여 살아가고 있는 말린디 근처의 음자나헤리(Mjanaheri)라는 곳을 찾아간 적이 있다. 케냐 해안지방의 남동부에 주로 살고 있는 기리아마족은 조상의 정령을 섬기고 지켜나가기 위해 나무로 조각상을 만들어 무덤가에 세운다. 기리아마족은 디고(Digo), 두루마(Duruma), 초뉘(Chonyi), 라바이(Rabai), 지바나(Jibana), 카우마(Kauma), 캄베(Kambe), 리베(Ribe)인들과 더불어 '미지켄다(Mijikenda)' 공동체를 구성한다. '9개의 마을'이라는 의미이다.

케냐 기리아마족 주술사가 퇴마의식을 행하는 장면. 구마의식을 치르는 주술사는 이해하기 어려운 조각, 그림, 상징 등으로 주변을 장식했다.

기리아마족은 조상의 정령에 대한 믿음이 강하다. 이런 이유로 죽은 이들을 기억하기 위해 키강고(kigango)라는 조각을 만들어 무덤가에 세운다. 이것은 살아있는 자들이 남아 있는 사사(sasa)의 세계, 즉 현세를 떠난 조상을 기억하고 숭배하도록 하기 위한 것이다. 그리고 이러한 조각상을 만드는 과정은 여러 장인이 각자 맡은 부분을 나누어서 작업하고 이를 통해 하나의 작품으로 완성한다. 따라서 아프리카 전통 조각은 어느 한 사람의 작품이 아닌 공동체의 작품이 된다. 그렇기 때문에 조각 작품에는 개인의 이름이 없다. 조각 작품에 작가의 이름이 새겨지고 개인의 작품으로서 등장한 것은 20세기 중반 이후부터라고 볼 수 있다.

음자나헤리에는 키강고를 비롯한 조각 작품들을 진열해 놓은 서구의 박물관 같은 곳은 전혀 볼 수가 없었다. 하지만 주술사가 조각을 통해서 퇴마의식을 하는 장면을 운 좋게 볼 수 있었다. 이곳에서 모든 조각품들은 자연과 함께 서 있다. 세월의 흐름에 키강고도 세상을 떠난 사람처럼 사그라져 자연의 일부가 된다. 어쩌면 이들이 삶의 덧없음을 더욱 절실하게 깨닫는지도 모른다. 사그라져 자연의 일부가 되는 것도 자연과의 조화, 영원한 자연 속으로의 침잠이 아닌가 하는 생각이 들었다.

아프리카의 많은 종족사회에서 '예술을 위한 예술'은 커다란 사회적 의미가 없다. 아프리카인들이 미적 가치를 추구하지 않아서일까? 왜 사람들은 아프리카인들이 서구 사람들처럼 아름다움을 추구하지 않는다고 생각해 왔을까? 아마도 아름다움의 추구와 가치 기준이 다르기 때문일 것이다.

아프리카의 많은 전통사회에서 아름다운 것을 추구하는 것은 시각적인 아름다움만이 아니다. 시각적 아름다움과 더불어 사람과 사람, 사람과 자연이 맺는 조화로운 모습이 중요한 사회적 가치와 중요성이 있다.

예술 작품은 사회와 결코 유리될 수가 없다. 예술은 사회상을 담아내고 사람들의 의식에도 깊은 영향을 미친다. 중세 유럽의 유명한 작가들이 여성을 묘사한 것을 보면 얼굴이 유독 살찌고 몸은 아주 풍만하게 그려져 있지만, 그것이 유럽사회에서는 아름다운 여인이었지 않았는가? '소녀시대,' '여자친구,' '레드벨벳'을 보고 나면 누가 그런 여인들을 보고 아름답다고 하겠는가?

아프리카에서의 아름다움은 사람의 모습에 있는 것이 아니라 사람들이 공동체적으로 살아가는 모습 그 자체가 아름다운 것이다. 이러한 아름다움은 조각, 가면 등을 통해서 나타나고 그 가치는 의례, 집단 정체성 표현 및 상징행위로써 평가된다. 이것이 아프리카적 아름다움의 요체가 아닐까? 아프리카 전통에서는 천재적인 개인이 중요한 것이 아니라 공동체에서 의미를 가지는 것이 중요하다. 예술작품의 이러한 사회적 성격은 조각을 만들어 가는 과정에서도 나타난다.

그렇기 때문에 개인주의로 문명화된 지역에서 살아가는 사람들에게 아프리카 미술은 단지 원시미술에 불과한 것이다. 나는 솔직히 조각품을 많이 볼 기회를 가지지는 못했다. 하지만 기리아마족의 키강고 조각을 통해서 아프리카 예술을 서구인들이 '원시'라는 틀에 가두어 놓고 생각하는 것처럼 저급하지 않다는 것을 깨닫는 데는 그리 오랜 시간이 걸리지 않았다. 원시에는 근본적인 뜻이 있는 데 그것은 '단순', '미개', '미분화', '태초', '소박', '시원(始原)' 등의 다양한 의미가 있다. 원시는 태초가 아닌가? 태초가 없다면 현재의 존재도 없는 것이고, 현재의 존재가 없다면 미래는 어떻게 잉태될 수 있겠는가? 태초, 즉 원시는 우리 모두의 첫 발자국이다.

아프리카 미술을 사람들이 원시라고 한다면 그것은 아프리카 미술이 태초임을 시인하는 것이다. 세상을 거꾸로 보면 어떤 때는 바로 보일 때가 있는 데 아프리카 예술이 그런 것 같다.

미술책에서나 서구 미술관에서 보는 여러 예술작품은 유사한 것이 많으면서도 나름대로 독창성을 가지고 있다. 예술은 모방으로부터 시작된다고 고등학교 미술 시간에 배운 기억이 난다. 원시 미술이란 이름으로 아프리카 미술을 저급하게 바라보았던 많은 서구 예술인들은 아프리카 전통 미술에 매혹되어 모방하면서 여기에 영감과 모티프라는 외투를 입혔다.

피부색과 지역을 떠나 모든 인간의 속성은 다른 사람의 행위나 사고의 모방, 변형, 새로운 창조적 재해석을 통해 자기만의 행동유형을 형성해나간다. 내가 입은 옷은 내가 만든 것이 아니고 다른 사람들이 만든 옷을 나름대로 꾸밈으로써 자신의 모습을 만들어간다.

오랫동안 서구인들은 자신들만이 가치와 문화를 생산하는 주인공으로 여겨 왔다. 따라서 다른 세계의 사람들은 문화와 가치의 단순한 소비자이거나 열등한(?) 모방자라고 여겨왔다. 그런데 비서구인들이 서구인들의 작품에서 영감을 받으면 단순한 모방으로 깎아내린다. 반면, 서구예술의 거장들은 다른 세계의 예술작품에 영향을 받아 창작활동을 하면서 다른 사람들의 의식세계를 지배한다. 그 이유에 대해, 나는 음자나헤리의 기리아마족 키강고 조각을 본 이후부터 고민하고 있지만, 아직도 명쾌한 해답을 얻지는 못했다. 하지만 적어도 당연하게 여겨지던 것을 당연하지 않게 보는 시각은 갖게 되었다. 한마디로 말한다면 서구인의 오만한 '문화제국주의'나 '서구중심주의'가 아닐까 생각된다. 많은 책을 보고, 인터넷을 통해 자료를 수집하면서 학술논문에서 찾지 못했던 답을 그나마 찾을 수 있었던 것은 현지 방문과 현지인과의 만남에서였다.

비록 늦은 감이 있지만, 예술의 영감과 모방이 서구인의 전유물처럼 인식되는 시대착오적 사고를 벗어나야 아프리카 전통예술의 진정한 가치가 제대로 평가될 수 있다고 생각한다. 아프리카 예술은 많은 서구의 거장들에게 모방과 영감의 가치를 알려주었고, 이를 통해서 세계에는 창조적인 모방과 영감으로의 진일보가 실현되었다. 어떤 의미에서 서구 미술은 아프리카 미술에 빚을 지고 있는 것은 아닐까?

## 빅토리아호의
## 비스마르크 바위를 바라보며

케냐의 냐후루루 시내에서 아주 가까운 곳에 절벽을 따라 장대한 물줄기가 흘러내리는 곳이 있다. 에버데어산맥에서 발원한 물줄기가 냐후루루에서 74미터 높이의 폭포가 되어 장관을 연출하며 흘러내리는 것이다. 1883년에 유럽인으로서는 최초로 이 폭포에 다다른 조지프 톰슨은 아버지의 이름을 따서 이 폭포를 톰슨폭포라고 불렀다.

땅, 물, 하늘과 그 물리적 공간 속에 보금자리를 틀고 살아가는 인간들은 고유한 이름을 붙인다. 또 사람들이 이 공간에 만들어 놓은 구조물에도 이름을 붙인다. 이와 같이 부여된 이름은 대개 물리적 공간 속에서 벌어진 인간의 정복, 팽창, 지배, 패권의 역사를 반영한다. 케냐를 포함한 아프리카에 오늘날까지도 남아있는 이름들은 아프리카 탐험, 식민지 각축, 제국의 지배, 유럽중심주의의 흔적들이 고스란히 남아 있다.

아프리카대륙에서 가장 큰 호수인 빅토리아호에는 크고 작은 여러 섬들이 짙은 밤하늘의 별처럼 떠 있다. 세계에서 두 번째로 넓은 담수호인데 호수를 바라보고 있노라면, 호수라기보다는 오히려 망망대해처럼 보인다. 호수를 바라보면 마치 세상이 하늘과 물로 반절씩

빅토리아호의 비스마르크 바위. 호수에 면한 탄자니아의 제2도시 음완자 항구 바로 앞에 우뚝 서 있다.

나뉜듯한 느낌에 빠진다.

빅토리아호수 유역에서 어로, 농경, 상업에 종사하는 사람이 3천만 명이 넘을 정도로 생명의 젖줄 역할을 한다. 케냐의 키수무, 탄자니아의 음완자, 부코바, 무소마, 우간다의 엔테베와 진자가 호수를 에워싸고 발달한 도시들이다.

케냐, 탄자니아, 우간다에 둘러싸인 빅토리아호의 섬들 중에서 탄자니아 수역에 위치한 우케레웨(Ukerewe)섬이 가장 크다. 우케레웨섬에 가기 위해서는 탄자니아 제2의 도시인 음완자(Mwanza)에서 여객선에 탑승해야 한다. '바위 도시(Rock City)'라는 이름에 걸맞게 음완자 및 주변 지역에는 기이한 형태의 바위들이 무척 많아 독특하고 이국적인 풍광을 자아낸다. 호수에 무수히 서 있는 크고 작은 바위들은 새들과 기이한 형태의 도마뱀 천국이다.

그런데 음완자에 갈 때마다 항상 의아하게 생각되는 것이 있다. 바로 호수와 항구에서 바로 보이는 거대한 바위 이름 때문이다. 빅토리아호에 우뚝 서 있는 비스마르크 바위. 아프리카에서 가장 큰 호수에서 빅토리아와 비스마르크라는 이름을 듣노라면 마치 식민지 시대로 시간을 거슬러 시간여행을 하는 듯한 느낌이 든다. 그래서 호수를 바라보던 사람에게 물었다.

"식민지배의 주역인 비스마르크의 이름이 오늘날까지도 남아 있는 것은 시대착오적 행태가 아닐까요?"

전혀 기대하지도 않았던 질문이었던지 오히려 질문한 나만 머쓱해졌다. 물론 이러한 식민주의의 유산이 아프리카에만 국한된 것은 아니다. 우리가 겪은 질곡의 역사에서도 중국과의 문물 교류, 일본의 식민통치를 거치면서 순우리말 이름이 한자식이나 일본식으로 바뀐 경우가 많았다. 그러한 맥락에서 바뀐 지명은 역사의 전개과정에서 강요된 예속, 침탈, 문화적 지배의 흔적을 반영하는 상흔이다.

예를 들면 우리나라가 일본의 식민지로 강제 편입되면서 사람의 이름과 지명이 일본식으로 바뀐 것은 대표적인 사례이다. 예컨대 여성의 이름에서 흔히 사용되는 '子'는 일본식 이름의 잔재다. '아키코'는 '명자', '게이코'는 '경자'로, '에이코'는 '영자'로 내가 어렸을 때는 이러한 이름을 종종 들었다. 그러나 요즘은 '子'를 사용하는 이름이 드문 편이다.

그런데 아프리카대륙에는 지명에 반영된 서구열강의 각축과 식민지배의 흔적이 고스란히 남아있는 곳이 많다. 유럽의 왕과 왕족, 탐험가를 재정 지원했던 후원자, 탐험가 등의 이름이 여전히 남아 있어 식민지배의 잔재와 종종 마주친다.

"아프리카는 미지의 땅(terra incognita)!"

19세기 초까지만 해도 외부인들에게 아프리카의 내륙은 그야말로 호기심의 대상이었다. 대륙의 내부 사정이 외부세계에 알려진 것이 거의 없었기 때문이다. 그러나 19세기 말 20년 남짓한 기간에 아프리카 대륙 전체 면적의 90% 이상이 열강에 의해 분할되었다. 이른바 서구열강에 의한 '아프리카 각축(Scramble for Africa)'으로 알려진 시기였다. 이 시기는 그야말로 급격한 격변의 소용돌이였다. 아프리카는 식민지 체제 속으로 편입되고 아프리카 사회에도 급속한 변화의 바람이 불어 닥쳤다.

유럽 열강의 아프리카 내륙 진출을 가능하게 한 것은 탐험가들이 19세기 중엽부터 아프리카의 내륙 지방을 답사함으로써 내륙 지방의 사정이 외부에 알려졌고 이를 계기로 서구 열강은 아프리카에 관심을 돌리게 된다.

당시 탐험가들의 내륙 탐사를 고무한 요인은 '5C'로 요약되는데 호기심(curiosity), 문명 전파(civilization), 기독교화(Christianization), 교역(commerce), 식민지화(colonization)로 요약된다. 이들의 탐험을 재정적으로 지원한 것은 유럽의 왕실이나 학회였다. 탐험가들은 자신들의 탐험을 재정적으로 후원한 왕실이나 왕립지리학회 학회장의 이름을 마치 자신이 쓴 책을 헌정하는 작가처럼 탐험한 지역에 바쳤다.

예컨대 영국의 경우에는 왕립지리학회가 탐험가들의 활동을 적극적으로 지원했기 때문에 학회의 지원을 받아 탐험에 나섰던 탐험가들은 자신들이 최초로 발견했다고 주장하는 산, 강, 호수, 폭포 등에 학회장의 이름을 붙였다.

한편 고대 그리스인들과 로마인들에게 나일강의 수원은 커다란 호기심의 대상이었고 그 이후 줄곧 나일강의 수원을 확인하려는 시도가 계속되었다. 영국의 탐험가 존 해닝 스펙(John Hanning Speke)과 리처드 버튼(Richard Burton)은 1856년 동아프리카의 대호수들을 찾아 나섰다. 유럽인으로서는 처음으로 빅토리아호에 도달한 스펙은 빅토리아호가 바로 나일강의 수원이라고 확신했다. 그는 제임스 오거스트 그랜트(James August Grant)와 함께 1860년부터 1863년까지 빅토리아호에 돌아와 백나일강의 수원을 확인하고 나서 여왕에게 영예를 바치려는 의도를 갖고 빅토리아호로 이름을 바꾸었다. 1837년부터 1876년까지 영국의 여왕으로 재임했던 빅토리아여왕의 이름을 붙인 것이다. 우간다의 수도 캄팔라에 가면 유서 깊은 스펙호텔이 우뚝 서 있다.

그런데 빅토리아호 주변에 살아가고 있는 종족들은

이 호수를 각기 상이한 이름으로 불렀다. 호수 주변에 살아가는 사람들은 사람이 배를 타지 않고도 들어갈 수 있는 호수의 가장자리와 배를 타야만 들어갈 수 있는 곳을 구별해서 부른다. 자연에 순응하고 그 자연이 선사하는 혜택을 누리는 사람들은 호수에 대한 상세한 이름들을 갖고 있었다. 호수가 생존의 터전이었기에 호수와 관련된 정교한 이름을 갖고 있었던 것이다.

잠비아와 짐바브웨 사이에 있는 빅토리아폭포도 비슷한 맥락에서 명명되었다. 오늘날까지도 위대한 탐험가로 추앙받는 스코틀랜드 출신의 데이비드 리빙스턴(David Livingstone)은 1855년 11월 16일 유럽인으로서는 최초로 빅토리아폭포를 발견했다. 그가 발견한 이 거대한 폭포를 현지인들은 '모시 와 투냐(mosi-ua-tunya)'라고 불렀다. 짐바브웨의 고유어인 쇼나어(Chishona)로 '포효하는 연기'라는 의미이다. 천둥처럼 곤두박질치는 물줄기가 압권인 이 웅장한 폭포를 묘사하기에 얼마나 잘 어울리는 이름이며 생생한 표현인가? 그러나 리빙스턴은 폭포 부근에 나무를 심고는 빅토리아 여왕에게 영광을 돌리려고 빅토리아폭포로 개명했다.

음완자의 카망가 여객선 항구 앞에 우뚝 서 있는 비스마르크 바위와 마주했을 때에도 비슷한 생각과 의문이 들곤 했다. 독일이 탄자니아 본토인 탕가뉘카를 식민지화했을 당시 이 바위 위에 비스마르크의 거대한 동상을 세웠다고 한다. 그러나 독일이 제1차 세계대전에서 패전국이 되면서 탕가뉘카에 대한 통치권이 승전국인 영국으로 이양되면서 그의 동상은 끌어내려 졌

★ 비스마르크는 독일을 통일하여 통일국가인 프로이센을 건설한 정치인이자 외교관이었다.

빅토리아 여왕의 동상. 케냐의 수도 나이로비 중심가에 위치한 지반지 가든(Jevanjee Garden)에 식민지 시대부터 세워져 오늘날까지 온전하게 남아 있다.

다. 그럼에도 불구하고 아직도 그의 이름은 남아 있다.

음완자에서는 널리 알려진 상표의 브랜드로 '비스마르크'라는 게 있다. 비스마르크와 아프리카는 도대체 어떤 연관이 있을까.

독일의 통일을 실현했던 철의 재상 오토 폰 비스마르크★(Otto von Bismarck)는 1884년부터 1885년까지 베를린회의를 주재했다. 유럽 열강들의 아프리카 식민지화가 본격적으로 시작된 것이 바로 베를린회의였다. 베를린회의의 표면적 목적은 열강에 의한 영토 팽창정책을 억제하기 위한 것이었지만, 실제로는 서구 열강의 아프리카 분할을 위한 정지작업의 성격을 띠고 있었다. 즉, 강대국들이 수용할 수 있는 규칙을 마련함으로써 분쟁을 예방하기 위한 목적이었다. 베를린회의가 끝나고 나서 독일은 역사적 근거도 갖지 않고 있었던 토고, 카메룬, 남서아프리카(나미비아), 탕가뉘카에 대한 통치권을 인정받았다. 비스마르크는 회의가 끝나기가 무섭게 그 다음 날 바로 탕가뉘카를 독일령으로 선포했다. 제국주의적 횡포가 따로 없다.

빅토리아호와 비스마르크 바위에만 식민주의의 유령들이 배회하는 것은 아니다. 아프리카 탐험에 나섰던 데이비드 리빙스턴이 아프리카 오지에서 연락이 두절되면서, 헨리 모턴 스탠리(Henry Morton Stanley)는 뉴욕 헤럴드 신문사의 특파원 자격으로 1871년 리빙스턴을 찾아 나섰다. 탕가뉘카호에서 가까운 우지지(Ujiji)에서 리빙스턴을 찾아내 이를 전 세계에 타전함으로써 일약 유명해졌다. 스탠리는 이 절호의 기회와 명성을 밑천삼아 벨기에 국왕 레오폴드의 지원을 받아 콩고내륙을 탐험하고 족장들과 조약을 맺어 오늘날의 콩고민주공화국을 레오폴드왕의 사유지로 만드는데 전위에 섰다. 그는 수도 킨샤샤를 레오폴드빌(Léopoldville)로 불렀고, 루붐바시는 엘리자베스빌, 키상가니는 자신의 이름을 따서 스탠리빌이라고 명명했다. 이 도시들을 명명하기도 쉬웠을 것이다. 자신을 후원했던 벨기에 왕실 왕족들의 이름에 '도시'를 의미하는 '빌(ville)'만 붙이면 되었으니 말이다.

케냐 나이로비 중심가에 남아 있는 전몰장병 추모비. 제1, 2차 세계대전에서 전사한 전몰장병 추모비이다. 수많은 케냐인이 영국군에 징집되어 버마전선에 참전했다.

탐험가 사무엘 베이커는 자신의 탐험을 위해 재정지원을 했던 왕립지리학회 회장 머치슨의 이름을 따서 우간다에 있는 폭포를 머치슨 폭포(Murchison falls)라고 명명했다. 이외에도 수많은 탐험가가 유럽의 왕실이나 자신들의 탐험을 지원했던 인물들의 이름을 붙였다.

그래도 이들은 상대적으로 겸손했던(?) 인물들이었다고 볼 수 있다. 앞에서 언급했듯 스탠리처럼 자신의 이름을 따서 도시 이름을 정한 경우도 많다. 비록 리빙스턴 자신이 직접 명명하지는 않았지만, 그의 사후 그를 기리기 위해 스코틀랜드 선교단은 말라위에 선교지를 설치하고 '리빙스턴의 땅'이란 의미로 '리빙스토니아(Livingstonia)'라는 지명을 만들어냈다. 또 리빙스턴의 출생지인 스코틀랜드의 블랜타이어(Blantyre)를 말라위의 도시를 명명하는데 사용했다.

이탈리아 출신 프랑스 탐험가 피에르 사보르냥 드 브라자는 파리지리협회(Société de Géographie)의 후원을 받아 중앙아프리카 탐험에 나서, 프랑스의 영토 확보를 위해 선봉에 섰던 인물이다. 그는 탐험 당시 현지 여인을 겁탈했다는 의혹이 제기되어 오늘날까지도 여전히 논란거리로 남아 있는 인물이다. 프랑스 식민지 영토의 확보에 나선 인물인 브라자의 이름을 따서 콩고공화국의 수도를 브라자빌(Brazzaville)로 명명했다. 이는 '브라자의 도시'를 의미하는데, 논란에도 불구하고 독립 이후에도 브라자빌이라는 지명은 오늘날까지도 바뀌지 않고 여전히 존속되고 있다.

그런데 이러한 오만의 절정에 있었던 인물은 역시 존 세실 로즈★(John Cecil Rhodes)였을 것이다. 그는 남아프리카 케이프식민지의 제6대 수상을 역임했던 인물로 영국의 식민주의 팽창정책을 열렬히 옹호했으며, '카이로에서 케이프까지'(From Cairo to Cape)라는 구호로 압축되는 영국의 아프리카 종단정책 실현을 위해 전위에 섰던 인물이다. 그야말로 서구의 오만과 제국주의적 팽창정책의 화신이었던 것이다! 그는 '로즈의 나라'라는 의미를 가진 '로디지아(Rhodesia)'라는 지명을 써서 짐바브웨는 남로디지아, 잠비아는 북로디지아로 불렀다. 독립

★ 옥스퍼드대학의 '로즈 장학금(Rhodes Scholarships)'도 세실 로즈의 이름을 딴 것이다.

이후 남로디지아는 짐바브웨로, 북로디지아는 잠비아로 국명이 바뀌었다.

오트-볼타(Haute-Volta)라는 이름으로 불리던 부르키나파소는 1984년 토마 상카라(Thomas Sankara) 대통령이 취임 1주년을 맞이하여 이 나라의 고유어로 '고결한 사람들이 살아가는 나라'라는 의미를 지닌 부르키나파소라는 국명으로 바꾸었고, 황금해안으로 불렸던 가나는 한때 서아프리카의 강력한 왕국이었던 가나왕국의 이름을 따서 국호를 정했다. 빼앗기고 부인당한 아프리카의 존엄을 되찾고 한때 찬란한 역사를 간직했던 과거를 복원함으로써 자존심을 회복하고자 했던 것이다.

정치적 정통성과 합법성을 상실한 정치지도자들이 지명을 바꾼 경우도 있다. 1965년 미국과 서방의 지원을 받고 쿠데타를 통해 권력을 찬탈한 모부투는 이후 인권탄압, 정치적 폭압, 개인숭배, 부패 등으로 인하여 대내외적으로 여론이 악화되고 비난이 고조되었다. 이에 모부투는 1960년대 후반부터 70년대에 '확실성(authenticité)'이라는 국가통치 이데올로기를 만들어 아프리카 민족주의를 정권 강화의 수단으로 삼았다. 이에 따라 식민주의적 잔재가 남아있던 모든 지명들을 바꾸는 조치를 취했다. 레오폴드빌은 킨샤샤로, 엘리자베스빌은 루붐바시로, 스탠리빌은 키상가니로 바꾸었다. 그러나 모부투의 'authenticité' 정책은 아프리카의 존엄을 회복하기 위한 노력이었다기보다는 합법성과 정통성을 상실한 정권을 유지하기 위한 몸부림이었던 것으로 평가되었기 때문에 그 진정성에 의심이 가는 것은 지극히 당연하다.

모부투에 비견되는 인물이 우간다의 이디 아민 다다(Idi Amin Dada)였다. 그는 자신의 폭압과 인권유린이 대내외적 비난에 직면하자, 국민의 관심을 돌리기 위해 이름을 바꾸는 작업에 착수했다. 빅토리아 여왕의 아들인 웨일즈공(The Prince of Wales) 앨버트 에드워드 왕자의 이름을 붙인 에드워드호(Lake Edward)를 이디 아민 다다호(Lake Idi Amin Dada)로 바꾸었다. 정권의 실정(失政)에 따른 국제적 고립과 경제적 위기의 책임을 외부로 돌리기 위한 간교한 술수였던 것이다.

1994년 소수 백인정권을 종식시킨 남아공화국은 1998년 남아공화국 지명위원회(SAGNC)를 발족시켜 지방, 거리, 기념물, 공공기관, 물리적 공간 등에 대한 명칭 변경 작업에 착수했다. 예컨대 남아프리카 연방의 총리를 역임했으며 제2차 보어 전쟁의 지휘관이었던 얀 크리스티앙 스머츠 이름을 따서 명명한 얀 스머츠 국제공항은 올리버 탐보 국제공항으로 바뀌었다. 올리버 탐보는 아프리카민족회의의 초대 의장을 역임했는데 소수 백인정권의 인종차별정책에 맞서 싸운 인물이다.

또 동부트랜스발이라고 불리던 곳은 스와지, 호사, 은데벨레, 줄루어로 '태양이 떠오르는 곳'이란 의미를 지닌 음푸말랑가(Mpumalanga)라는 지명으로 개명되었다.

오늘날까지 온존하고 있는 식민지 시기의 지명들을 그대로 사용하는 것이 과연 온당한 것일까? 식민지 지배로 왜곡된 역사와 강탈당한 존엄과 주체성 회복을 위해 아직도 땅 이름에 남아있는 식민 잔재에 대한 비판적인 접근이 필요하지 않을까?. 물론 지명을 바꾸는 것이 쉬운 일은 아니다. 예컨대 빅토리아호 주변에는 수많은 종족집단들이 살아가고 있는데, 어느 종족집단의 언어로 명명할 것인지에 대한 문제도 제기될 수 있을 것이다. 또한 새로운 지명을 만드는 과정에서 수반되는 경제적 비용, 역사적 인물들에 대한 사회적 평가와 합의 등의 문제 해결도 선결요건이다.

루이-장 칼베(Louis-Jean Calvet)는 ≪언어학과 식민주의≫라는 책에서 '모든 것은 명명(命名)하는 행위에서 시작된다'라고 주장했다. 명명이 얼마나 중요한 의미를 지니는지 강조한 것으로 이해된다.

명명할 권리는 식민주의자와 피식민주의자, 지배자와 피지배자의 수직적 예속 관계를 가장 상징적으로 보여준다. 지명에 관한 한 기표★(signifiant)와 기의★(signifié)의 결합관계가 자의적일 수는 없으며 이름과 본질은 긴밀하게 관련되어 있다. 따라서 식민지 유산의 청산, 아프리카의 존엄과 주체성의 회복을 위해서는 식민지 각축 및 지배와 불가분하게 관련된 지명을 바꾸려는 시도는 필요한 것이 아닌가 하는 생각이 빅토리아호와 비스마르크 바위를 보면서 들었다. 아프리카의 길 위를 걸으며 지명에 남아 있는 식민주의의 흔적을 따라가 보는 것은 어떨까?

★
언어학자 소쉬르는 기호의 표면적 측면을 '시니피앙', 기호의 내용 혹은 의미를 '시니피에'라고 불렀다.

## 빅토리아호에서 만난 '보령머드축제'의 비밀

현지조사를 나가는데 옷이 필요해 현지 친구에게 말했더니 '미툼바(mitumba)'를 구입하라고 조언했다. 미툼바를 다소 부정적인 시선으로 바라보는 사람들이 없는 것은 아니지만, '미툼바'는 이제 케냐를 포함한 동아프리카에서 익숙한 풍경이 되었다. 동아프리카에서 미툼바는 옷, 신발, 가방, 모자, 속옷 등 거의 모든 종류의 중고의류나 생필품들을 지칭하는 일반명사로 쓰인다.

스와힐리어로 '꾸러미들'을 의미하는 미툼바는 본래 '담배나 면화 등의 물건을 묶은 꾸러미'를 의미하는 일반명사로 쓰이다가, 이제는 모든 종류의 중고물품을 통칭하는 이름으로 널리 쓰이고 있다. 보통 외국에서 수입된 옷들이 꾸러미 채로 수입되어 노상이나 시장에서 팔리고 있기 때문에 붙여진 이름이다. 케냐나 탄자니아에서는 미툼바로 불리지만 잠비아에서는 '살라울라(salaula)'라는 이름으로 불린다.

나이로비 시내 사릿 센터 앞의 중고옷 노점상. 다양한 형태와 색상의 옷들이 사람들의 눈길을 끈다.

중고품이라면 예전에는 주로 일본에서 수입하는 중고자동차에 국한되었다면 지금은 일상에서 필요로 하는 많은 물품이 중고로 수입되고 있다. 케냐와 탄자니아의 도시와 시골을 돌아다니면서 너무나 빈번하게 마주치는 중고물품은 그 종류도 다양하고 거래되는 규모도 엄청나다.

중국산 안전모와 런던 포그 점퍼. 중국에서 수입된 중고 안전모를 쓴 오토바이 운전수가 도로를 질주하는 모습.

케냐 나이로비의 고급 쇼핑몰 중의 하나인 사릿 센터(Sarit Centre) 밖에 자리 잡고 있는 가판대에 갔더니 여러 가지 색상과 다양한 스타일, 새 옷과 별반 다르지 않은 중고 옷들이 손님을 기다리고 있었다. 노점상에게 중고 옷 구매자가 많은지 물었더니 가격이 워낙 저렴해 찾는 사람들이 많다고 살짝 귀띔해 주었다.

탄자니아 제2의 도시 음완자를 떠나 빅토리아호에 위치한 호도(湖島) 우케레웨섬으로 향하는 여객선에 올라 자리에 앉으니 구명조끼가 보였다. 그런데 사용설명이 중국어로 표기되어 있는 것이 아닌가? 비록 일부 한자는 그 의미를 이해하지만 중국어를 모르는 나는 어안이 벙벙했다. 만약 사고나 긴급한 상황이 발생하여 신속히 구명조끼를 착용해야만 될 상황이라도 발생한다면 승객들은 어떻게 반응할까? 수입된 중고 구명조끼라고 해도 스와힐리어와 영어로 번역된 사용법과 안전수칙을

음완자와 우케레웨섬을 오가는 여객선.

부착하는 것은 지극히 필수적인 조치가 아닌가?

탄자니아에는 내륙호수에서의 운송을 위한, 혹은 인도양의 섬들을 이어주는 연안여객선이 대개 외국에서 수입된 노후한 선박인 경우가 많다. 선령도 오래되었고, 선박의 안전장비와 항해장비의 유지와 보수가 제대로 이루어지지 않아 사고가 빈발한다. 빅토리아호, 탕카뉘카호, 잔지바르와 펨바섬 등지에서 발생하는 사고는 대개 이와 같은 상황과 원인으로 유발된다.

탄자니아의 우케레웨섬에서는 오토바이가 주요한 대중교통 수단인데 오토바이 운전모를 보니 여객선의 구명조끼와 마찬가지로 중국어로 표기되어 있다. '런던포그'라는 익숙한 상표의 점퍼를 입고, 중국에서 수입된 중고 안전모를 쓴 오토바이 운전사가 흙먼지를 날리며 도로를 질주하는 게 보였다.

음완자발 우케레웨행 여객선은 승객들과 화물로 무척 북적거렸다. 여객선이라기보다는 섬에서 필요한 물품들을 운송하는 화물선이면서, 동시에 여객선의 기능을 한다. 여러 마리가 함께 묶인 닭들, 대나무로 만든 바구니에 담긴 과일들, 생필품들이 배 여기저기에 자리를 잡고 있다.

그래도 조금 여유가 있는 객실에 들어가 앉으니 여객

선 승무원이 승객들이 소지한 표를 확인하느라 분주하다. 그런데 승무원이 입은 주황색 바탕의 셔츠에 눈길이 멎었다. 'Boryeong Mud Festival'. '보령머드축제' 문구를 빅토리아호의 한가운데서 보게 될 줄은 정말 몰랐다.

여객선이 우케레웨섬에 다가가면서 항구라기보다는 선박의 접안시설로 보이는 구조물이 보였고, 도로에는 벼룩시장 같은 풍경이 펼쳐져 있었다. 케냐에서도 비슷한 풍경을 자주 보았는데, 나이로비시 중심에서 그다지 멀지 않은 곳에 토이마켓이 있다. 이곳에 가면 세계 각지에서 수입된 중고 옷, 구두, 가방 등을 구매할 수 있다. 나뭇가지 위에는 깔끔하게 손질된 바지와 셔츠가 가지런히 걸려 있고, 구두를 파는 곳에는 짝을 맞추느라 손님들이 부산하게 움직인다. 비교적 깔끔한 구두가 1켤레에 50실링(한화로 약 600원) 정도에 거래된다. 구두를 고르느라 정신이 온통 팔린 여성의 표정이 너무나 진지해보였다. 중고신발을 왜 여기서 사는지 물었더니, 신발가게에 가보면 그다지 뛰어난 품질의 신발이 아닌데도 비싼 가격에 팔지만, 여기에서는 잘만 고르면 가격이 저렴하면서도 훌륭한 품질의 신발을 찾을 수 있어서라고 했다. 덧붙여, 누가 신었던 신발에 대한 거부감이 없는 것은 아니지만 서민들에게는 부담 없고, 유용한 물건들이라고도 했다.

각종 구호단체를 통해 반입된 옷들이거나 중고옷을 거래하는 상인들이 수입한 옷들도 많은데, 주머니 사정이 그리 넉넉지 않은 서민들에게는 말쑥하게 차려입을

케냐 라무섬의 신발과 가방 가게.

수 있는 기회가 될 수 있다.

이들 중고옷, 신발, 기타 물품은 아프리카인들의 삶에 어떤 영향을 미치고 있을까? 결과적으로 보면 수입된 의류, 신발, 가방 등은 아프리카인들의 구매력을 괄목할만하게 끌어올렸다. 즉, 이들의 경제 수준에서 허용될 수 있는 구매력을 제공했으며, 길거리에서 마주치는 사람들의 화사하고 단정한 옷차림이 이를 증명해 준다. 최근의 미툼바 비즈니스는 빈곤 감소를 목적으로 시행되는 다른 많은 프로젝트보다 국민들의 구매력을 획기적으로 증대시켜 주었다고 평가할 수 있다.

유럽, 북미, 동아시아 등지에서 수거된 헌 옷, 신발, 가방, 모자 등 다양한 품목들을 수입하여 아프리카의 시장이나 노상에서 판매하는 미툼바는 때론 초현실적인 모습도 자아낸다. 노란색 유치원 가방을 들고 총총걸음으로 어딘가를 가는 할아버지, 무슬림 정체성을 표현하는 코피아(kofia)를 머리에 쓰고 교회 이름이 새겨진 티셔츠를 입고 있는 행인, 한국의 대학 로고와 이름이 새겨진 티셔츠를 입고 길거리에서 생수와 음료를 팔고 있는 젊은이들을 보면서 이들이 한글을 모른다는 것이 얼마나 다행인가하고 생각했다. '아프리카 여행을 하다가 한국에서 자신이 재학 중인 대학의 이름이 선명한 티셔츠를 입고 거리에서 생수와 음료를 파는 모

습을 본다면 어떤 기분이 들까?'

기독교와 이슬람이 평화롭게 공존하는 모습, 어린이와 노인이 나이를 뛰어넘어 하나가 되는 조화로운 공존의 모습은 미툼바만이 빚어내는 아름다운 풍경이리라!

일본에서 수입된 중고차. 후기고령자(後期高齢者)를 위한 차량이라는 표지판이 거꾸로 붙어 있다. 차에서는 여학생들이 내렸다.

중고 물품은 생필품에만 국한된 것은 아니다. 차량들은 대부분 일본에서 수입한 것들이고, 건축용 자재, 인테리어 용품 등 일상생활과 밀접한 관련이 있는 물품들은 중국에서 수입한 것들이 대부분이다. 호텔에 투숙하면 중국산 침대와 가구들을 흔히 볼 수 있다.

안전과 환경에 악영향을 미치는 수입품에 대해 아프리카 국가들도 대응책을 마련하고 있다. 예컨대 일정 연한을 경과한 중고자동차에 대한 수입을 금지함으로써 대기환경오염을 방지하고자 하는 것은 이러한 대책의 하나이다. 뿐만 아니라 환경, 안전, 위생에 위협이 될 수 있는 수입품목들에 대한 검사도 대폭 강화하고 있는 추세이다.

유럽, 북미, 아시아의 한국이나 일본에는 거리나 골목길에서 헌 옷 수거함이 흔히 눈에 띈다. 수거된 헌 옷들을 분류하고 재처리하여 아시아와 아프리카의 가난한 나라로 보내는데, 헌 옷 수거에 참여하는 사람들은 자신들이 헐벗고 궁핍한 사람들을 돕기 위한 연대에 동참하는 이타적 행위를 한다고 생각한다.

서유럽에서는 인건비가 비싸기 때문에 일일이 분류하지 못하고 무게를 달아 컨테이너에 선적하여 필요한 곳으로 보내거나, 인건비가 상대적으로 저렴한 동유럽 여러 나라들에서 선별, 세탁 수선과정을 거친 후 최종 목적지로 보내지기도 한다. 중고 의류를 선적할 때 적십자사나 비정부기구의 로고를 사용해서 보내기도 하는데 이는 통관할 때 수입관세 등에서 세제상의 혜택을 받기 때문이다. 각종 물류비용을 제외하더라도 아주 저렴한 가격에 시장에 중고 옷을 유통시킬 수 있는 이유다.

남들이 입던 헌 옷을 입는다는 것에 거부감을 느끼는 사람들도 적지 않지만 중고 헌 옷 구입은 많은 서민들에게 있어서 선택의 문제가 아니라, 경제적 궁핍과 이로 인한 구매력 부족으로 인한 불가피한 선택으로 이해되기도 한다. 또, 꼼꼼하게 선별한 중고 헌 옷이 때로는 국내에서 생산된 새 옷보다 디자인이나 품질에서 훨씬 돋보이는 경우도 있어 사람들의 구매 욕구를 자극하기도 한다. 중고 옷이나 신발은 구매력이 없거나 약한 사람들에게는 없어서는 안되는 필수불가결한 물건이 되었다.

그런데 탄자니아에서는 심지어 중고 속옷까지 수입되어 거센 사회적 논쟁을 촉발시킨 적이 있었다. 이는 위생상의 문제뿐만 아니라 개인의 존엄성과도 관련된 문제이기 때문이다. 팬티, 러닝셔츠, 여성용 브라 등이 수입되어 시장이나 거리에서 팔린다. 아무리 주머니가 가벼운 이들을 위한 물건이라고는 하지만 인간의 존엄과 위생도 고려해야 하지 않을까? 존엄이라는 것이 힘

동아프리카에서 흔히 볼 수 있는 중고옷. 나무 그늘 아래 쉼터에서 만난 청년의 노란색 셔츠에는 '청소년 철인3종 국토종단 2006'이라는 문구가 선명했다.

들고 고달픈 하루하루를 살아가는 가난한 사람들에겐 사치에 불과하다는 지극히 현실적 생각을 가진 사람이 있을지는 몰라도 말이다.

유럽, 북미, 동아시아에서 수거한 중고 헌 옷들이 아프리카 여러 나라로 꾸준히 수입되면서 사람들의 옷차림이 화사해지고 있지만, 이러한 이면에 해당국가의 의류와 섬유산업 붕괴라는 어두운 그림자가 드리워지고 있다. 값싼 중고 헌 옷들이 밀물처럼 쏟아져 들어오면서 국내에서 생산된 의류들은 경쟁력을 상실하고, 고객마저 잃게 된다. 시장점유율 급락에, 급기야 섬유와 의류산업의 전면적 붕괴라는 상황에 직면하는 것이다.

섬유와 의류산업의 경쟁력 상실, '미툼바 경제'의 가

속화로 세수가 크게 감소함으로써 정부의 재정건전성도 악화되고 있는 실정이다. 더구나 미툼바를 거래하는 상인들로부터 세금을 징수하는 것이 실질적으로 어렵기 때문에 이른바 '세금 탈루와 누수'도 심각한 문제로 지적된다.

이와 함께 섬유와 의류산업은 노동집약적 산업이라서 고용창출 효과가 다른 산업에 비해 두드러지는데 섬유와 의류산업이 점차로 고사하면서 일자리 창출효과를 거의 기대할 수 없는 실정이다. 섬유와 의류산업은 상대적으로 저렴한 노동력이 풍부한 아프리카 각국의 산업구조에 적합하다. 아프리카의 많은 나라들이 목화를 재배하는데, 생산된 목화를 가공하여 관련 산업을 발전시키면 농업부문에도 크게 기여하고 일자리도 창출할 수 있지 않을까.

그러나 중고 의류의 대량유입은 이러한 잠재적 가능성을 실질적으로 어렵게 한다. 중고 의류의 대량유입이 본격적으로 시작된 이후 생활상에도 많은 변화가 나타나고 있는데 중고 헌 옷이 아프리카시장으로 대량유입되기 전에는 손수 옷을 만들어 입거나 고쳐 입었다. 거리에서 재봉틀을 놓고 옷을 깁거나 꿰매는 모습을 흔히 볼 수 있었으나 이러한 모습을 이제는 점점 보기가 어려워지고 있다. 대신 재봉사들은 이제 중고 옷의 사이즈를 고치거나 바지의 기장을 줄이는 작업을 주로 한다.

이러한 부정적 파급효과 때문에 중고 헌 옷의 수입여부가 나라마다 주요한 논쟁적 문제로 떠오르고 있다.

다른 아프리카국가들에 비해 제조업의 비중이 비교적 큰 남아공화국의 경우는 자국 산업을 보호하기 위해 중고 헌 옷 수입을 불허하고 있지만, 인접한 나라들을 통해 밀반입되기 때문에 소기의 성과를 거두지 못하고 있다.

탄자니아는 동아프리카 정상회담에서 도출해낸 합의에 따라 동아프리카공동체★(EAC) 회원국들에게 중고 옷의 수입을 금지하라고 촉구한 바 있다. 중고옷 수입 금지 조치는 동아프리카 국가들의 섬유산업 경쟁력을 확보하고 부활시키려는 의도에서 시작되었다. 케냐 대통령을 역임했던 다니엘 아랍 모이도 중고 물품이 자국 산업을 초토화시킨다는 견해를 가지고 있었으나 수입 금지 반대 여론에 밀려 수입을 계속 허가할 수밖에 없었다.

말라위의 제2부통령을 역임한 차쿠프와 치하나도 중고 옷 수입을 금지하려는 조치를 취했기 때문에 선거에서 유권자들의 표를 얻지 못했을 정도로 미툼바와 관련된 입장과 정책은 정치인들에게도 민감한 사안이기 때문에 공개적으로 언급하는 것을 꺼리는 경향이 강하다. 정치적 대가를 치러야만하기 때문이다.

탄자니아의 다르에스살람에 소재한 우붕고 수출가공지역에 입주한 의류공장은 1만 4천 명을 고용할 수 있는 규모의 공장인데 현재는 이보다 훨씬 적은 노동자들만 고용하고 있는 실정이다. 의류산업이 고용창출에 매우 효과적임에도 불구하고 고용 창출 기능을 제대로 못하고 있는 것이다.

★ 동아프리카공동체(East African Community)는 동부아프리카의 정부 간 역내기구로 케냐, 탄자니아, 우간다, 르완다, 부룬디가 회원국으로 가입되어 있다.

의류제조업체들은 중고 헌 옷으로도 대체가 어려운 학교 교복 생산이나 전통의류 생산으로 특화함으로써 활로를 모색하고 있다. 섬유와 의류업계는 정부당국이 중고 헌 옷에 대해 수입관세를 대폭 상향조정하여 국내 섬유와 의류산업에 경쟁력을 부여함으로써 숨통을 트이게 해달라고 부단히 요구하고 있으나, 이미 시장을 잠식한 중고 옷 시장의 판도를 변화시키기에는 요원할 것으로 보인다. 자신들이 줄기차게 요구해온 중고 의류에 대한 수입관세율 인상안이 관철되더라도 저렴한 가격으로 옷을 구입하려는 일반대중의 욕구까지 억제할 수는 없기 때문이다.

케냐나 탄자니아를 방문하는 사람들은 인접한 다른 가난한 나라의 사람들보다 두 나라의 보통사람들이 단정하고 말쑥한 옷차림을 하고 있어, 적어도 외양상으로는 가난한 사람들처럼 보이지 않는다고 말하곤 한다. 중고 옷을 구입하는 것이 반드시 돈과 관련된 문제만은 아니다. 중고 옷들이 비교적 저렴한 가격에 사람들의 수요를 충족시켜주는 상황에서 이에 대한 수입 금지 조치를 취하는 것은 일반 대중들의 정서와는 비교적 동떨어져 있다.

헌 옷 수입 허용 여부를 둘러싼 찬반논쟁도 이해당사자들이 모두 수긍할만한 결론이나 해법 없이 계속되어 왔고 앞으로도 계속될 것으로 보인다. 중고 의류 수입을 불허해야 한다고 주장하는 사람들은 섬유나 의류 제조업자들이 대부분이다. 단기적으로 일반대중들의 의생활을 향상시킬 수 있을지 모르지만 장기적으로 중고 제품 수입 의존 경제로 귀착됨으로써 의욕적으로 추진하는 산업화는 요원해지고, 장기적인 국가발전에도 부정적인 방향으로 작용할 것이라는 주장이다. 이에 반해 중고 의류의 수입을 허용해야 한다고 주장하는 사람들은 서민들이 구입할 엄두도 못 낼 의류를 생산해내는 의류제조업체들이 국내 산업 보호를 들먹이는 행위는 자신들의 밥그릇을 지키기 위한 집단이기주의적 발상에 지나지 않는다고 공박한다. 이는 마치 국내의 섬유와 의류산업을 보호하기 위해 일반대중들에게 헐벗으라고 요구하는 뻔뻔한 작태와 같다는 항변이다. 중고 옷은 소외된 지역에서 살아가거나 구매력이 상대적으로 약한 서민들에게는 실질적으로 의생활의 문제만큼은 해결해준다는 것이다.

일반대중들이 헐벗지 않고 단정하게 옷을 입을 수 있는 여건을 마련하고, 다른 한편으로 국내산업 보호를 강구해야만 하는 정부는 참으로 해결하기 어려운 난제에 직면해 있다. 케냐와 탄자니아를 비롯한 동아프리카 국가에서는 정부 차원에서 미툼바 의류 수입을 금지하거나 제한하려는 움직임이 있었지만 반대 여론이 거세어 무위에 그쳤다. 중고용품을 허용하느냐, 불허하느냐 참 난감한 선택의 기로에 놓여 있다.

# 커피, 그 악마의 유혹 뒤에 드리워진 그림자

커피 향기 그윽한 카페에 앉아 생각을 정리하거나 창밖으로 지나가는 사람들을 바라보는 것도 일상의 소소한 즐거움이다. 케냐의 수도 나이로비에 갈 때마다 즐겨 찾는 카페가 있다. 입구부터 진한 커피향이 느껴질 정도로 최상의 커피를 제공하는 곳이다. 케냐는 에티오피아, 우간다, 코트디브와르, 탄자니아와 더불어 아프리카의 주요 커피 생산국이다. 스페셜티 커피시장에서 Kenya AA('케냐 더블 에이' 혹은 '케냐 에이 에이')는 최고급 커피로 인정받고 있는데, 이는 엄격한 품질 관리와 공신력 있는 등급 시스템★을 갖추고 고급 커피를 생산하기 때문이다.

세계지도에서 커피생산국들을 살펴보면 적도를 기준으로 북위 25도와 남위 25도 사이의 '커피벨트'를 중심으로 분포되어 있는데 대개가 가난한 나라들이다. 이에 반해, 커피를 많이 소비하거나 상품화하는 나라들은 북반구의 부자 나라들이다.

커피는 전 지구적 차원에서 전개되고 있는 불평등을 적나라하게 보여주는 상업 작물이기도 하다. 아프리카, 아시아, 중남미 등 가난한 나라에서 생산된 커피는 주로 유럽, 북미, 동아시아에서 소비된다. 원두커피

★ 커피의 등급은 케냐커피거래소(Coffee Board of Kenya)에서 결정된다. 원두의 크기와 질에 따라 E, AA, AB, PB, C. TT, T, MH/ML의 순위로 구분된다. 원두의 품질에서 중요하게 여기는 요소 중 하나가 원두 크기의 균일함이다.

의 국제시세가 일부 다국적 기업에 의해 결정되는데, 커피의 국제시세 등락은 이들 가난한 나라의 경제에도 민감하게 영향을 미친다.

커피 없는 하루를 상상하기 힘들 정도로 커피는 우리의 일상생활에 빼놓을 수 없는 기호식품이 되었다. 한국에서도 커피를 마시는 빈도가 밥을 먹는 빈도보다 높은 사람들이 많을 정도로 커피 소비가 급증하고 있다. 하루에 3회 이상 커피를 마시는 사람들이 적지 않을 정도다.

전 세계 사람들이 물 다음으로 많이 마신다는 음료인 커피는 한때 '악마의 유혹', '사악한 검은 나무의 썩은 물'로 불릴 정도로 논란의 중심에 휩싸이기도 했었다. 커피가 유럽에 처음 도입되었을 당시 커피의 허용 여부를 둘러싸고 격렬한 논쟁이 벌어지기도 했는데, 특히 교회가 이러한 논란의 중심에 있었다. 보통사람들의 정상적인 사고를 저해하는 각성제나 마약의 일종으로 여겼기 때문이다. 커피가 유럽에 처음으로 소개되고, 이후 전 지구적으로 사랑받는 음료로 자리 잡기까지의 과정을 살펴보면 무척 흥미롭다.

19세기말 서구의 선교사들이 케냐에 커피를 처음으로 도입하여 재배한 이래 커피는 식민지 시대와 탈식민 이후의 시기에도 주요한 상업작물로 자리매김했다. 케냐가 영국의 식민지로 편입되기 이전에는 자급자족적 농업이 주를 이루었다. 그러나 식민체제의 출범과 더불어 여러 가지 작물을 재배하는 다작의 형태에서 유럽인들의 기호를 충족시키기 위한 기호 작물, 혹은 상업작물 재배라는 단작의 형태로 농업 패턴이 급격히 변모했다. 특히, 케냐에 정착하기 시작한 정착민들은 커피와 차를 주로 재배했고, 이들 상업작물은 식민지 경제의 형성과 깊은 관련이 있다.

케냐는 최고급 품질의 커피와 차를 재배하기에 훌륭한 조건을 갖추고 있다. 특히 케냐산★ 자락에 위치한 지역과 하일랜즈(Highlands)는 커피나 차의 재배를 위한 이상적인 조건을 갖추고 있어 이곳에서는 오늘날까지도 대규모 플랜테이션 농업이 활발하다.

자급자족적 농업 생산에서 상업적 농업으로의 전환은 작물 다양성을 감소시켰고, 백인 정착민들에게 토지를 강탈당한 농민들은 플랜테이션 농업을 위한 노동자로 내몰렸다. 식민정부는 식민지 경영에 필요한 세수와 저임의 노동력을 확보하기 위해 다양한 종류의 세금을 부과하고 징수했다. 원주민세, 인두세, 오두막세 등 여러 가지 명목의 세금을 징수했는데, 세금 납부★★를 강요당했기 때문에 어쩔 수 없이 백인들이 경영하는 농장에서 저임의 노동자가 될 수밖에 없었다. 그래서 강제적인 세금 징수는 식민지화 초기에 반식민 저항과 투쟁으로 표출되기도 했다.

차와 커피와 같은 상업작물 재배는 독립 이후 케냐가 차와 커피의 주요 수출국 반열에 오르는 계기가 되었지만 상업적 농업으로의 전환이 모든 이들에게 삶의 질을 향상시키는 기회가 되지는 않았다. 토지를 강탈당한 농민들은 저임의 노동자로 전락했고, 상업작물의 국제 시세 등락에 따라 국가경제가 직접적 영향을 받

★
케냐산(Mount Kenya)은 킬리만자로산에 이어 아프리카대륙에서 두 번째로 높은 산이다. 최고봉이 해발 5,199미터로 산정은 눈으로 덮여 있다.

★★
식민지 체제에서 다양한 세금의 부과는 화폐경제로의 이행을 촉진하기도 했다.

기 때문에 경제를 다변화하지 않는 한 외부적 요소에 취약할 수밖에 없다.

나이로비 북쪽의 키암부(Kiambu)나 케냐산 자락에 위치한 니에리에 가면 대규모 커피농장을 만날 수 있다. 키암부나 니에리 등지에서 커피를 주로 재배하는 이유는 두 지역 모두 커피 재배에 적합한 토양, 강수량, 일조량, 해발고도 등 천혜의 자연조건을 갖추고 있기 때문이다.

커피 한 잔을 마주하기까지는 길고 고단한 과정이 필요하다. 커피나무를 재배하고, 익은 체리를 따서 생두를 분리해낸다. 그리고 생두를 물에 씻고 건조하여 커피거래소의 경매장에 보낸다. 등급이 매겨진 커피를 구입하여 로스팅을 하는데 커피의 생산과정에도 성에 따른 노동 분화가 존재한다. 이를테면 탐스럽게 익은 커피 체리를 따는 작업은 거의 여성들이 도맡아하고, 기계로 생두를 볶는 작업은 남성 노동자들의 몫이다.

오래전 프랑스에서 생활할 때 '탈라사★(Thalassa)'라는 방송을 시청하면서 제주도 해녀들의 힘겨운 일상을 본 적이 있는데, 해녀들과 커피농장에서 커피 체리를 따는 여인들의 모습이 너무 닮아 보였다. 바다에서 해녀들이 채취한 미역, 소라, 전복 등 해산물을 싣고 경운기를 몰고 마을로 돌아오는 제주도 남자와 하루 종일 딴 커피 체리를 담은 자루를 실어가려고 트랙터를 몰고 오는 케냐 남성의 모습이 어찌나 비슷해보이던지.

커피의 농장주는 대부분 백인이나 최대 종족인 키쿠유인이다. 그런데 커피 농장에서 일하는 노동자들은

★ 탈라사는 그리스어로 '바다'를 의미하며, 바다와 관련된 테마로 매주 방송해 내가 즐겨 시청했다.

키암부의 커피 농장. 케냐의 수도 나이로비에서 그다지 멀지 않은 곳에 있다.

루햐족이 다수를 차지하고, 최근에는 우간다에서 온 이주노동자들도 적지 않다.

커피농장에서 일하는 여성들은 아이들과 함께 농장에 오는 경우가 많다. 아이를 맡겨 놓을만한 보육시설이 없기 때문이다. 갓 걷기 시작한 아이들이 커피나무 그늘 아래에서 곤히 잠들어 있는 모습을 보면 안타깝고 측은한 마음에 얼굴이라도 쓰다듬어주고 싶은 마음이 든다. 고사리 손으로 어머니를 도와주는 어린이들을 보면서 고단한 삶이 이들을 너무 일찍 조숙하게 만드는 것은 아닌가 하는 애처로운 생각도 든다. 이들이 힘들고 고생스러운 삶을 감내하고 극복하려는 노력은 아마도 꿈과 희망을 품고 있기 때문이리라. 어제보다는 오늘이 나았고, 오늘보다는 내일이 나을 것이라는 낙관적 꿈과 희망 말이다.

커피 체리를 수확하고 일당으로 받는 돈이 고작 200 실링★이라고 들었다. 당시 환율로 환산하면 약 2천4백 원 정도였다. 작열하는 태양 아래 온종일 힘겨운 노동을 하고 받는 대가가 고작 커피전문점에서 마시는 커피 반잔 가격에 불과한 것이다.

커피전문점에 가면 사방의 벽에 걸린 사진을 통해 탐스럽게 익은 빨간색 커피 체리를 따는 여인들의 아름다운 미소와 마주할 때가 많다. 이들의 환한 미소가 과연 자신들의 노동에 대한 합당한 대가를 의미하는 미소인지, 아니면 커피회사의 사회적, 공익적 이미지를 창출하기 위한 소품인지에 대해서는 여전히 의구심이 든다. 이들의 맑은 웃음이 연출된 웃음처럼 보이는 것은 이들의 열악한 노동 조건 때문일 것이다. 커피전문점에서 해맑은 여인의 얼굴을 마주하면서 이런 미소가 가난한 나라의 수많은 커피 농장 노동자들이 처한 열악한 노동 조건을 은폐하는 소품으로 이용되고 있는 것은 아닌가하는 생각이 들었다. 다국적 기업들은 생산자와 소비자의 국제적 연대, 윤리적 소비를 강조하지만 커피농가에 실제로 돌아가는 혜택은 극히 미미하거나 전무한 실정이기 때문이다.

커피숍 홍보자료에서 커피 판매 수익의 일부는 커피 농장의 노동자들에게 돌아간다는 문구를 볼 수 있다. 기업의 사회적 책임(CSR)과 윤리가 점점 강조되고 있는 현실에서 이것이 기업의 지속가능한 성장에도 영향을 미치기 때문에 다국적 기업 수준의 커피 회사들에게는

★ 실링은 케냐, 탄자니아, 우간다 등 동아프리카 나라들의 화폐단위이다.

마케팅 전략의 일환처럼 보인다.

벨기에에서 지내면서 옥스팜(Oxfam)이 운영하는 '세계의 가게'를 종종 찾은 적이 있다. 커피, 코코아, 차, 꿀, 바나나, 와인, 과일, 키노아★ 등은 물론 공예품까지 가난한 나라에서 생산된 물건들을 소비자에게 직접 판매해서 노동자들이 정당한 노동의 대가를 받도록 하는 곳이다. 특히 눈길을 끈 것은 원산지 표기와 더불어 '존엄성으로 만들어진(Made with Dignity)'이라는 문구였다. 노동의 존엄성과 그 존엄성을 존중하기 위해 노력하는 소비자들의 공감과 연대가 합류하는 지점이란 느낌이 들었다. 세계의 가게에서 일하는 점원에게 가게에 꾸준하게 찾아오는 고객들이 많은지 물어본 적이 있다. 점원은 대개 고객들이 꾸준하게 가게를 찾는다고 했고, 그 덕분에 가게가 부침을 겪지 않고 안정적으로 운영될 수 있다고 했다. 공정무역 단체들에 의하면 소비자 10명 중 6명이 공정무역 제품을 소비했고 9명이 이들 제품을 신뢰한다고 한다.

유럽에는 공정무역 제품 판매활동이 옥스팜을 비롯한 비정부기구에만 국한되지 않는다. 슈퍼마켓의 진열대에서도 공정무역을 통해 거래되는 상품들을 흔히 볼 수 있다. 가난한 나라의 생산자들이 공정한 가격을 받음으로써 정당한 보상을 받을 수 있도록 도와주기 위함이다. 더불어 이들은 친환경적인 커피 재배를 하도록 독려하고, 노동자들의 권익을 보호하며 지속가능한 발전을 위한 다양한 대안적 방법을 모색하고 있다.

공정무역은 가난한 나라의 노동자들과 생산자들에게

★ 키노아(quinoa)는 남미의 페루, 볼리비아, 에콰도르, 콜롬비아 등지에서 주로 재배하는 곡물이다.

보다 나은 노동 조건을 제공하고 지속가능한 발전과 긍정적인 사회발전을 위한 토대를 마련하기 위해 시작되었다. 비록 전 세계 무역 규모에서 차지하는 비중이 아직은 미미한 수준에 그치고 있으나 시민들의 꾸준한 참여 확대를 통해 소비패턴에도 상당한 영향을 미치고 있다. 이를 통해 빈곤을 완화시키고 경제적으로 불리한 위치에 있는 생산자들에게 공정한 기회를 제공하며 투명성, 책임성, 상호 존중, 지속 가능성에 토대를 두고 공정한 거래를 추구하는 것을 목표로 하고 있다.

↘ 진열되어 있는 다양한 종류의 공정무역 상품들. 옥스팜은 '세계의 가게'와 수퍼마켓에서 다양한 종류의 공정무역 상품들을 판매한다.

또한 생산자들에게 능력과 역량을 부여하고 자립 기반의 토대를 마련해주며 노동에 있어서의 양성 평등 실현을 위해서 많은 노력을 기울여왔다. 생산자들이 안전하고 인간적인 노동환경에서 일할 수 있는 환경과 권리를 확보하고, 어린이 노동으로 생산된 농산물이나 상품에 대한 감독을 강화하고 인증함으로써 비인도적 노동관행을 방지하는 것도 중요한 목표이다. 이와 함께 친환경적인 생산방식을 적용함으로써 환경 친화적이고, 지속가능한 생산에 기여하며 기후변화에 적극적으로 대처하려는 것도 공정무역을 통해 추구하는 이상과 목표다.

이상적인 커피의 생산을 위해 구슬땀을 흘리는 가난

한 나라의 농민들, 특히 여성들을 위한 기업의 사회적 책임을 이행하지 않고는 가난한 나라의 노동자들이 빈곤과 절망의 어두운 터널에서 벗어나기가 어려울 것이다. 공정무역을 통해 만들어나가는 생산자와 소비자의 국제적 연대와 공생을 위한 부단한 모색을 통해 노동의 가치가 제대로 평가받을 수 있는 날이 올 것이라는 소박한 희망을 가져본다.

불의한 유통구조의 구축을 통해 부당한 이익을 도모하고 세계시장에서 공급과 수요의 법칙이라는 정당화 논리로 막대한 이익을 누리는 다국적 기업의 횡포를 막기 위해서는 가난한 나라의 생산자와 부자 나라의 소비자 간 긴밀한 연대가 절실해 보인다. 때론 다국적기업이 말하는 공급과 수요의 법칙은 조작된 경우가 많다. 예컨대 시장의 수요를 고려하지 않고 커피 재배를 장려함으로써 커피의 국제시세를 끌어내리는 것은 대표적인 가격 조작 행위다. 탐욕스런 자본에 생산자와 소비자가 피해를 보는 것이다. 생산자와 소비자의 국제적 연대, 윤리적 소비가 참 절실한 시점이다.

# 저자 소개

## 이한규

프랑스 파리 10대학교(Nanterre University)에서 정치학 박사학위를 취득하고, 한국외국어대학교 아프리카연구소 HK연구교수로 재직 중이다. 주요 저서로는 『세네갈 레부 사람들의 전통 공간』, 『지도자들, 성공과 실패의 역사에서 찾는 리더의 조건: 만델라』(공저)가 있다.

## 설병수

호주 모나쉬대학교(Monash University)에서 인류학 박사학위를 취득하고, 한국외국어대학교 아프리카연구소 HK연구교수로 재직 중이다. 주요 논저로는 「에티오피아의 종족 간 역학과 사회·문화적 혼종성」, 『가나 볼타 州 바제메 사람들』이 있다.

## 윤서영

한국외국어대학교에서 문학 박사학위를 취득하고, 동 대학 아프리카연구소 HK연구교수로 재직 중이다. 주요 논저로는 「하우사 문학의 혼종성 연구」, 『루완 바가자에 나타난 영웅적 모사꾼, 알하지』가 있다.

**장용규**

남아공 크와줄루-나탈대학교(University of KwaZulu-Natal)에서 인류학 박사학위를 취득하고, 한국외국어대학교 아프리카학부 교수로 재직 중이다. 주요 논저로는 「크레올의 영, 마미 와타: 문헌으로 본 마미 와타의 혼성 현상」, 『춤추는 상고마』가 있다.

**임기대**

프랑스 파리 7대학교(Paris-Diderot University)에서 언어학 박사학위를 취득하고, 한국외국어대학교 아프리카연구소 HK 연구교수로 재직 중이다. 주요 논저로는 「베르베르어 사용 관련 정책 현황과 변화 가능성에 관한 소고: 알제리의 경우를 중심으로」, 『시대의 지성 노암 촘스키』가 있다.

**김광수**

남아프리카공화국 노스-웨스트대학교(North-West University)에서 역사학 박사학위를 취득하고, 한국외국어대학교 아프리카연구소 HK교수로 재직 중이다. 주요 논저로는 「1950-1960년 콩고민주공화국 바콩고동맹(ABAKO)의 정체성의 변화에 대한 고찰」, 『남아프리카사』(공저)가 있다.

**양철준**

벨기에 헨트대학교(Universiteit Gent/Ghent University)에서 언어학 박사학위를 취득하고, 한국외국어대학교 아프리카연구소 HK연구교수로 재직 중이다. 주요 논저로는 「코드전환의 동기와 기능에 대한 화자 중심적 관점: 케냐 나이로비 케냐타 대학교 학생들의 사례」, 『아프리카 이미지』(공역)가 있다.

7人7色의
# 아프리카

초판 인쇄 2016년 5월 18일
초판 발행 2016년 5월 25일

지은이 이한규 외
발행인 김인철
총괄 · 기획 장지호 Director, University Press
편집장 신선호 Executive Knowledge Contents Creator
도서편집 김민정 Contents Creator
진수연 Contents Creator
전자책편집 최인우 Chief e-Contents Creator
마케팅 곽용창 Chief Marketing Creator
재무관리 권미경 Chief Managing Creator
김은혜 Managing Creator
발행처 한국외국어대학교 지식출판원
02450 서울특별시 동대문구 이문로 107
전화 02)2173-2493~7
팩스 02)2173-3363
홈페이지 http://press.hufs.ac.kr
전자우편 press@hufs.ac.kr
출판등록 제6-6호(1969. 4. 30)
디자인 · 편집 (주)이환디앤비 02)2254-4301
인쇄 · 제본 **네오프린텍 02)718-3111**

ISBN 979-11-5901-089-7 03930 정가 17,000원

*잘못된 책은 교환하여 드립니다.



HUINE은 한국외국어대학교 지식출판원의 어학도서, 사회과학도서, 지역학 도서 Sub Brand이다. 한국외대의 영문명인 HUFS, 현명한 국제전문가 양성(International +Intelligent)의 의미를 담고 있으며, 휴인(携引)의 뜻인 '이끌다, 끌고 나가다'라는 의미처럼 출판계를 이끄는 리더로서, 혁신의 이미지를 담고 있다.